ÉRASE UNA VEZ MÉXICO

3

ÉRASE UNA VEZ MÉXICO

3

SANDRA MOLINA
Y ALEJANDRO ROSAS

mr·ediciones

Diseño de portada: Óscar O. González
Mapa de portada: © Shutterstock / Vitoriano Junior
Fotografía de autores: © Liz Batta

Imágenes de interiores: Pág. 14: *Francisco I. Madero, ca.* 1911. Anónimo. George Grantham Bain Collection. Biblioteca del Congreso, Washington; pág. 42: *Villistas durante un descanso, ca.* 1913-1914. Anónimo. George Grantham Bain Collection. Biblioteca del Congreso, Washington; pág. 65: *Caballería villista, ca.* 1913-1914. Anónimo. George Grantham Bain Collection. Biblioteca del Congreso, Washington; pág. 66: *Revolucionario mexicano, ca.* 1915-1917. Anónimo. Biblioteca del Congreso, Washington; pág. 86-87: *Revolucionarios sobre vagones de tren, ca.* 1916. Anónimo. Biblioteca del Congreso, Washington; pág. 88: Constitución Política de los Estados Unidos Mexicanos, 1917; pág. 101: *Los diputados constituyentes protestan cumplir la nueva Constitución.* 5 de febrero de 1917. José Mendoza. Fondo XXXI-2, Carpeta 1, foto 57. Centro de Estudios de Historia de México, Carso, Fundación Carlos Slim, AC. Pág. 102.- *Los generales Álvaro Obregón, Benjamín G. Hill y Jacinto B. Treviño desfilando en la Ciudad de México.* 9 de mayo de 1920. Anónimo. Fondo XL-2, Carpeta 1, foto 12. Centro de Estudios de Historia de México, Carso, Fundación Carlos Slim, AC. Pág. 136: *El general Plutarco Elías Calles protesta como Presidente Constitucional.* 1 de diciembre de 1924. Anónimo. Fondo XLII-1, Carpeta 1, foto 17. Centro de Estudios de Historia de México, Carso, Fundación Carlos Slim, AC. Pág. 174: *Construcción de la Torre Latinoamericana, ca.* 1956. Archivo fotográfico Díaz, Delgado y García, caja 86/16. Archivo General de la Nación. Pág. 243: *Segundo Salón Internacional del Automóvil de México, enero de 1957.* Anónimo. Archivo fotográfico del Auditorio Nacional. Pág. 244: *Oficinas de Televisa destruidas por el terremoto.* 19 de septiembre de 1985. Hermanos Mayo. Fondo Hermanos Mayo, Sección Cronológica, sobre 1464. Archivo General de la Nación. Pág. 302: *Malena Díaz Urnas electorales Julio de 2000 Agencia fotográfica CUARTOSCURO.* Pág. 372: Miles de personas marcharon del Ángel de la Independencia al Zócalo capitalino para rechazar el resultado de las pasadas elecciones. 7 de julio de 2012. Hugo Cruz ID. 224127 PROCESOFOTO

© 2016, Alejandro Rosas
© 2016, Sandra Molina

Derechos reservados

© 2016, Editorial Planeta Mexicana, S.A. de C.V.
Bajo el sello editorial MARTÍNEZ ROCA M.R.
Avenida Presidente Masarik núm. 111, Piso 2
Colonia Polanco V Sección
C.P. 11560, Ciudad de México
www.planetadelibros.com.mx
Primera edición: junio de 2016
Segunda reimpresión: septiembre de 2016
ISBN: 978-607-07-3018-4

Impreso en los talleres de Litográfica Ingramex, S.A. de C.V.
Centeno núm. 162-1, colonia Granjas Esmeralda, Ciudad de México
Impreso y hecho en México – *Printed and made in Mexico*

Para Paula y Alfredo Hernández Molina
y Santiago y Natalia Rosas Campuzano,
que alcanzarán a ver un
final distinto para esta historia.

EN EL TOMO ANTERIOR...

Érase una vez un cura que dio un grito y despertó a todo un pueblo. Lo mataron pronto y le siguió otro cura, varios caudillos y una bola de insurgentes que pelearon durante once años hasta alcanzar la independencia. Los vencedores creyeron que la monarquía era una buena forma de gobierno y establecieron un imperio, pero duró lo que un suspiro y entonces nació la república.

Vinieron décadas de golpes de Estado, levantamientos armados, decenas de presidentes guiados por un caudillo con una pata de palo, guerras con el exterior, pérdida de territorio y la Iglesia que se creía dueña de todo el país. La república aprendió a sobrevivir hasta que llegaron a poner orden un indio zapoteca y sus amigos; derrotaron al caudillo cojo, derrotaron a los conservadores, separaron al Estado y la Iglesia, vencieron a los franceses y fusilaron a un emperador que venía de Austria. Al fin triunfó la república.

Luego de algunos años de paz, un nuevo levantamiento llevó a otro oaxaqueño al poder y llegó con tres obsesiones: orden, paz y progreso. Le agarró gusto a la silla presidencial y no volvió a soltarla. A cambio trajo estabilidad, crecimiento y modernización, pero también desigualdad, injusticia y represión. De pronto surgió un ranchero que hizo del voto su arma, habló de democracia por todo el país; lo encarcelaron, se levantó en armas y acabó con el largo régimen de la paz y el progreso. Con el dictador rumbo al exilio, se dispuso a entrar a la Ciudad de México para instaurar la democracia.

ÉRASE UNA VEZ...

Un presidente que llegó al poder a través del sufragio, dispuesto a instaurar la democracia, pero como no era el tiempo de los votos sino de las balas fue derrocado y asesinado. Inició entonces una larga revolución (1913-1917) en la que un grupo de caudillos se levantó en armas contra el usurpador; cuando lo derrotaron intentaron establecer la paz, pero como aún no era el tiempo de los votos sino de las balas, se pelearon por la silla presidencial hasta liquidarse.

Los vencedores hicieron una nueva Constitución e incluyeron todas las demandas que le dieron forma a la revolución. Comenzó la reconstrucción del país (1917-1929), pero todavía no era tiempo de votos sino de balas y cada sucesión presidencial fue un regadero de sangre: presidentes asesinados, candidatos ejecutados, una revuelta por aquí, otra por allá, y hasta una rebelión con tintes religiosos.

Los que lograron sobrevivir a todo estaban ya muy cansados de tanto desastre, y se les ocurrió crear un partido único, un partido oficial, un partido de Estado para poner orden, garantizar la transmisión pacífica del poder y quedarse en la presidencia para toda la eternidad. Y lo lograron solo durante 71 años (1929-2000) y luego por seis más.

Ya no era el tiempo de las balas sino de los votos, pero mal habidos; tiempo en el que el fraude electoral se hizo práctica común y se creó un sistema político autoritario, corrupto e impune sobre el que se construyó el México del siglo XX.

La paz y la estabilidad echaron raíces; del nacionalismo revolucionario con todo y la expropiación petrolera el país transitó a la modernización e industrialización; el caballo fue sustituido por el automóvil y las vías férreas por las autopistas. A la economía en crecimiento, a la inflación controlada y a la estabilidad cambiaria les llamaron el milagro mexicano. La oposición, la disidencia y la crítica fueron reprimidas a sangre y fuego.

Pero se acabó el veinte, se acabó el milagro y se vino el mundo encima. Crisis tras crisis; devaluación tras devaluación; inflación por las nubes; endeudamiento. Para colmo, guerra sucia contra los opositores, torturas y desapariciones, y hasta un terremoto devastador. Llegó el neoliberalismo, se firmó un Tratado de Libre Comercio y volvieron del pasado los zapatistas para declararle la guerra al gobierno. La oposición ganó espacios, impulsó leyes y se presentó al fin la hora de la revancha.

Llegó la alternancia presidencial; se recuperó el valor del voto; aplausos a la democracia. Pero se perdieron 12 años y muchas oportunidades; no hubo cambios sustanciales, solo polarización y más corrupción y más impunidad. Desapareció el fantasma de las crisis económicas pero apareció el fantasma del narcotráfico y la inseguridad, y como corolario, sin decir "agua va", regresó el partido que en 1929 soñó que tendría el poder para toda la eternidad.

De todo esto trata la última entrega de *Érase una vez México*. Es un recorrido por el siglo XX y los inicios del XXI; de la revolución a la reconstrucción; de la estabilidad a las crisis, de la transición democrática al retorno del PRI. Es una historia que cuenta cómo la sociedad se adaptó a un régimen donde todo era simulación y aprendió a vivir con él; cómo se transformó, abrió espacios y recuperó sus libertades públicas. Es una historia que comenzó con una fallida democracia —la de Madero— y termina con otra oportunidad para la democracia que se encuentra al borde del abismo.

Francisco I. Madero, ca. 1911. Anónimo. George Grantham Bain Collection. Biblioteca del Congreso, Washington.

CAPÍTULO 1

Pues no, no estábamos aptos para la democracia (1911-1913)

Cuando pase el temblor

Caía la tarde del 6 de junio de 1911 y en la Ciudad de México se respiraba un ambiente festivo. No como en otras ocasiones, cuando la sociedad esperaba con emoción el inicio del carnaval, las celebraciones de Semana Santa o como el júbilo que se desataba al aproximarse la noche del Grito. Era un sentimiento distinto, casi podría decirse que desconocido para la gente. Apenas unas semanas atrás había caído Porfirio Díaz, y tras su partida al exilio los habitantes de la Ciudad de México esperaban la llegada del jefe de la revolución triunfante: Francisco I. Madero.

Esa noche del 6 de junio la gente regresó a sus hogares dispuesta a levantarse temprano para volcarse en las calles y no perder detalle de la entrada de Madero, que se había anunciado para la mañana del día siguiente. La ciudad entró en su apacible calma nocturna, sin saber que el terremoto social iniciado el 20 de noviembre de 1910 tendría una réplica más mundana, con la cual la naturaleza le pasaba lista a las pasiones humanas.

El jueves 7 de junio de 1911, a las 4:26 de la mañana se sintió un fortísimo temblor en la Ciudad de México y en una

MADERO ENTRÓ A LA CAPITAL...

Con la apoteosis de un vencedor despojado de ejércitos: ídolo guía de su pueblo. Medio millón de habitantes sistemáticamente vejados por la autoridad saboreó aquel día el júbilo de ser libre. El "Caballito", viejo símbolo de la tiranía antigua, se cubrió de muchachos desde el pedestal hasta los hombros del rey olvidado. Manos infantiles acariciaron el cetro, como si por fin la autoridad se hubiese vuelto servicio humano y no atropello de bandoleros afortunados. Las campanas de la Catedral, las de la Profesa, las de noventa templos repicaron el triunfo del Dios bueno. Por una vez en tanto tiempo caía destronado Huitzilopoxtli, el sanguinario. Tras de larga condena de todo un siglo de mala historia, una nueva etapa inspirada en el amor cristiano iniciaba su regocijo, prometía bienandanzas. Por primera vez, la vieja Anáhuac aclamaba a un héroe cuyo signo de victoria era la libertad, y su propósito no la venganza sino la unión. José Vasconcelos, *Ulises criollo*.

extensa zona de la República Mexicana que hizo caer diversas construcciones. La gente salió despavorida, gritando y rezando, invocando al Ser Supremo, pidiendo perdón por sus pecados por si había llegado el momento de entregar cuentas al Creador.

Para desgracia de algunos soldados que habían logrado sobrevivir a la reciente rebelión maderista, el cuartel general de artillería, localizado en San Cosme, se vino abajo por completo y sepultó a buena parte de la tropa. Lo que no habían hecho los cañones revolucionarios lo hacía la naturaleza caprichosamente.

No te hagas bolas con la Revolución

Entre el periodo de 1910 y 1917 la Revolución tuvo varias etapas, cada una con características particulares. *Etapa maderista*. 20 de noviembre de 1910-21 de mayo de 1911. Encabezada por Francisco I. Madero en contra de la dictadura de Porfirio Díaz; su fin: establecer un régimen democrático bajo el lema: "Sufragio efectivo. No reelección". *Contrarrevolución*. 9-19 de febrero de 1913. Levantamiento armado encabezado por varios generales del régimen porfirista contra el gobierno de Madero. Huerta aprovechó las circunstancias para pactar con los sublevados y traicionó al presidente. El 19 de febrero asumió el poder y en pocos meses se convirtió en dictador. *Revolución constitucionalista*. 26 de marzo de 1913–13 de agosto de 1914. Fue encabezada por Venustiano Carranza. Su objetivo era político: restablecer el orden constitucional roto por el golpe de Estado huertista. *La bola*. Octubre de 1914-finales de 1916.

Una vez que terminó la revolución contra Huerta, se desató la lucha por el poder al interior de la propia revolución, que acabó, en términos generales, por enfrentar en los campos de batalla a Carranza y Obregón contra Villa y Zapata. *Etapa constitucional*. 1916-1917. Con la victoria en sus manos, Carranza convocó a un Congreso Constituyente en la ciudad de Querétaro que le diera a México una nueva Constitución, en la cual se incorporaron todas las demandas socioeconómicas que le habían dado sustento a la Revolución. La nueva ley suprema fue promulgada el 5 de febrero de 1917.

Pese a los daños materiales y a las víctimas del terremoto, nada opacó la entrada de Madero a la capital. La gente barrió los escombros y en un santiamén colocó banderas tricolores para saludarlo. Su llegada se esperaba a las 10 de la mañana, pero no siendo la puntualidad una virtud mexicana, el ferrocarril que traía al jefe de la revolución triunfante llegó a los andenes de la estación Colonia alrededor de las 12:30 del día.

Más de cien mil personas aclamaron al caudillo civil que había logrado acabar con un régimen de más de treinta años. Y era tan grande la multitud que el traslado de la estación Colonia —donde hoy se encuentra el Monumento a la Madre, en Sullivan— al Palacio Nacional se llevó más de tres horas porque las calles eran intransitables.

Música, cohetones, vivas, risas y alegría acompañaron a Madero durante todo el recorrido, y la celebración se extendió hasta altas horas de la noche con uno que otro altercado, como el asesinato de una mujer que fue apuñalada porque no quiso gritar "Viva Madero". Aquel 7 de junio la gente se permitió todo, hasta soñar con una nueva era, con la hora del cambio, de la transformación hacia un país más justo e igualitario. Para Madero y para el ciudadano común no había temores sino confianza y fe en el porvenir.

Presidente blanco, corazón negro

A pesar de las esperanzas y los buenos augurios que reinaban en el país por el próximo cambio de régimen, lo cierto era que la puerca había torcido el rabo desde el 21 de mayo anterior, cuando se firmaron los Tratados de Ciudad Juárez que pusieron fin a la revolución maderista. En ellos, Madero cometió los dos primeros errores de una larga cadena que lo llevarían a su caída tiempo después: aceptó la presidencia interina de Francisco León de la Barra y permitió que el ejército federal, contra el que habían combatido él y sus hombres, se encargara de la seguridad y del orden del país, mientras los revolucionarios estaban obligados a entregar las armas y regresar a sus hogares a continuar con su vida como si nada hubiera pasado.

En un país donde la ley era como una leyenda —todos habían oído hablar de ella pero nadie había visto su aplicación—, el respeto que mostraba Madero por la ley y por las instituciones se convirtió en una bomba de tiempo. Aquel 7 de junio el jefe de la revolución triunfante pudo haber llegado a la capital y tomar el poder con la mano en la cintura y un argumento muy simple: "Yo derroqué a Porfirio Díaz, yo soy el presidente". Nadie habría chistado, esa era la costumbre; todos los jefes y caudillos que durante el siglo xix llegaron al poder a través de levantamientos armados así lo hicieron.

Pero Madero era un demócrata por encima de todas las cosas y siguió el camino que marcaba la ley. Solo ocuparía la presidencia si la ciudadanía así lo quería a través del voto. Por eso, cuando llegó a la capital se dirigió a Palacio Nacional, pero no para sentarse en la silla presidencial, sino para mostrar sus respetos al presidente interino, Francisco León de la Barra, y ponerse a sus órdenes para trabajar por el restablecimiento de la paz.

De la Barra era más porfirista que don Porfirio, y si Madero esperaba que el presidente interino actuara honorablemente, que se sumara con entusiasmo al programa revolucionario, que no privilegiara los intereses de los viejos porfiristas y solo mirara por el bien de la Patria, estaba muy equivocado.

Lejos de facilitar la transición hacia el nuevo régimen, León de la Barra hizo todo lo que estuvo a su alcance para

EL PRESIDENTE BLANCO

Francisco León de la Barra era un hombre con escasa sensibilidad social —como toda la generación que gobernó al lado de don Porfirio—. Durante su gestión fue conocido como "el presidente blanco". Donde la forma había sido fondo —el porfiriato—, De la Barra era el prototipo de la "decencia", de ahí el sobrenombre: educación refinada, reflexivo, elevado por la lectura y los viajes, amante de las buenas costumbres, con alcurnia en sus apellidos, perteneciente a las "clases superiores de la capital". Su reputación era prácticamente inmaculada, y bajo esa visión los porfiristas justificaron su proceder. José Vasconcelos llegó a decir que era "el presidente blanco, pero de la pechera".

obstaculizarla. Su gobierno fue una extensión del porfiriato sin don Porfirio —como un tiempo de compensación—, y durante los seis meses que duró su administración se dedicó, exitosamente, a intrigar, a favorecer los intereses de la dictadura depuesta y a entorpecer el triunfo revolucionario.

Desde un principio fue notorio que entre Madero y León de la Barra existía un profundo antagonismo, no obstante que cuando se reunían se saludaban cordialmente y sonreían para la foto. Don Francisco, que andaba en gira electoral con miras a las próximas elecciones, a veces cuestionaba las decisiones del presidente ante el disgusto de este; por su parte, De la Barra hacía lo posible por desprestigiar a Madero, no solo ante los viejos políticos porfiristas caídos en desgracia, sino ante los mismos revolucionarios, con el claro fin de restarle apoyo político. De la Barra removió a varios miembros de su gabinete que eran de origen revolucionario, lo cual disgustó a los maderistas.

El presidente De la Barra logró, con todo éxito, el rompimiento definitivo entre Madero y Zapata. El Caudillo del Sur se negó a licenciar a sus tropas —como lo había ordenado el presidente, a más tardar para julio de 1911—, mientras no se iniciara la restitución de tierras de acuerdo con lo que Madero había establecido en el Plan de San Luis.

Lejos de tratar de entender las demandas zapatistas, y mientras Madero se reunía con Zapata en Cuautla para tratar de llegar a un entendimiento que beneficiara a todos, De la Barra envió a dos de sus generales más feroces y sanguinarios —Victoriano Huerta y Juvencio Robles— para aniquilar al caudillo sureño. Zapata responsabilizó al presidente de la represión y también a Madero, al que consideró traidor, por lo que sobrevino la ruptura definitiva entre ambos caudillos.

Tras una exitosa gira electoral como candidato del Partido Constitucional Progresista, Francisco I. Madero obtuvo el triunfo en las elecciones, y el 6 de noviembre de 1911, con todo el dolor que podía invadir al presidente León de la Barra, a los viejos, muy viejos diputados y senadores porfiristas, la Cámara declaró "Presidente Constitucional de los Estados Unidos Mexicanos al señor don Francisco I. Madero".

De la Barra le entregó la banda presidencial a Madero junto con una situación al borde del caos; había logrado la división interna del grupo maderista y con los zapatistas a punto de declararle la guerra al nuevo gobierno. Era un hecho: cuando Madero protestó como presidente los vítores y el júbilo de aquel 7 de junio se habían apagado y reinaba el más profundo silencio, augurio de tiempos sombríos.

"No nos falles"

Gran expectación generó el inicio del nuevo gobierno. Más que un programa detallado y minucioso, la premisa de Madero era gobernar con apego a la ley y a las instituciones: respetar las libertades públicas y los derechos políticos; garantizar la independencia entre los poderes de la federación; defender el voto y alentar la participación ciudadana en la construcción de un nuevo régimen.

De pronto la ciudadanía se encontró de frente con la libertad y pudo ver escenas que antes hubieran sido inconcebibles: obreros manifestándose el 1 de mayo de 1912 para conmemorar a los mártires de Chicago; estudiantes protestando en las calles por conflictos en las escuelas; periódicos criticando al gobierno maderista sin temor a la represión o a la censura.

Desde junio de 1911 Madero le había retirado a la prensa los jugosos subsidios que recibió durante la dictadura porfirista, lo cual generó gran indignación entre los principales periódicos, que en vez de hacer uso de su libertad con responsabilidad comenzaron un ataque sistemático contra todo aquello que representara al maderismo, publicando incluso detalles íntimos de la familia del presidente.

Fue tan feroz la crítica que hasta se fundó un periódico que se mofaba del nombre de la esposa del presidente. La publicación se llamaba *El sarape de Madero* (Sara P. de Madero); a Gustavo Madero, hermano de don Francisco, lo caricaturizaban llamándolo "ojo parado", porque usaba un ojo de vidrio desde niño. La frase del propio Gustavo resumía la situación de la prensa: "Muerden la mano que les quitó el bozal".

A los ojos de la sociedad mexicana —acostumbrada al servilismo de la dictadura— Madero parecía todo menos un presidente. No usaba escoltas ni hacía ostentación de la investidura; no abusaba del poder ni se mostraba autoritario. Era el anticaudillo. Resultaba extraño verlo en el teatro, en los museos, en la temporada de conciertos en Chapultepec y conmoverse con la *Obertura 1812* de Chaikovski.

Desconcertaba ver a un hombre respetuoso de la vida humana en el poder; un espiritista en la presidencia que podía correr el riesgo de volar en un biplano durante cuatro minutos en los albores de la aviación o bailar en las tertulias que organizaba en el Castillo de Chapultepec o mostrarse en público cariñoso con su esposa. No pocos murmuraron que las lágrimas vertidas por el presidente en los funerales de Justo Sierra, en septiembre de 1912, eran contrarias a la dignidad de su cargo.

El gobierno de Madero intentó moralizar a la sociedad, haciéndola participar de la vida democrática y exigiéndole un compromiso de respeto hacia la ley, pero la Ciudad de México no era el resto del país, y un régimen como el de Díaz, que durante tres décadas había hecho de la simulación, la corrupción y el autoritarismo una forma de vida, no podía erradicarse solo con buenas intenciones y algo de fe.

El paso de los días evidenció el daño causado por la gestión de León de la Barra al gobierno surgido de la revolución; la situación política se fue desdibujando y el fantasma de la violencia apareció de nuevo: cuatro movimientos armados marcaron el primer año de Madero en la presidencia.

Diez días después de la toma de posesión de Madero, el general Bernardo Reyes —el mismo que se había hecho chiquito cuando vio que podía enfrentar a don Porfirio en la contienda electoral de 1910 y prefirió irse del país—, ahora sí muy bravito, se levantó en armas contra el gobierno maderista, pero era tan grande su descrédito que nadie lo secundó y unos días después fue capturado y encarcelado.

Ese mismo mes, el 28 de noviembre de 1911, Emiliano Zapata se levantó en armas contra el nuevo régimen, acusando a Madero de haber traicionado a la revolución y enarbolando el Plan de Ayala —de corte agrarista—, que sería su bandera hasta el 10 de abril de 1919, día en que cayó asesinado.

Madero no supo cómo responder al levantamiento zapatista, pero no lo hizo con ánimo pacifista ni conciliatorio; envió de nueva cuenta al sanguinario general Juvencio Robles, quien se había creado mala fama combatiendo a las tribus

PLANES PARA TODA OCASIÓN

Ningún otro momento en la historia mexicana fue más rico en planes políticos. Casi no hubo movimiento armado que no se justificara con un plan. Con excepción del Plan de Ayala, en el que se establece específicamente como objetivo la restitución de tierras, la mayoría carecía de contenido social o económico; simplemente se desconocía el gobierno en turno; el fin era derrocarlo y luego convocar a elecciones para volver a la normalidad, si es que en esos tiempos la hubo en algún momento. Entre 1910 y 1920 estos fueron los principales planes políticos. **Plan de San Luis** (1910). Madero contra Díaz. **Plan de Ayala** (1911). Zapata contra Madero y luego contra Huerta y luego contra Carranza. **Plan de la Empacadora** (1912). Pascual Orozco contra Madero. **Plan de Guadalupe** (1913). Carranza contra Huerta. **Plan de Agua Prieta** (1920). Adolfo de la Huerta y Plutarco Elías Calles contra Carranza.

apaches de la frontera norte del país en tiempos de don Porfirio. "Todo Morelos, según tengo entendido —expresó el general Robles—, es zapatista y no hay un solo habitante que no crea en las falsas doctrinas del bandolero Emiliano Zapata. En un lapso de tiempo relativamente corto reduciré a esa falange de bandoleros que actualmente asuelan el Estado de Morelos con sus crímenes y robos dignos de salvajes".

Juvencio Robles utilizó en Morelos el método de "recolonización": quemó pueblos enteros, reconcentró a sus habitantes en zonas específicas, ordenó fusilamientos en masa y permitió la rapiña de sus hombres. Al enterarse Madero de los excesos cometidos por quien representaba a su gobierno ordenó su destitución, y en agosto de 1912 envió al general Felipe Ángeles, que llegó a tierras zapatistas con una política más conciliatoria y humanitaria.

En marzo de 1912, casi al mismo tiempo que comenzaba la cruenta campaña en Morelos, el gobierno de Madero tuvo que abrir un segundo frente ahora en el norte del país. El general Pascual Orozco —uno de los protagonistas de la victoria contra Porfirio Díaz en mayo de 1911—, se levantó en armas acusando a Madero de todo lo que se le ocurrió: traidor, asesino, corrupto, vendepatrias, hijo de Washington.

La rebelión orozquista puso en jaque al régimen pues se llevó varios meses y por momentos amenazó con extenderse más allá del Estado de Chihuahua. Finalmente, en los primeros días de julio el general Victoriano Huerta logró derrotar a Orozco en el cañón de Bachimba y restableció el orden en la región.

Una última intentona golpista, de otro frustrado y ambicioso porfirista, estalló en octubre en Veracruz. A Félix Díaz, sobrino de don Porfirio, se le ocurrió que si no estaba su tío a él le tocaba la presidencia, pero era un mediocre, un "ningunito" que no tenía ni los arrestos ni los méritos, y si la rebelión de Bernardo Reyes del año anterior había sido un fiasco, la de Díaz fue de pena ajena, ni las moscas lo siguieron y a los pocos días fue capturado y también encarcelado.

Al terminar el año de 1912 el gobierno maderista parecía haber sorteado los ataques de la prensa y el ánimo revolucionario que se había desatado en todo el país. Sin embargo, los movimientos armados solo eran una parte del problema; el más grave de todos era que el enemigo se encontraba en casa.

"Estás viendo y no ves"

No puedes llegar a la presidencia, poner en el gabinete a tu tío y a tu primo —ambos porfiristas—, decir que los nombraste porque los conoces y sabes que no van a robar, ignorar las críticas de tus colaboradores y pensar por un momento que todo saldrá bien. Eso fue lo que hizo Madero cuando asumió la presidencia: nombró a su tío, Ernesto Madero, secretario de Hacienda, y a su primo, Rafael L. Hernández, primero secretario de Fomento y luego de Gobernación.

El problema no era el nepotismo propiamente —reprobable bajo cualquier circunstancia—, sino que Madero entregara las dos secretarías más importantes del gobierno a personajes que se oponían a las reformas planteadas por los revolucionarios maderistas, y no solo eso, que se habían declarado abiertamente enemigos del movimiento revolucionario cuando este estalló. Madero quiso verse muy conciliador, muy democrático, muy incluyente, y organizó su gabinete con gente del viejo régimen, como sus parientes, y revolucionarios progresistas que deseaban impulsar los cambios con rapidez. Resultado: la parálisis de la administración pública.

El problema del presidente era que confiaba igual en sus amigos que en sus enemigos; pero lo dramático es que alejaba a los primeros y acogía a los segundos. Madero fue desechando —involuntariamente— a la gente que se jugó la vida con él en los campos de batalla y abrió las puertas de par en par a quienes nada habían aportado al movimiento. Sin duda, sus familiares en el gabinete fueron leales a Panchito el sobrino y a Panchito el primo, pero no al presidente Francisco I. Madero, y mucho menos a la revolución.

Desde el gabinete, Ernesto Madero y Rafael L. Hernández obstaculizaron todo tipo de reformas revolucionarias y protegieron a sus viejos amigos porfiristas. En buena medida, los miembros de la familia Madero contribuyeron al fracaso de la democracia. El presidente Madero no quiso escuchar a sus colaboradores cercanos; ignoró las críticas, despreció los señalamientos, "exageran", llegó a decir; ni siquiera atendió a su hermano Gustavo, quien le hacía ver que a su primo y a su tío les faltaba "vergüenza y patriotismo".

En enero de 1913 los diputados maderistas le entregaron a Madero un extenso memorial que podía resumirse en una sola frase: "Estás viendo y no ves", que era un grito de auxilio, quizás el último para tratar de salvar al régimen que avanzaba apresuradamente al fracaso. El documento resumía los errores de la administración y hacía hincapié en un cambio en el gabinete:

"La revolución va a su ruina, arrastrando al gobierno emanado de ella, sencillamente porque no ha gobernado con los revolucionarios. Es necesario, señor presidente, que la Revolución gobierne con los revolucionarios, y se impone como medida propia de conservación que dará fuerza y solidaridad al gobierno, que los empleados de la Administración

Pública sean todos, sin excepción posible, amigos del gobierno".

Los diputados criticaban al presidente, pero en el Congreso la situación no era mejor. En 1912 se llevaron a cabo elecciones legislativas y el porfirismo fue derrotado abrumadoramente; pero a pesar de que el grupo maderista tenía la mayoría en la Cámara, su falta de experiencia abrió paso a la demagogia y a la desorganización.

El primer periodo de sesiones —del 16 de septiembre al 15 de diciembre— estuvo marcado por gritos y sombrerazos, acusaciones, insultos y discusiones que no condujeron a nada. Además, los diputados maderistas se desenvolvían con indisciplina. Ni siquiera fue posible coordinar los esfuerzos de la mayoría en una sola dirección: cuando se abordó la cuestión agraria, se presentaron diez iniciativas diferentes. Nadie pudo sacar adelante las reformas necesarias para

¿UN NUEVO DICTADOR?

En septiembre de 1912, durante las fiestas patrias, Madero expresó en un brindis: "Porque si un gobierno como el mío, que ha cumplido honradamente con sus promesas, que ha hecho todo lo que su inteligencia le alcanza por el bien de la República, que ha llegado al poder por el voto casi unánime de todos los mexicanos, como nunca había sucedido, si un Gobierno así no pudiese subsistir en México, señores, deberíamos decir que el pueblo mexicano no estaba apto para la democracia, que necesitábamos otro nuevo Dictador, que viniese con su sable a acallar todas las ambiciones, a sofocar todos los esfuerzos que hacen los que no comprenden que la libertad únicamente puede ser fructuosa dentro de la Ley".

consolidar el régimen democrático del país y los revolucionarios fueron derrotados por una fracción menor, mejor organizada y con amplia experiencia legislativa que representaba al antiguo régimen.

Los focos de alarma se prendían por todos lados y el único que continuaba viendo la situación con ojos optimistas era Madero. A su juicio, todo era parte del aprendizaje democrático. Durante la dictadura porfirista, los miembros del Congreso se habían acostumbrado a callar y a obedecer. Madero consideraba que bajo su régimen los representantes de la nación asumirían responsablemente su tarea pública y en poco tiempo alcanzarían un grado de civilidad que impulsaría la marcha del gobierno.

A pesar de las buenas intenciones y de su inquebrantable optimismo, los hechos demostraron que Madero no estaba preparado para gobernar. Su percepción de los grandes problemas nacionales era limitada. Desde su óptica, la terrible desigualdad social imperante en el país, así como todos los problemas políticos, se solucionarían, simple y llanamente, con la instauración de la democracia y el respeto a la ley. El resto vendría por añadidura.

Madero puso demasiadas expectativas en una sociedad que era 80% rural, analfabeta, desorganizada, caótica, sin educación, sin conciencia política ni civismo; más preocupada por el día a día que por elegir a sus autoridades; más entusiasmada con el cinematógrafo, el teatro de revista o el fonógrafo, que por la división de poderes. Madero veía ciudadanos, pero la realidad era distinta: los mexicanos eran menores de edad en cuanto a la vida cívica y a concebir sus derechos políticos.

La clase política tampoco abonó para construir un régimen democrático y libre. Madero no quiso ver que los restos políticos del porfirismo intentaban acabar a toda costa con su gobierno, y desoyó los consejos de sus colaboradores más cercanos —entre ellos su hermano Gustavo—, que desde el inicio recomendaron "barrer" con cualquier vestigio del antiguo régimen, desmontar las estructuras corrompidas y conformar el gabinete con gente de comprobada lealtad.

Catorce meses de gestión fueron suficientes para desalentar a la población. La promesa de cambio, de la restitución de tierras, del desarrollo de la sociedad, se transformó en retórica frente a la crisis política y económica que, en enero de 1913, sacudía hasta el último rincón de la república. El desencanto se apoderó de la conciencia social y todo el régimen maderista cayó en el descrédito.

"Si Madero hubiera podido cumplir sus promesas, su prestigio se habría conservado —escribió su ministro Manuel Calero—. Madero, como todos los agitadores, había hecho promesas imposibles de cumplir [...]. Las masas le creían, pero cuando llegó el momento decisivo de la prueba y las mágicas transformaciones no se efectuaron, las multitudes se dieron por burladas. Entonces aquel hombre, que no inspiraba respeto más que a los que veíamos de cerca sus altas virtudes, se transmutó, en el concepto de sus improvisados admiradores, en objeto de fisga y vilipendio".

La Decena Trágica

Al comenzar 1913 corría el rumor de que dentro del ejército se preparaba un levantamiento armado contra el gobierno maderista. Pero no había que ser muy perspicaz para suponerlo. Desde el momento en que Madero aceptó desarmar a las tropas revolucionarias —después de la caída de Díaz en 1911— y gobernar con el viejo ejército porfirista, la posibilidad de un golpe de Estado era latente. La oficialidad se había formado bajo la sombra de Porfirio Díaz, por lo que no existía ningún tipo de lealtad hacia Madero, no obstante que el ejército debía ser garante de las instituciones, gobernara quien gobernara.

A los colaboradores cercanos del presidente, entre ellos su hermano Gustavo, les resultaba preocupante que Madero hubiera conmutado la pena de muerte por cárcel a Bernardo Reyes y a Félix Díaz, que habían sido procesados por levantarse en armas contra el régimen legalmente constituido, además de que se encontraran presos en la Ciudad de México. Por más desprestigiados que estuvieran en la política nacional, dentro del ejército eran respetados y eso los convertía en conspiradores potenciales.

No pasó mucho tiempo antes de que los rumores se hicieran realidad. La madrugada del domingo 9 de febrero de 1913 estalló una rebelión en plena capital del país. Parte del ejército liberó a los generales Bernardo Reyes y Félix Díaz,

Decena Trágica

Se le llama así a los diez días de combates que sostuvieron las fuerzas del gobierno maderista con los rebeldes atrincherados en La Ciudadela, en los cuales distintas colonias de la Ciudad de México resultaron severamente dañadas por el uso de artillería de ambas partes. Comenzó el 9 de febrero de 1913 con el fallido intento rebelde de tomar Palacio Nacional, y concluyó el 18 de febrero con la traición de Huerta y la aprehensión del presidente y del vicepresidente en Palacio Nacional.

quienes junto con Manuel Mondragón marcharon hacia Palacio Nacional para tomar el poder. Así dio inicio lo que se conoció como la Decena Trágica.

La intentona golpista fue tan solo el reflejo de lo que había sido el régimen maderista desde noviembre de 1911: un gobierno manchado por la desconfianza, la suspicacia y la inestabilidad, en el cual los restos del naufragio porfirista se negaban a desaparecer y la vieja clase política se resistía por todos los medios a dar paso a la vida democrática que requería el país.

El cuartelazo, sin embargo, no comenzó con los mejores augurios. Los sublevados fueron rechazados al intentar apoderarse de Palacio, y el general Bernardo Reyes cayó muerto

"YO FUI *EL TODO*"

Sobre su participación en el golpe de Estado, Manuel Mondragón escribió a Félix Díaz en junio de 1913: "Nadie ignora que yo fui quien concibió primero el pensamiento de la revolución; que yo mismo comprometí a la oficialidad; que yo asalté los cuarteles de Tacubaya y formé las columnas que se dirigieron a la Penitenciaría y al cuartel de Santiago; que yo igualmente abrí las bartolinas en que se encontraban el general Reyes y usted; que yo, después del desastre frente al Palacio Nacional, ocasionado por el impulsivo de Reyes y la impericia de Usted, reuní la fuerza dispersa y ataqué la Ciudadela, logrando su inmediata rendición. En la fortaleza, yo dirigí la defensa, yo construí parapetos, abrí fosos, levanté trincheras y dirigí personalmente todas las operaciones militares. En una palabra, yo fui *el todo* durante los días de la Decena Trágica".

frente a la puerta Mariana. Sorprendidos —pensaban que sería un día de campo—, Félix Díaz y Manuel Mondragón se retiraron y decidieron atrincherarse en la Ciudadela a esperar un milagro. La derrota parecía inminente.

Cuando el presidente Madero recibió la noticia del levantamiento, montó su caballo —llamado Destinado—, y acompañado por los cadetes del Colegio Militar emprendió la marcha a Palacio Nacional desde el Castillo de Chapultepec en lo que se conoció como "la marcha de la lealtad". Al llegar a la Plaza Mayor se encontró con una escena dantesca. Decenas de cadáveres permanecían regados en la plaza; eran los cuerpos de gente inocente, curiosos que se acercaron al escuchar la balacera o que acudían a la primera misa del domingo en Catedral. El destino les tenía reservada alguna bala perdida o la metralla que despertó a la Ciudad de México aquel 9 de febrero.

A pesar de la victoria inicial, el destino del maderismo se tornaba sombrío. El general Lauro Villar —que había rechazado el embate de los rebeldes en Palacio— resultó herido en la refriega, por lo cual Madero nombró a Victoriano Huerta como el nuevo comandante militar de la plaza. Su misión era sacar a los sublevados de la Ciudadela y restaurar el orden en la capital, lo cual no debía llevarle más allá de algunas horas o a lo sumo un par de días.

El nombramiento de Huerta como jefe de la guarnición de la plaza le pareció un grave error a Gustavo Madero. Pesaba sobre el general la sombra de la traición; de todos era sabido que solo era leal a sí mismo y se encontraba en una situación inmejorable: en una mano tenía al gobierno de Madero —al que decía defender— y en la otra a los rebeldes —a los que debía atacar—; así que se convirtió en el fiel de la balanza que podía decidir hacia qué bando inclinarse dependiendo de cuál le dejara mayores dividendos.

Los minutos se hicieron horas y las horas días, y los rebeldes, muy quitados de la pena, continuaban en la vieja fortaleza colonial. No era necesario ser estratega militar para saber que los hombres atrincherados en la Ciudadela no tenían una mínima posibilidad de éxito. Y sin embargo, seguían en pie de guerra. "¿Por qué los sublevados tienen tan buena puntería, y en cambio los nuestros nunca le pegan a la Ciudadela? —escribió José Vasconcelos—. ¿Por qué no asaltan y acaban en dos horas con ese manojo de ratas? Es una vergüenza que cuatrocientos hombres tengan en jaque a toda la Nación que está en paz y apoya al gobierno".

La conducta sospechosa de Huerta llevó a Gustavo Madero a tratar de probar que tenía planeado traicionar al régimen, así que dispuso de varios hombres para que lo espiaran mañana, tarde y noche. No pasó mucho tiempo antes de que Gustavo supiera que Victoriano Huerta se reunía con el jefe de los rebeldes, Félix Díaz, en la cómoda tranquilidad de la pastelería El Globo.

Fue la gota que derramó el vaso; así que al caer la noche del 17 de febrero, con las pruebas en la mano, Gustavo desarmó personalmente a Huerta en Palacio Nacional y lo llevó ante su hermano explicándole que lo había descubierto en arreglos con Félix Díaz.

El presidente Madero tomó las cosas con calma y le dio a Huerta la oportunidad de explicar su conducta —ante la cara de asombro y un entripado marca diablo de Gustavo—. El general imploró, suplicó, juró ante el presidente ser el más fiel de sus soldados y el más humilde de sus hombres; le recordó haber defendido al régimen durante la revolución de Orozco. Hablaba con la convicción del que ha hecho de la mentira una costumbre, y finalmente prometió, jurando por la virgencita de Guadalupe, que demostraría su lealtad al día siguiente lanzando el ataque final sobre la Ciudadela.

Madero se tragó completito el cuento de Huerta, y hasta conmovido le dijo: "General, tiene usted 24 horas para demostrar su lealtad". Le regresó la pistola y además reprendió a su hermano con severidad "por dejarse llevar de la primera impresión y del primer impulso". Sin saberlo, Madero había puesto su vida y la de su hermano en manos de Victoriano Huerta.

Como era previsible, nunca hubo un asalto final a la Ciudadela; en cambio, hacia las dos de la tarde del 18 de febrero Huerta asestó el golpe final contra el gobierno. El general

LOS ERRORES DE MADERO

"Tenemos que ganar porque representamos el bien", dijo Madero cuando estalló la Decena Trágica. Pero no había forma de que ganara luego de la serie de errores que cometió. 1. Al inicio del golpe de Estado, Madero debió mandar lejos al vicepresidente Pino Suárez para salvaguardar la institución presidencial, pero no, estuvieron juntos hasta que fueron aprehendidos. 2. Madero debió nombrar al general Felipe Ángeles —de comprobada lealtad— jefe de operaciones contra los sublevados; pero en vez de eso, fue por él a Cuernavaca y lo trajo a México para subordinarlo a Victoriano Huerta. 3. Madero debió hacer caso a la denuncia que hizo su hermano Gustavo de la traición de Huerta y no darle ninguna oportunidad. 4. Madero y Pino Suárez no debieron firmar sus renuncias hasta que no estuvieran a salvo. Resultado, un par de mártires de la democracia en la historia de México.

Aureliano Blanquet, incondicional de Huerta, aprehendió a Madero y a Pino Suárez en Palacio Nacional. Casi al mismo tiempo, Gustavo Madero fue detenido en el restaurante Gambrinus y esa noche fue asesinado brutalmente en la Ciudadela. Su muerte era el preludio de la suerte que correrían Madero y Pino Suárez días después.

45 vergonzosos minutos

La historia mexicana demuestra con frecuencia que el acto más cobarde, más ruin, más abominable puede ser purificado con las aguas de la legalidad. Y eso fue lo que intentaron hacer Huerta, Félix Díaz y Manuel Mondragón. Para ello se fueron corriendo a la embajada de Estados Unidos en México; querían echarse un coñac con el embajador Henry Lane Wilson y brindar por la caída de Madero. Eran las 9:30 de la noche del 18 de febrero, día de la traición.

Henry Lane Wilson ha sido el peor embajador estadounidense en la historia de las relaciones entre México y Estados Unidos, el peor. Hombre sin escrúpulos, sin una pizca de decencia, ambicioso, deshonesto, megalómano y mitómano, llegó a México en diciembre de 1909 y rápidamente hizo migas con el alto círculo porfirista porque el dictador tenía a bien pasarle una lana al mes para sus chuchulucos por si no le alcanzaba su sueldo de embajador. Así que cuando cayó don Porfirio, la cartera de Wilson lo resintió: Madero prohibió todo tipo de apoyo pecuniario al embajador.

Desde la embajada, Wilson inició una campaña sistemática para desprestigiar al gobierno de Madero: enviaba informes a Washington en los cuales describía un México al borde del abismo; un país asolado por la violencia, inestable, e insistía una y otra vez en que no había lugar más peligroso en el mundo para los ciudadanos estadounidenses que el territorio mexicano. Por si fuera poco, su opinión sobre Madero no era muy halagadora:

"Madero es un loco —expresó en alguna ocasión Lane Wilson—, un lunático que debe ser declarado mentalmente incapacitado para gobernar; la situación es intolerable y voy a poner orden. Madero está irremediablemente perdido". Y en efecto, puso manos a la obra. Como el gobierno maderista ni lo pelaba, al estallar la Decena Trágica brindó su apoyo incondicional a Huerta, con quien compartía el gusto por el coñac —ambos eran alcohólicos—, y le ofreció la embajada de Estados Unidos como el sitio para reunirse con Félix Díaz y acordar los últimos detalles del derrocamiento de Madero.

El documento con el que tomó forma política el golpe de Estado se conoció como Pacto de la Embajada porque fue firmado ante la presencia del embajador Wilson, en la sede de la legación estadounidense en México. De acuerdo con lo pactado, Huerta asumiría la presidencia del país, nombraría un gabinete integrado por reyistas y felicistas, y convocaría a elecciones para que Félix Díaz pudiera competir y llegar al poder. Sobra decir que Huerta se chamaqueó a Díaz; no tardó en enseñar el cobre y se quedó en el poder.

Para consumar el plan y que todo pareciera legal, era necesario que Madero y Pino Suárez renunciaran voluntariamente, y en la mañana del 19 de febrero Pedro Lascuráin, secretario de Relaciones Exteriores, se presentó en la intendencia de Palacio Nacional. De acuerdo con la Constitución, ante la ausencia de presidente y vicepresidente, el siguiente en el orden para asumir la presidencia era el secretario de Relaciones, por eso Huerta envió a Lascuráin para convencerlos de que renunciaran a sus cargos a cambio de lo cual respetaría sus vidas. Si firmaban serían trasladados a

Veracruz y embarcados a Cuba. Lascuráin fue muy elocuente y además se comprometió a no presentar las renuncias al Congreso hasta que no estuvieran a salvo.

Para los prisioneros, el panorama parecía alentador, pero en ningún momento de la conversación Lascuráin se atrevió a decirle a Madero que unas horas antes los golpistas habían asesinado a su hermano Gustavo, por lo que presumiblemente Huerta no respetaría ninguna de sus promesas. Madero y Pino Suárez confiaron en Lascuráin y estamparon su firma sobre las renuncias, y con ellas en mano Lascuráin se presentó ante Victoriano Huerta para insistirle en que debía garantizar la vida de los prisioneros.

Lascuráin se hizo chiquito ante el terror que le provocaba Huerta, así que lo obedeció. Rompió la promesa hecha a Madero y presentó las renuncias ante el Congreso. Ambas fueron aceptadas, y de acuerdo con la ley el propio Lascuráin asumió el poder. Su temor eran tan grande que solo realizó dos actos de gobierno: nombró a Victoriano Huerta secretario de Gobernación y presentó su renuncia. Su presidencia duró 45 minutos; 45 vergonzosos minutos en los cuales Lascuráin revistió de legalidad la traición de Huerta, quien asumió la presidencia amparado por la ley, y firmó la sentencia de muerte de Madero y Pino Suárez porque ya no tenía forma de hacer nada por ellos.

Transcurrieron tres días; tres días de incertidumbre y zozobra en los que Madero y Pino Suárez iban perdiendo toda esperanza de salir con vida de aquel trance. Nadie entendía por qué, si los prisioneros habían firmado sus renuncias desde el 19, no los habían trasladado a Veracruz en el acto. Cada minuto que pasaba abonaba a favor de un desenlace fatal. Pasadas las diez de la noche del 22 de febrero, cuando ya se habían apagado las luces de la intendencia de Palacio Nacional, donde se encontraban cautivos, se

CON "I" DE IGNACIO

A partir del asesinato de Francisco I. Madero, en febrero de 1913, un sinnúmero de leyendas se construyeron en torno al significado de la "I" que lleva su nombre. Para sus detractores, que siempre lo consideraron un loco idealista, la "I" significaba Inocencio —como apareció erróneamente en su acta de defunción—. Con el paso del tiempo, la historia oficial se encargó de enterrar su verdadero nombre y casi todas las generaciones que estudiaron la Revolución mexicana durante el siglo XX crecieron con la seguridad de que la "I" de Madero era de Indalecio. En pleno siglo XXI mucha gente sigue creyendo esta versión, la cual está completamente equivocada. Don Francisco Madero Hernández y doña Mercedes González bautizaron a su primogénito con el nombre de Francisco Ignacio en honor del santo de Asís y del fundador de la Compañía de Jesús. Con el tiempo corrió la versión de que al adoptar la doctrina espírita como el motor de su vida (1891), Madero renegó de su segundo nombre por el mal recuerdo que tenía de sus años de estudiante con los miembros de la orden de san Ignacio de Loyola —los jesuitas— en Saltillo, por lo cual adoptó el nombre de Indalecio. Sin embargo, no existe documento alguno que dé sustento a esta versión. En 1966, en una entrevista, Raúl Madero, hermano del presidente extinto, señaló: "Las conversaciones de paz habían comenzado. Por el lado revolucionario participaban Sánchez Azcona, Gustavo Madero, Federico y Roque González Garza, Alfonso Madero y naturalmente Francisco Ignacio, cuyo segundo nombre quiero puntualizar, porque casi nadie lo conoce y se le atribuyen muchos, al capricho de cada quien".

presentó el mayor de rurales Francisco Cárdenas, acompañado por otro hombre —ambos esbirros de Huerta—, con la orden de trasladar a Madero y a Pino Suárez a la Penitenciaría del Distrito Federal. De inmediato supieron que el final estaba próximo.

Francisco Cárdenas tenía quince años sirviendo en el Cuerpo de Rurales y el 21 de febrero de 1913 solicitó al gobierno huertista su traslado e incorporación al ejército federal. Huerta y Blanquet lo recibieron con los brazos abiertos: en su hoja de aptitudes el mayor Francisco Cárdenas estaba definido como "apto para desempeñar las comisiones del servicio que se le confían". Era el hombre indicado para asesinar a Madero.

Cárdenas ordenó al expresidente que abordara un automóvil Protos estacionado frente a la intendencia de Palacio. José María Pino Suárez, custodiado por el teniente Rafael Pimienta, subió a otro vehículo marca Peerles. Cerca de las once de la noche los dos automóviles abandonaron Palacio Nacional y enfilaron hacia la penitenciaría de Lecumberri.

Al llegar a la entrada principal se detuvieron un instante y se les informó que debían ingresar por la parte posterior del edificio. Los vehículos se detuvieron. Cárdenas obligó a Madero a descender del auto y en ese instante le disparó dos veces en la parte posterior de la cabeza. El cuerpo exánime de Madero cayó al piso lleno de sangre. Pino Suárez, que también había descendido del vehículo, al percatarse de la suerte de su amigo intentó huir pidiendo auxilio. Rafael Pimienta tomó su carabina, y con ayuda de varios hombres disparó indiscriminadamente sobre el otrora vicepresidente, que cayó acribillado por los impactos de las balas. Al otro día los periódicos dieron la noticia de que Madero y Pino Suárez habían resultado muertos cuando un grupo de partidarios intentó rescatarlos.

EL *SHOW* DEBE CONTINUAR

El 22 de febrero de 1913, luego de que los teatros habían permanecido cerrados las últimas semanas, Huerta ordenó que reiniciaran las funciones. Esa noche, en el Teatro Principal se presentó el transformista Frizzo con su cuadro *París Concert,* en el que representó a cien personajes distintos.

Paradójicamente, mientras en el teatro resonaban los aplausos de la gente que disfrutaba la reapertura del espectáculo, Madero y Pino Suárez eran asesinados. Entre 1913 y 1920 varios actores y escritores tuvieron que huir de la capital luego de haber criticado a la cambiante clase política, cuya piel era muy sensible. La revista *El Chanchullo,* de Rodolfo Navarrete, llevó a la cárcel a su autor y a la tiple cubana Pepita Pubill —encerrada en la cárcel de Belén— porque uno de los personajes era la representación del mismísimo Huerta en la caracterización de un viejo sucio, borracho y maloliente que aspiraba a ser actor. En los espectáculos de entonces se reflejaba la situación del país y las preferencias políticas.

En mayo de 1913, en el Teatro Lírico se estrenó la revista *El país de la metralla,* de José F. Elizondo y Rafael Gascón, estelarizada por Etelvina Rodríguez, Paco Gavilanes y Mimí Derba. Mala apuesta hizo Elizondo, pues a fin de congraciarse con el régimen huertista su revista criticaba abiertamente el movimiento constitucionalista, y cuando triunfó la revolución, en agosto de 1914, tuvo que poner pies en polvorosa. Lo mismo le ocurrió a Leopoldo *el Cuatezón* Beristáin, quien se convirtió en el cómico favorito de Victoriano Huerta; durante la dictadura contó con su apoyo y reconocimiento y así pudo estrenar en el Teatro Apolo *El candidato del pueblo* y *El nuevo diputado*, lo cual, a la hora del triunfo revolucionario, le costó el exilio.

Villistas durante un descanso, ca. 1913-1914. Anónimo. George Grantham Bain Collection. Biblioteca del Congreso, Washington.

Capítulo 2

Todos contra Huerta
1913-1914

Entenebrecido por el alcohol

Victoriano Huerta ocupó la presidencia del 19 de febrero de 1913 al 15 de julio de 1914. Aunque con la caída de Madero la vieja clase política llegó a pensar en el regreso de Porfirio Díaz, lo cierto es que Huerta jamás consideró entregarle el poder a los porfiristas ni estaba entre sus planes restaurar el viejo orden; quería construir un régimen nuevo, propio, de corte militar, que reencauzara al país en el camino del orden y el progreso.

Contrariamente a lo que establecía la historia oficial en los libros de texto, el pueblo mexicano no se levantó como "un solo hombre" contra el régimen de Huerta. Desde luego, el asesinato de Madero provocó un malestar generalizado, pero la mayor parte de los estados del país reconocieron casi de inmediato a Huerta como presidente de la República. En las semanas siguientes a su llegada al poder, solo Coahuila, Sonora y Chihuahua lo desconocieron.

Para garantizar el control sobre la mayor parte del país, Huerta colocó militares en casi todas las gubernaturas de los estados que le eran leales. Y para hacer frente a la revolución que estalló en Coahuila a finales de marzo de 1913, el gobierno decidió militarizar a la sociedad. Escuelas, oficinas gubernamentales, fábricas, negocios comenzaron a recibir adiestramiento militar. Además, inició una campaña de leva con la que envió a miles de jóvenes a combatir a los revolucionarios. Así, el ejército federal pasó de 65,000 efectivos a cerca de 250,000.

Huerta creyó que su cómplice, el embajador Henry Lane Wilson, conseguiría que Washington le otorgara el reconocimiento de su gobierno. Pero el cambio de administración en Estados Unidos arruinó todo; desde el 4 de marzo despachaba en la Casa Blanca el presidente Woodrow Wilson, del Partido Demócrata, quien repudió el golpe de Estado y no solo removió a Henry Lane Wilson de la embajada, sino redujo la representación diplomática estadounidense en México a solo una oficina de negocios. En términos llanos significaba que Huerta gobernaría sin el reconocimiento de Estados Unidos y que su gobierno no podría comprar armas, municiones, ni solicitar apoyo contra los revolucionarios. Frente a ese panorama, Victoriano estaba frito.

El nuevo dictador no cumplió ninguno de los compromisos que firmó en el Pacto de la Embajada. Desde luego, por su cabeza no pasó nunca dejar el poder, y tan pronto pudo removió a los miembros de su gabinete que eran leales a Félix Díaz y nombró a sus incondicionales, como Aureliano Blanquet —que de joven le dio el tiro de gracia a Maximiliano y se había encargado personalmente de la aprehensión de Madero—. Pospuso las elecciones bajo el argumento de que no existían condiciones en el país para llevarlas a cabo y se deshizo de Félix Díaz con mucha elegancia: lo nombró embajador extraordinario en Japón.

El sobrino de don Porfirio ni las manos metió; aceptó el cargo porque sabía que de quedarse en México podía terminar dos metros bajo tierra como muchos de los opositores al

SANGRE FRÍA

"Huerta no se preocupa mucho por saber a quién mata. Poco le interesa la vida humana (la suya propia o la ajena). Es un hombre fuerte y astuto; y si fuese capaz de conseguir unos cuantos mirlos blancos, con apariencia de patriotas, y si los Estados Unidos no estuvieran espada en mano, tal vez podría restablecer la paz en su patria". *Edith O'Shaughnessy*, esposa del encargado de negocios estadounidense en México.

régimen huertista. Así que hizo maletas y salió del país, pero nunca llegó a Japón; mandó al diablo el encargo de Huerta y se fue a Europa una temporada a visitar a su tío y a llorar sus penas.

Conforme pasaban los meses, Victoriano Huerta iba endureciendo su gobierno; sus contemporáneos decían que su cerebro se encontraba entenebrecido por el alcohol y no tenía reparos en disponer de la vida de los otros. Desde el inicio de su gobierno dispuso la organización de una policía secreta que no le dio tregua a ningún opositor. La delación sin fundamentos, el rumor, las detenciones arbitrarias, las ejecuciones sin formación de causa y las desapariciones se hicieron cotidianas. Huerta sistematizó el terror, particularmente en la Ciudad de México.

La ley fuga se hizo costumbre. El gobierno emprendió una persecución feroz sobre diputados de la XXVI Legislatura que habían sido leales a Madero y que tras su asesinato dirigieron todas sus críticas hacia *El Chacal*, como se conocía al presidente. En junio de 1913 Huerta nombró secretario de Gobernación a su compadre Aureliano Urrutia, médico militar, quien cambió la noble vocación de salvar vidas por la de acabar con ellas.

Tan solo una semana después de tomar posesión de la secretaría, el diputado Edmundo Pastelín fue aprehendido al llegar a casa y dos días después fue fusilado. Lo mismo sucedió con Pablo Castañón, Jesús Velázquez y Domingo Juárez, quienes fueron pasados por las armas sin juicio previo. En agosto de 1913 el diputado Adolfo C. Gurrión fue aprehendido en Juchitán, Oaxaca, y en el trayecto lo asesinaron por órdenes de Urrutia.

Ese mismo mes, el diputado Serapio Rendón fue detenido por agentes de la Secretaría de Gobernación y ejecutado en Tlanepantla "por convenir a los intereses del país" —según las órdenes de Aureliano Urrutia—. Poco importaba si el Congreso alzaba la voz; si la prensa, cada vez más cómplice, le dedicaba sus encabezados a los crímenes cotidianos o si la gente se indignaba ante los asesinatos políticos. La lista se hizo interminable.

Uno de los asesinatos más escandalosos fue el del senador Belisario Domínguez, feroz crítico del régimen huertista. Con varios de los diputados asesinados había sostenido la defensa de la legalidad frente a la usurpación y escribió un par de discursos incendiarios que resonaron hasta los salones de Palacio Nacional donde se encontraba Victoriano Huerta. El presidente no tardó en tomar la decisión de acabar con la vida del senador. Belisario Domínguez fue ultimado la noche del 7 de octubre de 1913 en el panteón de Xoco. Se dice que le cortaron la lengua, pero es una versión que nunca fue comprobada.

Una muerte más no le quitó el sueño a Huerta, pero las críticas de los miembros del Congreso terminaron por hartarlo y tomó una determinación que marcó el rumbo de su gobierno. El 10 de octubre de 1913 Huerta disolvió la

Un plan absurdo

Si no hubiera sido asesinado, seguramente Belisario Domínguez hubiera terminado en el manicomio de La Castañeda. Tenía un plan tan absurdo para acabar con el régimen que parecía una broma. "Me presentaré a don Victoriano Huerta con la solicitud firmada por todos los senadores [para que renuncie] y además con un ejemplar de [mis] discursos [...]. Al leer esos documentos, lo más probable es que llegando a la mitad de la lectura pierda la paciencia y sea acometido por un arrebato de ira, matándome enseguida. En ese caso nuestro triunfo es seguro, porque los papeles quedarían ahí y después de haberme matado no podría resistir a la curiosidad, seguirá leyendo, y cuando acabe de leer, horrorizado de su crimen, se matará él también y la patria se salvará".

Cámara de Diputados y encarceló a los miembros de la XXVI Legislatura en Lecumberri. El Senado prefirió desintegrarse antes de sufrir una humillación similar. Con esta acción, Huerta se erigió como dictador, asumiendo los ramos de Gobernación, Hacienda y Guerra. Al finalizar 1913, la revolución contra Huerta, que había comenzado en marzo, se había extendido a la mayor parte del país.

Bajo el signo de Venus

Si Huerta había roto el orden constitucional con el golpe de Estado, el argumento para iniciar una revolución era muy simple: restaurarlo. Venustiano Carranza (1859-1920) no era un improvisado; conocía cómo se manejaban los hilos de la política mexicana y tenía un colmillo bien retorcido forjado con la experiencia de los años. Había sido presidente municipal de Cuatro Ciénegas, Coahuila —su lugar de nacimiento—; diputado local, diputado federal y senador; además, intentó llegar a la gubernatura de su estado, pero como no contaba con la bendición de don Porfirio le cerraron las puertas.

Por eso se unió a la cruzada democrática de Madero contra el dictador en 1909, y luego se sumó a la revolución de 1910. Pero a la hora del triunfo criticó severamente a Madero por aceptar el interinato de León de la Barra y el desarme de las tropas revolucionarias. "Revolución que transa revolución que se suicida" —profetizó—, así que no le extrañó que el régimen de Madero terminara con un golpe de Estado.

Don Venus era gobernador de Coahuila cuando Huerta asumió el poder. Como el nuevo gobierno era producto de la usurpación, Carranza tomó la decisión de no reconocerlo y de levantarse en armas. Para hacerlo necesitaba una justificación y un plan, así que antes de convocar a sus hombres a tomar las armas con él, tomó pluma y papel y se sentó, con toda calma, a escribir un plan hecho a su medida para no dar lugar a confusiones.

El documento con el que Carranza se levantó en armas contra Huerta fue conocido como Plan de Guadalupe porque fue firmado en la hacienda del mismo nombre el 26 de marzo de 1913. En su plan, don Venus repartió culpas: acusó a Huerta de haber traicionado al presidente Madero, quien le había confiado la defensa de las instituciones y de la legalidad; acusó a los poderes legislativo y judicial de haber reconocido y amparado al nuevo gobierno, y acusó al ejército por golpista, razones suficientes para desconocer al nuevo gobierno y tomar las armas en su contra.

Para cumplir con sus fines, Carranza propuso la formación de un ejército denominado constitucionalista porque pretendía restaurar el orden constitucional roto con el golpe de Estado; él mismo se autodenominó Primer Jefe de dicho ejército y estableció que al triunfo del movimiento ocuparía la presidencia del país y convocaría a nuevas elecciones.

Carranza era muy vivo, y para aparentar que también era muy democrático redactó el plan en primera persona del plural —en "nosotros"—, de tal forma que pareciera haber sido discutido en una asamblea democrática. Una vez que terminó de redactarlo se lo dio a uno de sus incondicionales, Alfredo Breceda, y le dijo: "Ahora llame a los jefes y oficiales mientras yo salgo de esta pieza, y manifiésteles este plan para que lo discutan a ver si lo aprueban".

Los invitados a firmar —reunidos en la hacienda de Guadalupe— no pusieron reparos, no cambiaron una sola coma, y sin más lo firmaron. Obviamente, Carranza no firmó el plan para demostrar que lo habían elegido. Así fue como se convirtió en Primer Jefe del Ejército Constitucionalista y jefe de la revolución contra Huerta.

Desde finales de marzo de 1913, cuando comenzó la revolución contra Huerta, grupos de distintas regiones del país se fueron sumando a la causa. El Ejército Constitucionalista estaba formado por cuatro divisiones principales: la del Noroeste, que peleaba en la región del Pacífico y en el occidente del país; la del Norte, cuyo zona de operaciones era Chihuahua, Durango y Coahuila; la del Noreste, básicamente en Nuevo León y Tamaulipas, y la del Centro, en Zacatecas y los estados del Bajío.

El movimiento armado no fue homogéneo y la composición social de cada una de las divisiones era muy distinta entre sí. El sur era harina de otro costal. Si bien Emiliano Zapata y su ejército también se levantaron contra Huerta, lo hicieron

OBSESIÓN

Carranza estaba obsesionado con la historia. Muchas de sus decisiones políticas las tomó casi bajo la pregunta de ¿qué hubiera hecho Juárez en un caso así? Y actuó en consecuencia. Desde que tomó las riendas de la revolución constitucionalista, don Venus se vio a sí mismo como el nuevo Juárez. Le llamó "constitucionalista" al ejército que formó para combatir a Huerta, del mismo modo que don Benito le había llamado al suyo durante la guerra de Reforma; en mayo de 1913 puso en vigor la vieja ley del 25 de enero de 1862, expedida por Juárez para juzgar a los traidores a la patria, pero Carranza la usó para combatir a los enemigos de la revolución. Cuando Carranza tuvo que abandonar la Ciudad de México, en noviembre de 1914, siguió el ejemplo de Juárez y marchó a Veracruz —como lo hizo don Benito durante la guerra de Reforma—. Y si desde el Puerto Juárez había expedido las leyes de Reforma, ¿por qué Carranza no? Y emitió una importante ley agraria el 6 de enero de 1915. Y como remate, convocó al Congreso Constituyente en Querétaro porque en ese lugar la República, encabezada por Juárez, le asestó el golpe final al imperio de Maximiliano.

por cuenta propia; el caudillo sureño jamás reconoció la autoridad de Carranza como Primer Jefe. El Ejército Libertador del Sur —como se autodenominaba el zapatismo—, nunca formó parte del Ejército Constitucionalista.

El invicto

"Obregón es extraordinario —escribió Ramón Puente en su obra *La dictadura, la revolución y sus hombres*—; hay en su espíritu contradicciones formidables, valor, temeridad, audacia, junto con disimulo y sencillez; egoísmo llevado a la egolatría y afabilidad en el trato; fuego y frialdad para disponer de la vida humana sin inmutarse".

La División del Noroeste estaba al mando de Álvaro Obregón (1880-1928); sus principales jefes —Benjamín Hill, Salvador Alvarado, Francisco R. Serrano, Plutarco Elías Calles, Manuel M. Diéguez— pertenecían a la clase media que había logrado ocupar posiciones políticas bajo el régimen de Madero; entre ellos imperaban las profesiones liberales: había comerciantes, agricultores, fotógrafos, pequeños empresarios, maestros, periodistas. Era un ejército organizado, formado por voluntarios que recibían una paga proporcionada por el Estado, bien armado y uniformado.

En mayo de 1913 la División del Noroeste comenzó su invicta campaña. El todavía coronel Álvaro Obregón derrotó a los huertistas en Santa Rosa y Santa María obteniendo así el control del Estado de Sonora, con excepción del puerto de Guaymas, que permaneció sitiado por las fuerzas de Salvador Alvarado hasta la caída de Huerta. Continuaría su avance hacia el sur por los estados del Pacífico para luego internarse hacia el centro de Jalisco.

Obregón fue el único general invicto de la revolución; le ganó a todos y nadie pudo con él, salvo la muerte, que se le apareció en 1928 en un banquete. Hombre efusivo, simpático, bromista, con una extraordinaria memoria, audaz y temerario. Decía Ramón Puente, historiador, que "sabía dar y quitar lo mismo los honores que la vida". El éxito guió su destino; en los negocios, en la carrera de las armas y en la política la suerte siempre estuvo de su lado.

No estudió formalmente nada. Era un improvisado con "el mejor sentido práctico del mundo". Antes de unirse a la revolución fue mecánico, tornero, profesor, maestro de ceremonias y agricultor. Con su carácter jovial y alegre se ganaba el afecto de quienes lo conocían. No quiso incorporarse al movimiento maderista de 1910, pero en 1912 defendió al régimen de Madero combatiendo contra Pascual Orozco.

Su momento llegó al estallar la revolución constitucionalista. Obregón se puso a las órdenes del gobernador de Sonora y con el grado de coronel inició la campaña militar contra los huertistas. A pesar de ser un improvisado, su capacidad para organizar a sus hombres, ejecutar maniobras y enfrentar al enemigo era muy superior a la de otros revolucionarios, por eso Carranza —hombre práctico también—, depositó su confianza y futuro en el sonorense. En julio fue ascendido a general y en septiembre fue nombrado jefe del Cuerpo del Ejército del Noroeste.

A Obregón le gustaba innovar. En la revolución fue de los primeros militares en utilizar el ataque aéreo, y desarrolló en México el uso de trincheras al estilo europeo para enfrentar al enemigo. Una modalidad obregonista fueron las llamadas loberas —trincheras individuales cavadas por cada soldado y dispuestas a lo largo del campo de batalla—. Sus acciones militares más importantes se dieron en los estados de Sonora, Sinaloa, Nayarit, Colima y Jalisco.

"El arte bélico de Obregón —escribió Martín Luis Guzmán— consistía más que todo en atraer con maña al enemigo, en hacerlo atacar, en hacerlo perder valentía y vigor, para dominarlo y acabarlo después echándosele encima cuando la superioridad material y moral excluyera el peligro de la derrota. Acaso Obregón no acometiera nunca ninguna de las

Desde el cielo

El cuartelazo huertista llevó a los pilotos Gustavo y Alberto Salinas —egresados de la Moisant Aviation School de Nueva York— a incorporarse a la revolución. Carranza autorizó la compra de algunos biplanos y Gustavo tuvo la suerte de ser enviado al ejército del Noroeste, cuyo jefe, Álvaro Obregón, siempre estaba dispuesto a innovar en el arte de la guerra. En abril de 1914, en Topolobampo, Sinaloa, se presentó la ocasión para utilizar por vez primera el ataque aéreo en la historia bélica de México —momento que describió Obregón en su parte de guerra—: "Primer Jefe del Ejército Constitucionalista: Hónrome en comunicar a usted que me he sentido orgulloso al presenciar hoy el vuelo llevado a cabo por el intrépido capitán Gustavo Salinas, acompañado del primer maquinista del *Tampico*, señor Madariaga, quienes permanecieron más de hora y media a cuatro mil pies de altura lanzando bombas sobre el *Guerrero*. Espero que obtendremos magnífico éxito contando con oficiales que saben despreciar la vida cuando se trata de la Patria". Mayores fueron las muestras de valentía de los pilotos que los triunfos bélicos reales alcanzados con el uso de aeroplanos, pero sin lugar a dudas la historia de la aviación escribió sus primeras páginas en los campos de la Revolución mexicana.

brillantes hazañas que ya entonces hacían famoso a Villa: le faltaban la audacia y el genio; carecía de la irresistible inspiración del minuto, capaz de animar por anticipado posibilidades que apenas pueden creerse y de realizarlas. Obregón sabía acumular elementos y esperar; sabía escoger el sitio en el que al enemigo le quedaran por fuerza las posiciones desventajosas, y sabía dar el tiro de gracia a los ejércitos que se herían a sí mismos".

El Centauro

"Este hombre no existiría si no existiese la pistola —escribió Martín Luis Guzmán—. La pistola es su instrumento fundamental; el centro de su obra y su juego; la expresión constante de su personalidad íntima; su alma hecha forma".

Desde que comenzó la revolución varios grupos rebeldes encabezados por Pancho Villa (1878-1923) combatían en Chihuahua y parte de la región de La Laguna. Pero era necesario unificar la lucha bajo un solo mando. Así, el 29 de septiembre de 1913, en la Hacienda de la Loma, Durango, los principales jefes se reunieron para elegir como General en Jefe a Pancho Villa y constituir la División del Norte.

El ejército de Pancho Villa era eminentemente popular, compuesto por vaqueros, arrieros, ferrocarrileros, peones refugiados y hasta uno que otro delincuente, como lo había sido el propio Villa. Su lealtad estaba cimentada en el carisma de su jefe y en la posibilidad del saqueo como forma de pago. Era un movimiento justiciero que defendía los derechos de los pobres frente a los ricos.

La confiscación le permitió a Villa tener el ejército mejor equipado y más poderoso de la revolución contra Huerta. Sus jefes también eran muy distintos en cuanto a su origen social; contaba con miembros de la familia Madero como Raúl, hermano del extinto presidente; empresarios exitosos como los Aguirre Benavides; exmiembros del régimen porfirista, como el general Felipe Ángeles, e improvisados generales como Rodolfo Fierro o Tomás Urbina, conocidos por su ferocidad.

Pancho Villa estaba hecho para la guerra; para las grandes cabalgatas, para el ataque sorpresa. Luego de una azarosa vida como bandido, que le permitió conocer al dedillo Chihuahua, Durango y Coahuila, hacia 1910, cuando tenía 32 años de edad, se incorporó a la revolución maderista y se hizo incondicional de Madero, por quien tuvo una devoción casi religiosa. En mayo de 1911 encabezó el ataque definitivo a Ciudad Juárez, junto con Pascual Orozco, que significó el triunfo de la revolución maderista.

Fiel al gobierno de Madero, en 1912 combatió la rebelión orozquista, pero Huerta, que estaba al mando, quiso echárselo de una vez; lo acusó de insubordinación, le formó cuadro, y cuando estaba a punto de fusilarlo llegó Raúl Madero,

El Carnicero

Rodolfo Fierro fue uno de los hombres de confianza de Pancho Villa. Disfrutaba siendo feroz y desalmado; era el verdugo, el encargado de dar muerte a los prisioneros, y se divertía "cazándolos". Entre los revolucionarios le apodaban *El Carnicero*. Ramón Puente escribió sobre él: "A Fierro se le hacía agua la mano (según su propia expresión), cuando la posaba en la cacha de su pistola. Está profundamente alcoholizado cuando se deleita en fusilar prisioneros y se ríe con risa diabólica al sentir que su pistola se calienta a tal grado que tiene que cambiarla". Rodolfo Fierro murió ahogado al cruzar una laguna cerca de Casas Grandes, Chihuahua, en 1915. Se dice que mientras el resto de la tropa rodeaba el lago, Fierro —atrevido y valentón— se entercó en cruzarlo. "Nadie del mundo pudo quitarle la vida a Fierro y este charco desgraciado se la quitó", dijo Villa.

hermano del presidente, y le salvó la vida. Villa fue enviado a la penitenciaría de Lecumberri, de la que fue huésped de junio a noviembre de 1912, y en diciembre fue trasladado a la prisión de Santiago Tlatelolco, de donde se fugó en Navidad aprovechando que los custodios celebraban alegremente la venida del Señor.

Se dice que durante su estancia en la cárcel aprendió a leer y a escribir, y que fue el general Bernardo Reyes —también prisionero— quien le enseñó los principios de la estrategia militar; pero solo son rumores, al parecer Villa ya sabía escribir y tenía el instinto nato del guerrero.

Al enterarse de la traición de Huerta, Villa regresó a territorio nacional —se encontraba en Estados Unidos— y tomó las armas para vengar la muerte de Madero. 1913 y 1914 fueron los años de gloria de Pancho Villa; durante ese tiempo mostró sus dotes de estratega militar —que perfeccionó con la incorporación del general Felipe Ángeles a su División— y obtuvo los triunfos más importantes para la causa revolucionaria: Ciudad Juárez, Torreón, Tierra Blanca, San Pedro de las Colonias, Paredón. Gobernó interinamente el Estado de Chihuahua, y en junio de 1914, desobedeciendo las órdenes de Carranza, marchó con toda la División del Norte sobre Zacatecas —último reducto huertista—, ciudad que tomó el 23 de junio, lo que significó la derrota definitiva de Huerta.

Sus audaces acciones de armas, la furia incontenible de sus tropas cuando caían sobre el enemigo, las cargas de caballería, su carisma y un extraordinario trato con periodistas nacionales e internacionales proyectaron la figura de Pancho Villa hasta volverlo el caudillo más popular de la revolución. No fue gratuito que los gringos se acercaran a él para hacer negocios.

El 3 de enero de 1914 Villa firmó un contrato con la Mutual Film Corporation para filmar sus batallas. En las cláusulas quedó establecido que si los camarógrafos no tomaban buenas escenas de las batallas, Villa las repetiría aunque fueran recreadas; también se comprometió a efectuar sus ataques a plena luz del día. El material sirvió para producir una película titulada *The Life of General Villa*, que era una ficción con algunos tintes de realidad.

En su obra *El águila y la serpiente*, Martín Luis Guzmán escribió: "Veníamos huyendo de Victoriano Huerta, el traidor, el asesino, e íbamos por la misma dinámica de la vida y por cuanto en ella hay de más generoso, a caer en Pancho Villa, cuya alma, más que de hombre, era de jaguar; jaguar en esos momentos domesticado por nuestra obra, o por lo que creíamos era nuestra obra; jaguar a quien, acariciadores, pasábamos las manos sobre el lomo, temblando de que nos tirara un zarpazo".

CABALLO DE TROYA

La toma de Ciudad Juárez durante la revolución constitucionalista en 1913 le dio fama internacional a Villa porque fue comparada con la epopeya mítica del caballo de Troya. El Centauro interceptó un convoy de las tropas federales que se dirigía hacia el sur de Chihuahua; subió a todos sus hombres a los vagones, envió una avanzada para que tomaran las estaciones telegráficas y mandó un mensaje a Ciudad Juárez diciendo que el convoy debía regresar porque la vía estaba destruida por los villistas. Los federales lo creyeron a pie juntillas, y cuando el tren ingresó en la ciudad fronteriza se abrieron los vagones y en un santiamén tomaron la ciudad.

El Jefe de Jefes

La otra división importante era la del Noreste; la comandaba el general Pablo González. En términos militares su participación fue mucho menor que las divisiones de Villa y Obregón. Sin embargo, su importancia radicaba en que albergaba la jefatura del Ejército Constitucionalista y siempre estaba a la sombra y pendiente de las órdenes de don Venus. En ella militaban sus incondicionales como Lucio Blanco, Juan Barragán, Cándido Aguilar, Francisco Murguía y Francisco L. Urquizo, además de los intelectuales que le fueron dando forma al programa revolucionario, como Luis Cabrera e Isidro Fabela.

Solo un hombre con el carácter y el colmillo político de Carranza pudo manejar egos y temperamentos como los de Álvaro Obregón y Francisco Villa. Reunir a su alrededor a revolucionarios tan diferentes como Pablo González y Lucio Blanco o ganarse la confianza de intelectuales como Isidro Fabela y Luis Cabrera. Carranza logró mantener bajo su jefatura la unidad revolucionaria durante un año y medio, tiempo suficiente para acabar con Victoriano Huerta.

"Entra a ser el personaje principal de un gran drama —escribió Ramón Puente—, a volverse reformador, conductor de fuerzas ciegas y moderador de ambiciones; penetra a un crisol que derrite y que funde, a una tempestad que aniquila hasta exterminar a sus propios hijos. Conforme crece el aquilón se le mira más animoso; a medida que se complica el drama, su audacia va hasta quemarse las alas, con la conciencia de que aquella aventura 'le costará la vida'".

El Caudillo del Sur

Zapata decidió bailar su propio son. Para él no había más autoridad que la suya, ni otro ejército que el de sus hombres que operaban en Morelos, en el Estado de México, en Puebla y en las inmediaciones de los pueblos aledaños a la Ciudad de México, Xochimilco, Tlalpan, San Ángel.

Hablar de un Ejército Libertador del Sur resulta demasiado generoso; ciertamente era la fuerza armada más homogénea de la revolución, formada por campesinos mal armados que combatían por medio de la guerra de guerrillas y eran apoyados por la población civil. Zapata contaba con algunos intelectuales que le dieron cohesión ideológica al movimiento, como Otilio Montaño, Antonio Díaz Soto y Gama, y Gildardo Magaña.

La fuerza del zapatismo estaba en la claridad de su lucha; tenía un programa fundamental: la restitución de tierras planteada en el Plan de Ayala que fue su bandera en todo momento. Fuera de eso, no contaba con recursos materiales, y en términos bélicos su peso no fue como para preocupar al gobierno de Huerta.

Zapata no soportaba la traición, y por más mal que le hubiera caído Madero, lo de Huerta le pareció una felonía. "La Revolución del sur no está con los traidores que se apoderaron del gobierno —escribió Emiliano—, y los revolucionarios no nos debemos creer nada de ellos, pues ¿qué esperaríamos de estos infames que traicionaron y asesinaron? No, de ninguna manera hay que creerse de estos malvados, y en todo caso procure usted batirlos hasta exterminarlos".

Mientras tanto, en la capital Huerta y su nuevo aliado y antiguo enemigo, Pascual Orozco, que desconocían lo que pensaba Zapata, con una lógica impecable creyeron que si había sido enemigo de Madero habría visto bien su muerte, luego entonces apoyaría al nuevo gobierno. Entonces enviaron a Pascual Orozco padre a convencerlo de unirse al huertismo.

Pero la lógica de Huerta y de Orozco no resultó tan impecable y la respuesta del caudillo sureño fue un poco más fuerte que solo un "No". Fusiló a Pascual Orozco padre, lo puso en un ataúd de madera y lo envió de vuelta a la Ciudad de México. Era abril de 1913. Días después reformó el Plan de Ayala, desconoció a Huerta e inició su revolución contra el nuevo dictador.

Aunque la historia oficial siempre presentó a Zapata como un pobre campesino muerto de hambre, razón por la que tomó las armas, lo cierto es que era un pequeño propietario, dueño de tierra para cultivar; tenía algunos caballos de buena raza y gustos sibaritas: la comida francesa era su favorita, tomaba coñac, y cuando le sobraba el dinero por alguna buena cosecha, se compraba una botonadura de plata para su traje de charro.

A Zapata siempre le inquietó la situación de los pueblos de Morelos. Para sobrevivir, sus habitantes estaban obligados a contratarse en las haciendas bajo las peores condiciones de trabajo. Los hacendados solían decir: "Si los campesinos quieren sembrar, pues que siembren en macetas". En 1909 Zapata fue elegido presidente de la Junta de Defensa de las Tierras de Anenecuilco —pueblo donde había nacido— e intentó pacíficamente que el gobernador y el presidente de México intercedieran frente a las haciendas para que los pueblos recuperaran sus propiedades. Sin embargo, ninguna autoridad actuó a favor de los campesinos.

En noviembre de 1910 Zapata asistió a una reunión en Villa de Ayala donde conoció el Plan de San Luis con el que Madero llamó a la rebelión. Uno de sus artículos establecía

Un Zapata gringo

La fama de Zapata traspasó las fronteras y alcanzó el reconocimiento universal. En 1952 el director Elia Kazan filmó la película *¡Viva Zapata!,* con guion de John Steinbeck —Premio Nobel de Literatura en 1962—, Marlon Brando como Emiliano Zapata y Anthony Quinn como Eufemio Zapata. Sobre el caudillo suriano Kazan señaló: "Zapata fue un gran hombre y un gran revolucionario. Realizó cambios en México. Pero la verdad de mi película... es que la Revolución cambió muy poco a México".

que al triunfo del movimiento rebelde las propiedades arrebatadas por los hacendados serían devueltas a sus legítimos dueños. Zapata decidió apoyar la revolución maderista y en marzo de 1911 se levantó en armas en el Estado de Morelos. En mayo se apoderó de Yautepec, de Cuautla y finalmente tomó Cuernavaca en los días en que Porfirio Díaz renunciaba a la presidencia.

En mayo de 1913 la guerra se recrudeció en Morelos. Huerta volvió a enviar al sanguinario Juvencio Robles, que no tuvo empacho en quemar pueblos enteros, concentrar a sus poblaciones en lugares específicos y fusilar a diestra y siniestra. Lejos de acabar con el zapatismo, la represión lo fortaleció. Una frase de la época señalaba: "Aquí en Morelos hasta las piedras son zapatistas". Toda la gente contribuía con la causa del Plan de Ayala proporcionando alimentos, información y abrigo.

Hubo otros grupos armados que contribuyeron a la revolución, como la llamada División del Centro, encabezada por el general Pánfilo Natera, o los hermanos Figueroa, enemigos de Zapata pero que también combatieron al régimen usurpador. Igualmente había grupos en el sureste del país.

Hacia la victoria

Al comenzar 1914 la revolución cimbraba la precaria estabilidad del régimen huertista augurando que sería imposible su viabilidad. Era un hecho: una guerra sin cuartel se extendía por el país y no concluiría hasta que las fuerzas revolucionarias doblegaran por completo a Huerta.

El gobierno tuvo que abrir varios frentes militares para combatir a la revolución, y por si fuera poco el 21 de abril de 1914, con el pretexto de que unos *marines* habían sido detenidos por desembarcar ilegalmente en Tampico y que luego de ponerlos en libertad el gobierno de Huerta no quiso disculparse, las tropas estadounidenses desembarcaron en Veracruz.

Las tropas huertistas se retiraron del Puerto, pero la sociedad veracruzana tomó las armas para defender la ciudad. La resistencia fue inútil, y luego de varias horas de combate Veracruz cayó en poder de los gringos, que permanecieron en el Puerto hasta noviembre de 1914. El asunto que propició la invasión fue solo un pretexto; el gobierno de Woodrow Wilson no veía con buenos ojos la dictadura huertista y consideró que la invasión podría precipitar su caída y el fin de la revolución. Sin embargo, no ocurrió así.

Huerta vio la invasión como una posibilidad para sostener su régimen; llegó a pensar que su gobierno podría cerrar filas con los revolucionarios para hacer frente al enemigo común; pero nuevamente estaba equivocado. Carranza se limitó a condenar enérgicamente el atentado a la soberanía nacional y rechazó cualquier tipo de alianza con Huerta para enfrentar a los invasores. Por cálculo prefirió desaparecer el huertismo de la faz de la Tierra y luego negociar el retiro de las tropas estadounidenses. De esa forma evitaría la intromisión de Washington en los asuntos internos de México —como pretendía hacerlo el presidente Woodrow Wilson.

Al finalizar el mes de abril, con Veracruz ocupado por tropas norteamericanas, los revolucionarios avanzando por todos lados, sin la posibilidad de comprar armas y pertrechos de guerra a ningún país porque los gringos establecieron un bloqueo, los días para el régimen de Huerta estaban contados. El 23 de junio de 1914 la División del Norte tomó Zacatecas, donde se encontraba la última fuerza importante del huertismo. Con la victoria revolucionaria, el paso hacia la Ciudad de México quedó abierto. El 15 de julio de 1914 Huerta presentó su renuncia y salió al exilio.

Pero el triunfo no estaría completo sin la ocupación de la Ciudad de México. Huerta dijo "patitas *pa'* qué las quiero" y salió corriendo para salvar la vida. Entonces ocupó la presidencia interina Francisco Carvajal, otro pájaro de cuenta del huertismo, a quien los revolucionarios traían en la mira porque había sido de los políticos que impulsó los Tratados de Ciudad Juárez que firmó Madero, así que, como el miedo no anda en burro, también huyó y dejó la suerte de la ciudad en manos del gobernador del Distrito Federal, Eduardo Iturbide.

Era la hora de la victoria y Carranza no vaciló, como lo hizo Madero. Exigió la rendición incondicional, la entrega pacífica de la ciudad y fue mucho más lejos, ordenó la inmediata disolución del ejército federal —lo que no hizo Madero en su momento—. Por fin desaparecía el ejército que defendió a Porfirio Díaz; el ejército que traicionó a Madero y sostuvo durante diecisiete meses el régimen de Huerta. Todo quedó estipulado en los Tratados de Teoloyucan, firmados por el general Obregón como representante de la revolución, y el gobernador Iturbide.

El 15 de agosto el general Obregón entró victorioso a la Ciudad de México; cinco días después, la escena se repitió pero con Carranza. De acuerdo con el Plan de Guadalupe, don Venus debía asumir la presidencia de la República y convocar a nuevas elecciones. Todo parecía indicar que los tiempos difíciles llegaban a su fin e iniciaba una nueva etapa de estabilidad y orden para la patria. Al menos esa era la esperanza.

María Pistolas

Una vez ocupada la capital, el 17 de agosto de 1914 Obregón acudió al Panteón Francés a rendirle honores a Madero. Fue su primer discurso formal en la ciudad y en él lanzó la primera piedra al reconocer en una mujer el valor que le faltó a todos los hombres de la ciudad capital. Esa mujer había rechazado públicamente el cuartelazo de Huerta.

"Pero reconociendo el valor donde este exista —expresó Obregón—, entrego esta arma a esta valerosa mujer [la señorita María Arias], un arma que me ha servido para defender la causa del pueblo y que aquí en México solo puede ser confiada a la mano de las mujeres".

A partir de entonces se le conoció como María Pistolas.

Caballería villista, ca. 1913-1914. Anónimo. George Grantham Bain
Collection. Biblioteca del Congreso, Washington.

Revolucionario mexicano, ca. 1915-1917. Anónimo. Biblioteca del
Congreso, Washington.

Capítulo 3

Todos contra todos
1914-1917

Lucha de egos

Pero las esperanzas de paz se desvanecieron rápidamente. Los caudillos de la revolución sacaron el cobre y su ambición política pudo más que el bien de la patria. Así, arrastraron a la revolución triunfante hacia su fracaso. La usurpación de Huerta pronto quedó en el olvido. En el porvenir del país se divisaba nuevamente la violencia revolucionaria entre quienes habían sido compañeros de lucha por más de un año.

Carranza había logrado mantener unida la revolución cuando menos para acabar con Huerta. Pero la lucha de egos entre los principales generales, empezando por Carranza, fue dividiendo a los jefes revolucionarios durante el conflicto. Don Venus contaba con el apoyo de la División del Noroeste, de Obregón, y la del Noreste, de Pablo González. La apestada, no obstante su eficacia contra los huertistas, era la División del Norte.

Conforme fue avanzando la revolución, Carranza y compañía empezaron a ver con malos ojos a Pancho Villa; su popularidad se agigantaba con sus hazañas militares;

gozaba de la simpatía de Estados Unidos; su ejército estaba muy bien armado, y además entre sus hombres había uno en particular que por su formación académica —era militar de carrera—, por su honorabilidad y lealtad, por su compromiso con las causas del pueblo y por haber acompañado a Madero en sus últimos días podía, llegado el momento, disputarle el poder a Carranza. Ese hombre era el general Felipe Ángeles.

A mediados de 1913 Ángeles se puso a las órdenes de Carranza; don Venus lo iba a nombrar secretario de Guerra, pero Obregón y los sonorenses se opusieron por su origen porfirista —como el que tenía Carranza, pero nadie dijo nada al respecto—; el primer jefe lo nombró entonces subsecretario, cargo más administrativo que operativo. Como Ángeles estaba hecho para la guerra solicitó permiso para incorporarse a la División del Norte con Villa, y al lado del Centauro vinieron las grandes batallas que le dieron fama al villismo.

La toma de Zacatecas significó el rompimiento definitivo entre Carranza y Villa; luego de la exitosa campaña de la División del Norte en Coahuila —Torreón, Piedras Negras, San Pedro de las Colonias y Paredón, entre abril y junio de 1914— el avance natural era sobre Zacatecas. Ese era el último bastión importante del huertismo y la toma de la ciudad significaba el paso franco hacia la Ciudad de México.

Carranza quería derrotar a Huerta, pero su soberbia le impedía siquiera imaginar a Pancho Villa y a Felipe Ángeles desfilando victoriosos por la Ciudad de México, así que en su carácter de Primer Jefe del Ejército Constitucionalista —es decir, por sus pistolas— le ordenó a Villa que avanzara sobre Saltillo y a Pánfilo Natera que marchara sobre Zacatecas.

Los hechos demostraron que Carranza giró sus instrucciones con el hígado y no con la razón; el ejército huertista

"Yo soy el culpable"

"Desde el principio, muchos descubrimos que Carranza nos llevaba a una nueva dictadura —escribió tiempo después Felipe Ángeles—. Estar desde luego contra Carranza hubiera sido fortalecer a Huerta, hubiera sido un crimen. Divididos ya en espíritu, continuamos la guerra contra Huerta. Cuando Carranza vio rota la fuerza moral huertista, provocó el rompimiento con Villa, prohibiéndole que obtuviera la victoria en Zacatecas. Todos los generales de la División del Norte hablaron de dispersarse y algunos de ir sobre Carranza o a las montañas. Eso habría encendido de nuevo la moral en el alma de los huertistas, y yo me opuse a ello. Yo redacté el telegrama que cruzó el rostro de Carranza como un fuetazo; por mí fuimos a Zacatecas y vencimos finalmente a Huerta. Yo soy el culpable de que, desoyendo los despóticos mandatos de Carranza, hayamos ido a dar el último golpe de muerte a los huertistas; yo soy el culpable de haberle dicho a Carranza su miseria moral, su envidia, su falta de patriotismo, su ambición, su despotismo".

barrió a las tropas de Natera. Pero don Venus siguió de necio y quiso imponer de nuevo su autoridad, así que le ordenó a Pancho Villa que enviara cinco mil hombres para apoyar a las diezmadas fuerzas de Natera. El general Ángeles, mejor estratega que nadie, le dijo al Centauro que si obedecían fracasaría de nuevo el ataque y muchos villistas terminarían dos metros bajo tierra. La mejor opción era solicitar a don Venus la autorización para marchar sobre Zacatecas con toda la División del Norte.

Carranza respondió con un terminante no y Villa, en un arranque de furia, se emberrinchó y le renunció. El Primer Jefe pensó: "De aquí me agarro", y aceptó la renuncia, y muy ingenuamente pidió a los generales villistas —reunidos alrededor del telégrafo que sacaba lumbre— que nombraran de inmediato a un nuevo jefe. El alto mando de la División del Norte cerró filas en torno a su caudillo y Ángeles respondió a Carranza que permanecerían fieles a Francisco Villa y además marcharían sobre Zacatecas a batir al huertismo.

Carranza hizo un entripado de Dios es Padre y no le quedó más remedio que tragar camote y esperar noticias, pero se la guardó a Villa. Luego de que la División del Norte tomara Zacatecas, llegó la hora del desquite: ordenó que no abastecieran de carbón a las locomotoras de Villa para impedir su avance hacia la Ciudad de México. La División del Norte tuvo que regresar a Torreón y Villa se quedó viendo cómo Obregón se llevaba la gloria al avanzar sobre la capital, y estalló en cólera al enterarse de que el 20 de agosto Carranza y Obregón entraron juntos a la Ciudad de México. Ya no había duda, la revolución estaba irremediablemente fracturada.

El triunfo sobre Huerta cuando menos les dio un respiro a todos; si bien la posibilidad de un enfrentamiento entre los propios revolucionarios era real, se abrió un compás de espera para terminar de barrer con los restos del huertismo y para festejar el fin de la dictadura. Una vez en la Ciudad de México, y en su carácter de Primer Jefe, don Venus quiso verse muy conciliador y convocó a una convención revolucionaria para limar asperezas y tratar de llegar a un entendimiento definitivo que condujera al país hacia la paz.

Pero nadie creyó en los aires conciliadores de Carranza —con excepción de sus incondicionales—; no había buena fe en su convocatoria. Todo mundo sabía que ni Villa ni

Zapata se presentarían en la cueva del lobo carrancista, y don Venus, nada tonto, estaba seguro de que sin oposición alguna la convención, hecha a su medida, lo ratificaría como Primer Jefe y presidente de la República.

Sin embargo, el general Obregón, cuyo poder no podía ser menospreciado, no quiso que don Venus creyera que tenía carta blanca para hacer y deshacer a su antojo, por lo que propuso que la convención se trasladara a un sitio neutral. A Carranza no le pareció el fuego amigo, pero tuvo que apoquinar y se comprometió a respetar los acuerdos que tomara la nueva convención. Así, la ciudad de Aguascalientes fue elegida para recibir a la revolución. Era la última posibilidad para la paz.

La Convención de Aguascalientes

El 10 de octubre de 1914, en el Teatro Morelos, los principales caudillos de la revolución se llenaron de Patria. Y como nunca han faltado arranques melodramáticos en nuestra historia, los jefes revolucionarios —Villa, Obregón, Ángeles, Villarreal, Natera, entre otros— decidieron iniciar las sesiones de la Convención pasando al escenario del teatro a estampar su firma sobre la bandera nacional, como si con ello quisieran invitar a la Patria para que atestiguara la trascendencia del momento.

La Convención se declaró soberana, lo cual significó que se convertía en la mayor representación del país; tendría la facultad de elegir presidente de la República y sus decisiones deberían ser respetadas por todas las facciones revolucionarias —claro, en teoría—. Eso puso en alerta a Carranza, pues de acuerdo con el Plan de Guadalupe había asumido la presidencia del país, pero tendría que aguardar a los acuerdos tomados en la Convención de Aguascalientes para ver si se quedaba con el poder o le daban las gracias.

Durante casi un mes los revolucionarios demostraron su infinita incapacidad para ponerse de acuerdo. Las discusiones se perdieron en detalles absurdos y sin importancia, como en decidir quién podía participar como delegado —no se permitió a ningún civil bajo el argumento de que no se habían jugado el pellejo como los militares—; en la aprobación de credenciales delegado por delegado; en la discusión de si a un general que estaba en la cárcel por robarse un automóvil se le debía quitar su credencial, o si la ciudad debía ser declarada neutral porque había delegados que habían estado a punto de ser asesinados por otros delegados, al fin y al cabo todos revolucionarios.

En otro momento histriónico, Villa, que también se las gastaba en eso del melodrama, pasó al estrado con el corazón lleno de patriotismo, y consciente de que a grandes males grandes remedios, propuso que los fusilaran a él y a Carranza, con lo cual se solucionaría todo. Cabe mencionar que nadie se atrevió a votar por la propuesta —que no fue mal vista por algunos— y no pasó de ser una ocurrencia del momento.

Los zapatistas dieron la nota. Se habían hecho del rogar desde que fueron invitados a la convención en la Ciudad de México. Tuvieron razón de no asistir pues era territorio carrancista, pero su presencia en Aguascalientes se hacía indispensable. El 17 de octubre el general Felipe Ángeles tomó la tribuna para pedir un receso en las sesiones a fin de marchar a Morelos para hablar con Zapata y convencerlo de que enviara a sus delegados. En el ir y venir se perdieron diez días más, y el 27 de octubre se presentó la delegación zapatista.

La presencia de los zapatistas en Aguascalientes terminó por dividir a la Convención en dos grupos; uno, el más numeroso, encabezado por Villa y Ángeles, que abrazó la causa sureña; el otro, encabezado por Álvaro Obregón, siguió leal a Carranza. Los oradores zapatistas fueron muy elocuentes: hablaron de la injusticia, de la miseria, del despojo. Su discurso, cargado de sentimentalismo y de "amor

ROMPER LA BANDERA

El arribo de la delegación zapatista llevó la pasión al límite. Al tomar la tribuna, el intelectual Antonio Díaz Soto y Gama tocó una de las fibras más sensibles de los mexicanos, su respeto a la bandera nacional: "Aquí venimos honradamente, pero creo que la palabra de honor vale más que la firma estampada en ese estandarte, ese estandarte que al fin de cuentas no es más que el triunfo de la reacción clerical encabezada por Iturbide [...] Señores, jamás firmaré sobre esta bandera. Estamos aquí haciendo una gran revolución que va expresamente contra la mentira histórica, y hay que exponer la mentira histórica que está en esta bandera". Enardecido, Soto y Gama tomó la enseña tricolor y se dispuso a romperla frente a todos.

Al ver lo que pretendía hacer, los delegados desenfundaron sus armas y cortaron cartucho. La muerte parecía dispuesta a izar la enseña patria sobre el cadáver del zapatista, pero Soto y Gama apenas tuvo tiempo de reaccionar, y sus palabras, que habían comenzado en el rojo más profundo, pasaron al verde y terminaron en el blanco. "Si bien es una bandera de la reacción, el pabellón se santificó con los triunfos de la República contra la intervención francesa". Y ya sin dudas sobre la legitimidad de la bandera —y con su vida a salvo—, Soto y Gama también se inclinó ante sus tres colores para estampar su firma.

por el pueblo", rindió frutos: el Plan de Ayala fue adopta-
do por la Convención con puntos y comas.

Con la victoria del zapatismo en el ánimo de la mayor
parte de los delegados convencionistas, el desenlace era previsible. La Convención le pidió la renuncia a Carranza como
presidente del país, y bajo la máxima de "o todos coludos o
todos rabones" también le pidió la suya a Villa como jefe de
la División del Norte. El 1 de noviembre de 1914 el general Eulalio Gutiérrez —hombre honesto y respetuoso de la
ley— fue electo presidente de México con 88 votos a favor
y 30 en contra.

Don Venus mandó al diablo las instituciones, desconoció a la Convención, sus acuerdos, sus dichos; desconoció a
Eulalio Gutiérrez y dijo: "Yo sigo siendo el presidente", y se
preparó para evacuar la Ciudad de México, donde se encontraba desde agosto, pues no tardarían en llegar a la capital
las fuerzas convencionistas que, curiosamente, habían sido
puestas en manos de Pancho Villa. El presidente Gutiérrez
había recontratado al Centauro.

Apoyado por el general Álvaro Obregón y sus hombres, Carranza decidió establecer su gobierno en Veracruz
—como lo había hecho Juárez en la guerra de Reforma— y
en los siguientes meses prepararse para iniciar las hostili-
dades contra los convencionistas, encabezados por Pancho
Villa y Emiliano Zapata. Antes de ocupar el Puerto llegó a
un acuerdo con los estadounidenses para que se retiraran
de Veracruz, donde se encontraban desde abril. Como en
tiempos de la Reforma, el país volvía a tener dos presidentes al mismo tiempo: Venustiano Carranza era el presidente de los constitucionalistas, y Eulalio Gutiérrez, el de los
convencionistas.

Como demostraron los hechos, la Convención había sido
una farsa, un acto de simulación. Desde un inicio ninguna de

las partes estuvo dispuesta a ceder, a conciliar, a buscar un verdadero acuerdo por la paz; solo trataron de ganar tiempo para reorganizarse militarmente y tomar posiciones con miras a un enfrentamiento definitivo entre los mismos revolucionarios. Así que a partir de noviembre de 1914 el futuro del país se tornó oscuro.

La silla embrujada

Los habitantes de la Ciudad de México elevaron una plegaria al cielo, invocaron a toda la corte celestial, hicieron mandas y se encomendaron a todos los santos cuando se enteraron de que Villa y Zapata, con su "chusma", se encontrarían en la Ciudad de México a finales del mes de noviembre, o principios de diciembre, de 1914. Más que el decepcionante desenlace de la Convención, o si don Venus se iba a Veracruz o a cualquier otro lado, la noticia provocó miedo, ansiedad, preocupación y zozobra entre la gente.

Si los constitucionalistas de don Venus, que supuestamente debían ser más "decentitos", se habían comportado como bárbaros y delincuentes, ¿qué se podía esperar de villistas y zapatistas, de quienes se contaban historias terribles? Desde la entrada del ejército constitucionalista a la Ciudad de México en agosto de 1914, sus habitantes se las habían visto negras lidiando con la gente de Carranza.

Los principales generales constitucionalistas se apropiaron de las viejas mansiones de los porfiristas aprovechando que la mayoría se había marchado al exilio y eran enemigos de la revolución. Las casas fueron saqueadas, las cavas rápidamente consumidas, las bibliotecas despedazadas o quemadas para hacer fogatas en donde calentar el rancho, los muebles robados y los salones desvalijados. Resultaba

75

imposible creer que ese grupo de hombres tenía en sus manos el restablecimiento del orden constitucional.

Carranza se hizo de la vista gorda y sus hombres le entraron con fe al botín. En esa época se acuñaron dos términos que definieron perfectamente a los carrancistas: *consusuñaslistas,* en vez de constitucionalistas, por su facilidad para hacerse de lo ajeno, y *carrancear,* que pasó a la historia como sinónimo de robar.

A fines de noviembre de 1914 los últimos contingentes constitucionalistas abandonaron la ciudad y tomaron el camino a Veracruz, mientras las tropas zapatistas iniciaban la ocupación de la capital de la República. Había llegado la hora de la verdad y los habitantes de la ciudad estaban atemorizados. El arribo de Villa con su fama de asesino, y de Zapata, conocido como el *Atila del sur,* no podía traer nada bueno.

Sin embargo, la ocupación zapatista fue muy ordenada y pacífica. La mayoría de los campesinos se rindieron ante la ciudad y la recorrieron con precaución y hasta con temor; estaban impresionados y se sentían incómodos. Eran tan ingenuos que Eufemio Zapata, hermano del caudillo, se decepcionó al ver la silla presidencial porque pensaba que era una silla de montar. El propio Emiliano distaba mucho de sentirse a gusto, por lo que se hospedó en un modesto hotel junto a la estación del ferrocarril a Cuautla por si tenía que salir corriendo de la capital.

El 4 de diciembre Villa y Zapata se reunieron en Xochimilco; era la primera vez que se veían frente a frente, aunque desde tiempo atrás sostenían un intercambio epistolar. Envalentonados por la situación, se prometieron amor eterno en la forma de una alianza militar contra Carranza y Obregón; brindaron —aunque Villa casi se ahoga con el coñac que le ofreció Zapata pues no bebía—; se dieron un abrazo y se pusieron de acuerdo para entrar a la ciudad dos días después.

San Francisco y Plateros

Era tal la admiración y el agradecimiento que siempre le tuvo Villa a Francisco I. Madero que cuando ocupó la capital del país, en diciembre de 1914, su primera acción fue ir al Panteón Francés de la Piedad a depositar una ofrenda en el sepulcro de Madero, ante el cual lloró amargamente durante varios minutos. En los días siguientes rebautizó las calles de San Francisco y Plateros con el nombre de "Avenida Francisco I. Madero" y juró que mataría a quien se atreviera a cambiar el nuevo nombre de la avenida. Desde entonces conserva el nombre del presidente asesinado.

El 6 de diciembre de 1914 las fuerzas convencionistas, formadas por los dos ejércitos más populares de la revolución, hicieron su entrada triunfal en la Ciudad de México y desfilaron por sus principales calles. Cerca de cincuenta mil hombres se concentraron en Chapultepec, y a las once de la mañana comenzaron a desfilar por el Paseo de la Reforma hasta llegar a Palacio Nacional, donde los esperaban el presidente Eulalio Gutiérrez y un gran banquete de bienvenida.

Una vez en Palacio Nacional, Villa, que estaba de muy buen humor ese día, se hizo acompañar por Zapata hasta donde se encontraba la silla presidencial. La miró y sin pensarlo dos veces se sentó en ella; Zapata ocupó el lugar de junto y en un santiamén los rodearon sus escoltas, hombres de confianza y no pocos mirones. Una vez que les tomaron la famosa foto, Villa se levantó y le ofreció a Zapata su lugar, pero el caudillo suriano, que no conocía lo que era una sonrisa, se rehusó y dijo: "La silla presidencial está embrujada,

LA GATITA
Y EL CENTAURO

Durante la ocupación de la Ciudad de México Villa no perdió la oportunidad de ir al Teatro Colón a regodearse con el teatro de revista y sus sugerentes tiples. En ese foro actuaba María Conesa, la famosa *Gatita Blanca*. La célebre actriz actuaba en *Las musas latinas* y en el número de *Las percheleras* acostumbraba bajar a las lunetas con una navaja en la mano para jugar con el público masculino. Se acercó a Villa y le arrancó los botones del uniforme militar. Esta acción fue suficiente para que el Centauro cayera rendido a sus encantos, y en los siguientes días fue tal su acoso que la Conesa tuvo que esconderse varias semanas hasta que Villa desistió de su interés amoroso.

cualquier persona buena que se sienta en ella se convierte en mala. Deberíamos quemarla".

Villa y Zapata no quemaron la silla presidencial pero tampoco respetaron su significado. Luego de todo el folclor con el que llegaron villistas y zapatistas a la Ciudad de México, una vez que entraron en confianza comenzó el caos en la capital: ajustes de cuentas, fusilamientos, saqueos, amenazas. En términos formales, el general Eulalio Gutiérrez era el presidente de la República pero fue rebasado por los acontecimientos e ignorado por todos. Quedó demostrado que quienes tenían el poder eran Villa y Zapata y lo ejercían a través del único lenguaje que conocían: el de las armas.

Los convencionistas no estaban hechos para restablecer el orden constitucional; estaban hechos para la guerra; no buscaban justicia, eran justicieros; eran una fuerza caótica, popular, que reivindicaba las causas del pueblo pero no tenían contención ni un rumbo político claro. Los intelectuales cercanos a Villa y Zapata vivían bajo la sombra de sus jefes, cuya influencia no era suficiente para imponer el orden o convencerlos de que respetaran la institución presidencial.

Los presidentes que surgieron de la Convención estaban peor aún; no gozaban de prestigio, no tenían reconocimiento público ni fuerza política, así que todos fueron ninguneados por villistas, y particularmente por los zapatistas, que no reconocían mayor autoridad que la de su caudillo. Luego de 76 días de gobierno, el 16 de enero de 1915 el presidente Eulalio Gutiérrez decidió abandonar la Ciudad de México en el más absoluto secreto, no sin antes publicar un manifiesto donde denunciaba: "No solamente los generales Francisco Villa y Zapata han sido elementos perturbadores del orden social, sino que de una manera sistemática han impedido que el Gobierno entre a ejercer sus funciones en los ramos más importantes de la Administración".

Los convencionistas quisieron seguir creyendo que eran respetuosos de la legalidad, que eran demócratas, y nombraron a dos presidentes más a lo largo de 1915: al general Roque González Garza y a Francisco Lagos Cházaro; sus efímeros gobiernos padecieron lo mismo que el de Eulalio Gutiérrez, se convirtieron en figuras decorativas sin ninguna trascendencia. Al final, la Convención hecha gobierno fue un fracaso; su única posibilidad de éxito, si la había, estaba en los campos de batalla. Villa se jugaría su futuro enfrentando a las fuerzas constitucionalistas de Carranza, en manos del invicto general Álvaro Obregón.

La bola (1915-1916)

1915 fue el año más violento de toda la Revolución mexicana; fue la guerra civil en pleno, popularmente conocida como *la bola*. Ya no se trató de un enfrentamiento contra un gobierno establecido, como había sido la revolución contra Díaz o contra Huerta; fue la lucha entre dos proyectos de nación que involucró a mucha más gente de la que había participado en los años anteriores.

De pronto había villistas que se habían cambiado al bando de los carrancistas; carrancistas que peleaban con los obregonistas; obregonistas que optaron por el villismo; zapatistas incorporados a las tropas de Villa o de Carranza; poblaciones enteras que comenzaron a formar "defensas sociales" —hoy se les llama "autodefensas"— para enfrentar a los grupos de revolucionarios que quisieron aprovechar el caos para saquear pueblos.

Desde Veracruz, donde Carranza había establecido su gobierno, el Primer Jefe miraba complacido la manera como sus enemigos se disparaban al pie: la anarquía y el caos que imperaban en las filas de los convencionistas era música para sus oídos. Don Venus era la otra cara de la moneda; desde que se había autoproclamado Primer Jefe del Ejército Constitucionalista en 1913 tenía claro hacia dónde quería llevar al país al término de la revolución, y la restauración del orden constitucional era la primera condición para la construcción de un Estado fuerte, ordenado y disciplinado.

A diferencia de Villa y Zapata, don Venus sí tenía una visión de Estado, y si bien su movimiento inicial había sido exclusivamente político —restaurar el orden constitucional—, una vez que sobrevino el rompimiento con la Convención Revolucionaria, Carranza amplió el espectro de su lucha para quitarle banderas a sus enemigos. El 12 de diciembre de 1914 desde Veracruz dio a conocer las Adiciones al Plan de Guadalupe, documento en el cual se comprometió a expedir y poner en vigor durante la lucha medidas encaminadas a satisfacer "las necesidades económicas, sociales y políticas del país".

Así, de un plumazo el movimiento constitucionalista se apropió de las demandas populares que hasta ese momento habían sido bandera de los convencionistas: igualdad, justicia, restitución de tierras, independencia de los poderes de la federación, libertad municipal, y propuso que en su momento se legislaría para mejorar las condiciones de vida y de trabajo de campesinos y obreros y se reglamentaría la explotación de los recursos naturales: petróleo y minería. Todas esas demandas serían incorporadas, en su momento, a la nueva Constitución.

De esa forma, al iniciar 1915, y luego de ver los desaguisados de sus enemigos, Carranza podía cantar victoria en el terreno de la política: el constitucionalismo tenía un programa social y económico sólido que garantizaba un futuro para el país una vez que triunfara el movimiento; los convencionistas no tenían nada; no tenían un gobierno sólido ni un programa político bien definido ni un proyecto a largo plazo; seguían creyendo que el Plan de Ayala era la sagrada escritura que resolvería todos los males del país. Ahí se fincó su derrota, incluso antes de que se dirimiera en el terreno de las armas.

Don Venus sabía que la victoria política solo podía consolidarse si iba acompañada de la victoria militar. Y en ese campo aparentemente la ventaja la tenían los convencionistas, pues contaban con el ejército más poderoso de la revolución: la División del Norte, y con su caudillo, Pancho Villa, dispuesto a comerse vivos a Carranza y a Obregón. Así que, una vez más, el futuro del país se escribiría en los campos de batalla.

La situación estratégica favorecía a los convencionistas; con excepción de Veracruz y algunos focos de resistencia constitucionalista en Sonora, Coahuila, Nuevo León y Tampico, dominaban la mayor parte del país. Pero el peor enemigo de Villa era su soberbia, además de que sus aliados no hicieron su chamba.

Para empezar, la gran alianza militar que se habían jurado Villa y Zapata en Xochimilco en el anterior mes de diciembre nunca se materializó. Una vez que la División del Norte marchó a enfrentar a Obregón, Zapata regresó a Morelos con todo su ejército y no hizo ningún intento por apoyar a su aliado; dejó que se las arreglara solo y los siguientes dos años los zapatistas gozaron de una agradable paz en el estado. Nadie los molestó. El enemigo se encontraba en el Bajío peleando contra Villa.

El 26 de marzo de 1915 Pancho Villa y Felipe Ángeles se reunieron en Torreón y conversaron durante horas; el Centauro quería sangre y estaba ansioso por encontrarse con Obregón, tanto que había decidido embarcar sus tropas hacia el sur para enfrentarlo. Ángeles se opuso por completo; le parecía una idea descabellada.

La región de La Laguna, en Coahuila, así como Chihuahua y Durango, eran dominios de la División del Norte que el Centauro conocía a la perfección; el consejo de Ángeles era esperar a que el ejército de Obregón se acercara lo más posible al norte para alejarlo de sus centros de abastecimiento. Villa se negó a escuchar. Ensoberbecido con sus casi treinta mil hombres consideró que podía derrotar al *perjumado* Obregón en cualquier sitio. Pero le falló el cálculo: la División del Norte fue destrozada en Celaya entre el 7 y el 15 de abril.

El segundo *round* se llevó a cabo en Trinidad, Silao y León, entre el 29 de abril y el 5 de junio; fue largo y desgastante y se libró sobre un frente de batalla de más de cincuenta kilómetros. La División del Norte parecía recuperarse y logró, por momentos, poner contra las cuerdas a Obregón; incluso el general sonorense perdió la mano derecha en Santa Ana del Conde, el 2 de junio de 1915; pero al final Villa fue derrotado en León. El 5 de junio, día en que Villa cumplía 37 años, los campos del Bajío se cubrieron de cadáveres villistas.

Convencionistas y constitucionalistas no dieron ni recibieron cuartel; no hubo piedad para nadie; los prisioneros eran fusilados; las poblaciones vecinas fueron asoladas por la necesidad que tenían los ejércitos de abastecimiento; hubo confiscaciones y destrucción en todo el Bajío.

El último asalto —y el definitivo para la División del Norte— se llevó a cabo en Aguascalientes en los primeros días de julio. Era imposible que Villa siguiera sosteniendo la guerra lejos de sus zonas de abastecimiento en el norte y con un ejército muy diezmado, así que una vez más fue derrotado. Ya no había futuro y comenzó la desbandada. Felipe Ángeles dejó a Villa y se fue al exilio; otros generales hicieron lo propio; muchos hombres desertaron; por si fuera poco, en octubre el gobierno de Estados Unidos otorgó su reconocimiento a don Venus, lo que significó que los estadounidenses le daban la espalda a Pancho Villa y le cerraban sus fronteras para la compra de armas.

Con la derrota de Villa, la Convención quedó completamente liquidada. Aunque el Centauro siguió dando guerra hasta 1920, año en el que finalmente se rindió, el 25 de diciembre de 1915 disolvió de manera definitiva la División del Norte. A partir de ese momento siguió en armas con muchos menos hombres y como guerrillero; nunca volvió a obtener una victoria como las que le habían dado fama combatiendo contra Huerta, pero sí puso en aprietos al gobierno de Carranza en el ámbito internacional.

El 9 de marzo de 1916 Villa tuvo la absurda ocurrencia de invadir la población estadounidense de Columbus, Nuevo México. Su aventura no tuvo ningún sentido, y si quería molestar al gobierno de Carranza lo consiguió. El asalto a Columbus fue un fracaso en todos los sentidos para los villistas, pero provocó la ira de Estados Unidos y días después ingresaron tropas estadounidenses para buscar a Villa. El conflicto se solucionó hasta febrero de 1917.

Tras la victoriosa campaña en el Bajío en 1916, los constitucionalistas voltearon sus ojos hacia Zapata. El Caudillo del Sur había aprovechado el año anterior para poner en marcha su programa revolucionario en Morelos, pues sabía que mientras el grueso de las fuerzas constitucionalistas pelearan contra Villa en el Bajío, nadie los molestaría. Así que durante más de un año el estado recuperó la paz y la tranquilidad de otros tiempos.

Emiliano estableció su cuartel general en Tlaltizapán y se convirtió, de hecho, en el gobernador de Morelos. Su poder no emanaba de los votos o de las leyes. Su legitimidad se hallaba en el pasado, en la resistencia campesina. Y con el reconocimiento moral y la autoridad otorgados por el pueblo, se dispuso a gobernar sin que nadie le cuestionara decisión alguna.

Repartió tierras de acuerdo con los títulos de propiedad que conservaban los pueblos; promulgó leyes; expidió decretos para combatir la inseguridad; acuñó moneda; impartió justicia; procuró a las viudas de la revolución; se preocupó por el asunto obrero. Su visión era más idílica que realista y no había futuro para su movimiento, pero al menos en su imaginario, entre 1915 y 1916, su revolución había triunfado.

A mediados de 1916, cuando Carranza ya despachaba en Palacio Nacional, las fuerzas constitucionalistas encabezadas por el sanguinario Pablo González, mano derecha de don Venus, comenzaron la campaña contra los zapatistas con la misma brutalidad con que lo habían hecho Huerta y Juvencio Robles en su momento. El zapatismo no opuso una resistencia tan grande como Villa en el Bajío, y el movimiento, cada vez más diezmado, se fue desdibujando hasta ser sometido casi por completo y concluyó con el asesinato de su caudillo en 1919.

EXPEDICIÓN PUNITIVA

Luego de la invasión de Pancho Villa a Columbus, el gobierno de Woodrow Wilson ordenó que se alistara una fuerza militar para ingresar a territorio mexicano en su búsqueda. El 16 de marzo cinco mil soldados estadounidenses —que se incrementaron hasta llegar a ser casi diez mil—, apoyados por un escuadrón de ocho aeroplanos, cruzaron la frontera mexicana. La expedición, llamada "punitiva" porque pretendía castigar al Centauro del Norte por lo ocurrido en Columbus, estaba al mando del general John Pershing, y a pesar de que contó con la autorización del presidente Venustiano Carranza, en el norte del país provocó varios enfrentamientos con los mexicanos que, indignados, veían cómo se movían libremente las tropas estadounidenses.

El 6 de febrero de 1917, luego de once meses de infructuosa búsqueda, y ante el inminente ingreso de Estados Unidos en la Primera Guerra Mundial, Pershing y sus tropas abandonaron el territorio mexicano en medio de la peor de las humillaciones, pues fue una de las persecuciones más costosas de la primera mitad del siglo XX y no tuvo éxito. Al respecto, Pancho Villa expresó: "Ese Pershing vino aquí como un águila y se fue como una gallina mojada".

Revolucionarios sobre vagones de tren, ca. 1916. Anónimo.
Biblioteca del Congreso, Washington.

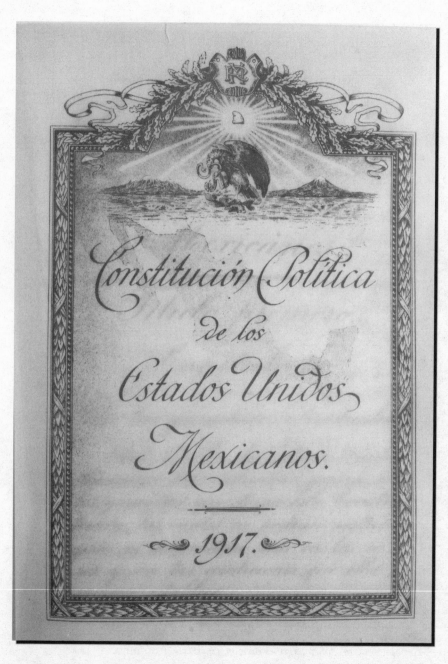

Constitución Política de los Estados Unidos Mexicanos, 1917.

Capítulo 4

Un nuevo orden constitucional 1917-1920

Para el pueblo pero sin el pueblo

Don Venus no se cruzó de brazos esperando que ganara Obregón en el Bajío; mientras peleaban se la pasó trabaja y trabaja, y como lo había establecido en las Adiciones al Plan de Guadalupe, durante 1915 expidió disposiciones de todo tipo: agrarias, fiscales, de trabajo, de libertad municipal, de estado civil, judiciales y en materia de minas y petróleo; legalizó el divorcio y el reparto de tierras; sujetó la explotación petrolera al control del Estado; instituyó el municipio libre y estableció la jornada máxima de trabajo y el salario mínimo.

Carranza terminó por expropiarle las banderas políticas a sus enemigos —como el caso de su ley agraria del 6 de enero de 1915 que fue un golpe mortal contra el zapatismo— y logró legitimar su movimiento a través de un marco jurídico. Consumada la victoria, don Venus y su grupo estaban muy felices, pero querían compartir su felicidad. Palabras más, palabras menos así lo dijo: "Hemos logrado triunfar en la lucha, pero no nos satisface esto únicamente: no queremos ser felices solos, sino hacer partícipes a todos de nuestra misma felicidad".

Y, a su juicio, esa felicidad solo podría surgir de una gran reforma del Estado, que tendría su origen en todas las disposiciones —económicas, políticas y sociales— que había tomado en los últimos meses. Con esa convicción, en el segundo semestre de 1916 don Venus lanzó la convocatoria para un congreso constituyente que tendría en sus manos la responsabilidad de discutir y redactar una nueva constitución; una nueva carta magna que pusiera al día las instituciones del país, que añadiera todas aquellas demandas sociales y económicas que nunca contempló el porfiriato y que marcarían el camino a seguir por el Estado mexicano que surgía de la revolución.

El 1 de diciembre de 1916 iniciaron las sesiones del Constituyente en el Teatro Iturbide de la ciudad de Querétaro —hoy Teatro de la República—, donde en 1867 se llevó a cabo el juicio a Maximiliano, Miramón y Mejía.

LECCIONES DE HISTORIA

Carranza eligió la ciudad de Querétaro como sede del Congreso Constituyente; una vez más actuaba por razones históricas: "Y el haberme fijado en Querétaro es porque en esta ciudad histórica, en donde casi se iniciara la independencia, tomando parte activa un matrimonio feliz, el del Corregidor y la Corregidora, fue más tarde donde viniera a albergarse el Gobierno de la República para llevar a efecto los Tratados que si nos quitaban una parte del territorio, salvarían cuando menos la dignidad de la Nación; y fue también donde cuatro lustros después se desarrollaran los últimos acontecimientos de un efímero Imperio, al decidirse la suerte de la República triunfante después de una larga lucha".

Tras largos e intensos debates, los diputados constituyentes recogieron las demandas sociales, políticas y económicas que le habían dado sustento ideológico a la lucha armada.

La Constitución, promulgada el 5 de febrero de 1917, era sin duda una legislación nacionalista, moderna y vanguardista; en ella se incluyeron las garantías individuales que ya estaban contempladas en la Constitución de 1857 —igualdad, libertad y seguridad jurídica— y se añadió toda una serie de demandas socioeconómicas, como el derecho a la educación laica y obligatoria (3°); derecho a la tierra y reivindicación de la nación como propietaria originaria del suelo y del subsuelo (27°); derechos laborales y relaciones obrero-patronales (123°); las relaciones entre el Estado y la Iglesia (130°). La nueva constitución estableció como sustento del nuevo orden social, político y económico de los mexicanos los derechos humanos, a los que denominó "garantías individuales".

Sin embargo, más allá de los bombos y platillos con que fue saludada la nueva constitución, más allá del desfile que se organizó, más allá del discurso, la nueva carta magna no era resultado de un verdadero pacto social, no era incluyente. Los diputados constituyentes defendieron y debatieron con libertad posiciones que transitaban del más férreo radicalismo hasta cierto grado de conservadurismo —el propio Carranza guardó una posición moderada frente a las grandes reformas sociales; su pasado porfiriano se lo exigía, y los radicales se lo comieron—. Pero cualquiera que fuese la posición política, entre los diputados había un denominador común: todos eran leales a don Venus.

Era una constitución hecha a modo; Carranza no permitió que los derrotados tuvieran representación. Ni villistas ni zapatistas ni los viejos maderistas, mucho menos porfiristas o huertistas tuvieron un espacio para exponer y debatir libremente sus ideas. El nuevo pacto social se construyó únicamente con la visión de los vencedores. México tenía una nueva constitución para "todos los mexicanos", a pesar de que no habían estado representados "todos los mexicanos".

Quien a hierro mata…

Con la máxima ley promulgada, Carranza asumió constitucionalmente la presidencia. No le era desconocida. Llevaba cuatro años ejerciendo el poder *de facto* en medio del caos revolucionario. Su periodo fue simplemente una extensión de tiempo pero con una diferencia cualitativa: las armas comenzaban a ser sustituidas por las leyes, y la Constitución le otorgó una legitimidad indiscutible.

Don Venus intentó consolidar el poder presidencial a través de la nueva Constitución. Quiso alejarlo de la violencia revolucionaria, dotarlo de una estructura jurídica, de un marco legal que garantizara la estabilidad política frente a cualquier acontecimiento, y si para ello era necesario deshacerse de sus enemigos, pues qué remedio, a deshacerse de ellos. O mejor dicho, giró las órdenes para que fueran eliminados.

En 1919 Carranza ordenó al general Pablo González que acabara con el zapatismo a como diera lugar. Morelos ya estaba devastado pero era necesario buscar la forma de acabar con el caudillo suriano. El incondicional de don Venus se puso de acuerdo con el coronel Jesús María Guajardo para que se acercara a Zapata fingiendo que estaba en malos términos con Carranza y le ofreciera armas, cartuchos e incorporarse a las filas zapatistas con todo y sus hombres.

A pesar de que Emiliano era muy desconfiado, las necesidades del movimiento eran grandes, así que cayó redondito,

Pandemia

En octubre de 1918, mientras el país intentaba recuperar su tranquilidad bajo el gobierno de Carranza, se desató una terrible epidemia de influenza española a nivel mundial. La enfermedad de las vías respiratorias ingresó al territorio nacional por el noreste. El Departamento de Salubridad tomó medidas urgentes: se suspendió el tráfico ferroviario a los lugares contaminados; se clausuraron cines, teatros, clubes, cantinas, pulquerías y todos aquellos lugares donde se reunía la gente. En algunas ciudades se decretó la prohibición de circular por las calles a partir de las 11 de la noche. Se fumigaron recámaras, habitaciones, camas y lugares donde hubiera vivido alguna víctima de influenza. Hubo autoridades que intentaron cerrar las iglesias y ordenaron descontaminar las rejillas de los confesonarios, pero todo fue inútil. Las estadísticas no podían ser más escalofriantes: medio millón de mexicanos había fallecido víctima de la influenza durante el mes de octubre.

y más aún luego de que Guajardo le regalara un precioso caballo alazán llamado As de Oros. Para hacer entrega de los cartuchos y las armas, Guajardo citó a Zapata en la hacienda de Chinameca el jueves 10 de abril de 1919. El caudillo suriano se hizo acompañar de una pequeña escolta, y al entrar a la hacienda fue acribillado por los hombres de Guajardo. La traición llevaba la bendición de don Venus. El zapatismo sin Zapata entró en franca agonía. El problema de Morelos estaba resuelto, así que en noviembre de 1919 don Venus volteó sus ojos al norte, cuando le notificaron la captura del general Felipe Ángeles. La mano derecha de Pancho Villa en la revolución contra Huerta había regresado del exilio buscando la reconciliación de los grupos en pugna, la paz de la patria y el establecimiento definitivo de la democracia, pero lo traicionaron y se lo pusieron en bandeja de plata a Carranza.

Don Venus se la tenía guardada a Ángeles desde 1914, a quien responsabilizaba de su ruptura con Villa. Así que el juicio, que se resolvió en un día, fue una farsa. Y a pesar de las peticiones de indulto que llegaron incluso del extranjero, Carranza fue inconmovible. Ángeles murió fusilado la mañana del 26 de noviembre de 1919.

"...CAYÓ PARA NO LEVANTARSE MÁS"

"'Vamos a ver al coronel, que vengan nada más diez hombres conmigo', ordenó el general Zapata. Y montando su caballo, un alazán que le obsequiara Guajardo el día anterior, se dirigió a la puerta de la casa de la hacienda. Le seguimos diez, tal como él lo ordenara, quedando el resto de la gente, muy confiada, sombreándose debajo de los árboles y con las carabinas enfundadas. La guardia uniformada parecía preparada a hacerle los honores. El clarín tocó tres veces la llamada de honor, y al apagarse la última nota, al llegar el general en jefe al dintel de la puerta, de la manera más alevosa, más cobarde, más villana, a quemarropa, sin dar tiempo para empuñar ni las pistolas, los soldados que presentaban las armas descargaron dos veces los fusiles, y nuestro inolvidable general Zapata cayó para no levantarse más". Parte de la muerte de Zapata por el mayor *Salvador Reyes Avilés*

…a hierro muere

Pero al mejor cazador se le va la liebre, y Carranza no fue la excepción. Como ya le había tomado gusto a la silla presidencial, al acercarse la sucesión en 1920, con el pretexto de que no era conveniente que gobernaran los militares, quiso imponer a un candidato civil que nadie conocía, Ignacio Bonillas, al que seguramente pensaba manipular. Pero le salió el tiro por la culata.

Obregón le había echado el ojo a la silla presidencial y desde 1917 se encontraba retirado de la vida pública atendiendo sus asuntos particulares, pero solo mientras llegaban las nuevas elecciones. En 1920 anunció su candidatura. No tenía rival; nadie podría hacerle sombra: era el único general invicto de la revolución, además de carismático, dicharachero, simpático. Y don Venus lo sabía.

Así que quiso cerrarle el paso en la carrera presidencial al sonorense e intentó llevarlo a juicio con el pretexto de que conspiraba contra el gobierno, pero Obregón, siempre a las vivas y conociendo a Carranza, logró escapar de la Ciudad de México en abril de 1920 vestido de fogonero.

La fuga de Obregón no era el principal problema que enfrentaba Carranza. Desde el inicio del año, Adolfo de la Huerta, gobernador de Sonora, acusó al presidente de entrometerse en los asuntos estatales, y la respuesta autoritaria de don Venus fue decretar la desaparición de los poderes locales. La respuesta de los sonorenses no se hizo esperar: el 23 de abril De la Huerta y Plutarco Elías Calles promulgaron el Plan de Agua Prieta y se levantaron en armas contra Carranza.

En ningún otro momento de su gobierno don Venus logró unificar a todos como lo hizo en mayo de 1920, pero en

ÉRASE UNA VEZ MÉXICO

su contra. Como era natural, Obregón se sumó a la rebelión, que se generalizó en el país entero. Salvo algunos adeptos, la mayor parte del ejército secundó a los sonorenses, incluyendo sus viejos enemigos: zapatistas, villistas, maderistas, convencionistas, huertistas, porfiristas, e incluso varios carrancistas, como el que había sido su incondicional, Pablo González, que estaba muy sentido con Carranza por no haber apoyado su candidatura a la presidencia.

Don Venus pensó en repetir lo que había hecho en 1914: establecer su gobierno en Veracruz y defenderse desde ahí. Pero tuvo la mala ocurrencia de querer llevarse toda la administración pública, para lo cual embarcó en varios kilómetros de vagones de ferrocarril todo tipo de mobiliario, prendas personales, escritorios, archivos y hasta el tesoro nacional. Solo faltó el perico.

TENACIDAD

"Traicionado por todos sus antiguos amigos, rodeado de fuerzas enemigas, cortado el camino de su retirada a Veracruz, desbandadas las tropas que aún le quedaban fieles, otro se hubiese entregado fatalistamente a su destino. Pero la principal virtud de Carranza es la tenacidad, una tenacidad vencedora del tiempo y del espacio y despreciadora del destino. Es casi seguro que sus enemigos, infinitamente más numerosos, acabarán por prenderle. Hay que reconocer que Carranza se defiende contra la desgracia de un modo heroico". *Vicente Blasco Ibáñez,* periodista.

El convoy presidencial dejó la Ciudad de México el 7 de mayo de 1920, pero no avanzó ni tres metros, por decirlo de alguna forma. Sus enemigos no dejaron de hostilizarlo; volaron vías y finalmente obligaron a Carranza a desistir de continuar en tren. El 14 de mayo, don Venus y un grupo de hombres tomaron los caballos, dejaron el ferrocarril en la estación de Aljibes y se internaron en la sierra de Puebla.

Luego de andar a salto de mata varios días, un general que conocía bien la región se unió a la caravana presidencial, se puso a las órdenes de Carranza y le ofreció todas las garantías. Su nombre: Rodolfo Herrero. Don Venus pasó por alto que apenas unos meses antes Herrero había combatido tenazmente a su régimen pero se había rendido a cambio

IMPUNIDAD

Carranza ha sido el único presidente asesinado en funciones. El 24 de mayo de 1920 el general Obregón ordenó que Rodolfo Herrero se presentara en la Ciudad de México para responder por el asesinato de Carranza. Nadie creyó en la exhaustiva investigación que se abriría, aunque el 1 de enero de 1921 Herrero fue dado de baja en el ejército como presunto responsable del asesinato. Sin embargo, todo fue una farsa. Herrero siempre sostuvo la versión de que Carranza se había suicidado y en poco tiempo se vio nuevamente favorecido por el régimen obregonista. En 1923 se autorizó su reincorporación al ejército, al cual se sumó para combatir al nuevo enemigo de Obregón: Adolfo de la Huerta. Fue durante el régimen de Lázaro Cárdenas cuando finalmente lo dieron de baja del ejército mexicano pero nunca pagó por el crimen de Tlaxcalantongo.

de que se respetara su grado de general. No era hombre de confianza —además, había sido huertista—; sin embargo, la situación era tan desesperada que la comitiva aceptó la ayuda y el general los encaminó a Tlaxcalantongo, adonde llegaron el 20 de mayo por la tarde. Ahí le asignó una miserable choza al presidente diciéndole: "Este será por ahora su Palacio Nacional".

Una vez instalados, Herrero le pidió permiso a Carranza para ausentarse con el pretexto de que un hermano suyo se encontraba gravemente herido. Don Venus no solo no desconfió, incluso le ofreció recursos para ayudarlo. Cayó la noche en Tlaxcalantongo y el presidente se retiró a su choza. Todavía esperó un rato hasta recibir noticias de que el siguiente pueblo era leal a su gobierno. Entonces decidió descansar. Se recostó en los momentos en que empezaba un torrencial aguacero.

Cerca de las cuatro de la madrugada del 21 de mayo, los hombres de Herrero rodearon la choza donde se encontraba el presidente, y al grito de "¡Muera Carranza!" acribillaron la choza; cinco tiros acabaron con la vida de don Venus; tenía entonces 59 años. Su cadáver fue trasladado a la Ciudad de México y sepultado en una tumba de tercera clase en el Panteón de Dolores. Así lo había dispuesto.

La muerte del Primer Jefe, del presidente de la República, de don Venus, marcó el fin de una época. Aunque la parte más violenta del movimiento armado quedó atrás, el país aún se encontraba muy lejos de la paz. Al estallar la revolución en 1910 México tenía 15 millones de habitantes; el censo de 1921 arrojó cifras escalofriantes: la población había decrecido, tenía 14 millones.

Sin embargo, la revolución no provocó un millón de muertos sino de víctimas, entre muertos, heridos, desaparecidos y desplazados. De esa cifra, quinientas mil vidas se cobraron la terrible epidemia de influenza española de 1918, la hambruna y otras enfermedades; cerca de trescientas mil vidas se perdieron en los campos de batalla, y el resto fue gente que dejó sus lugares de origen y abandonó el país.

De 1911 a 1940 la República tuvo dieciséis presidentes. Cuatro fueron restos del naufragio porfiriano. Los demás surgieron de los campos de la revolución. Ninguno pudo gobernar en condiciones normales. Por momentos, poder y muerte fueron sinónimos. Una revuelta anunciaba la siguiente. A una traición le seguía otra aún más sofisticada. El viejo refrán se hizo ley: "Quien a hierro mata, a hierro muere".

Los porfiristas dejaron el poder añorando la "mano dura" del dictador. Los revolucionarios fueron incapaces de cerrar la caja de Pandora y paulatinamente regresaron a las viejas formas de simulación y control porfirianas, creando un sistema antidemocrático alejado de los principios fundamentales del movimiento iniciado en 1910. Años después, cuando Daniel Cosío Villegas escribió *La crisis de México* (1946) y anunció la muerte de la Revolución mexicana a manos de su propio régimen, no se equivocó en su juicio: "Todos los hombres de la Revolución mexicana, sin exceptuar a ninguno, resultaron inferiores a las exigencias de ella".

Entre Pávlova y Caruso

Hacia 1919 la capital había recuperado la normalidad de su vida cotidiana, y por algunos meses las plazas de toros se abrieron para recibir otro tipo de espectáculos que nada tenían que ver con la fiesta brava. En enero debutó en el Toreo de la Condesa el llamado "genio de la música del nuevo siglo", el español Pablo Casals. Un mes después el público abarrotó el mismo coso para ver a la bailarina Anna Pávlova con una compañía de cincuenta bailarines del ballet ruso. El 29 de septiembre el recién inaugurado Teatro Esperanza Iris recibió a una figura mundial que causó furor entre la sociedad capitalina: Enrico Caruso. La capacidad del foro era insuficiente para la demanda de boletos, por lo que fue necesario habilitar El Toreo. Ante veinte mil espectadores, y en medio de un torrencial aguacero, en los primeros días de octubre Caruso y su compañía presentaron *Carmen*. A pesar de la lluvia ni un alma se movió del coso taurino. Caruso se ganó el corazón de los mexicanos que durante poco más de un mes abarrotaron los foros donde se presentó. Antes de regresar a Italia declaró a la prensa: "Puedo declarar que fui feliz en México como hombre y como viajero. El clima me resultó delicioso, y fuera de Italia jamás he visto un cielo tan lindo y despejado como el de México. Me dicen que las personas que no tienen buenos pulmones sufren por lo rarificado de la atmósfera de México. Yo no tuve nada que sufrir por este concepto, pues aunque parezca inútil, debo decir que Caruso tiene buenos pulmones".

Los diputados constituyentes protestan cumplir la nueva Constitución, 5 de febrero de 1917. José Mendoza. Fondo XXXI-2, Carpeta 1, foto 57. Centro de Estudios de Historia de México Carso, Fundación Carlos Slim, AC.

Los generales Álvaro Obregón, Benjamín G. Hill y Jacinto B. Treviño des-filando en la Ciudad de México, 9 de mayo de 1920. Anónimo. Fondo XL-2, Carpeta 1, foto 12. Centro de Estudios de Historia de México Carso, Fundación Carlos Slim, AC.

Capítulo 5

~~~~~~~

Fito, el Manco y el Turco
1920-1928

Una furtiva lágrima…

Eran las 6 de la mañana del 24 de mayo de 1920 y una multitud ya se encontraba reunida en la estación Colonia del ferrocarril, esperando la llegada del cadáver de don Venus, asesinado en Tlaxcalantongo apenas tres días antes. El cuerpo mal embalsamado mostraba cierta descomposición, pero aun así su familia decidió velarlo. De inmediato fue trasladado a su domicilio en Río Lerma 35, a unas cuantas cuadras de la estación del tren, y posteriormente le dieron cristiana sepultura en el Panteón de Dolores.

Unas horas más tarde, el Congreso anunció la designación del sonorense Adolfo de la Huerta como presidente sustituto; debía gobernar hasta el 30 de noviembre de 1920, fecha en que don Venus entregaría la banda presidencial de no haber sido alcanzado por la muerte en la sierra de Puebla. De la Huerta debía garantizar que el país mantuviera el orden luego de la gran rebelión que organizó junto con Calles y Obregón contra Carranza, pero además procurar que las elecciones presidenciales programadas para septiembre se llevaran a cabo como si nada hubiera pasado. Había llegado el tiempo de los sonorenses.

Fito, como cariñosamente lo llamaban Obregón y Calles, era un personaje atípico y mucho más decentito que el Manco de Celaya y *el Turco*, como apodaban a Calles. Su pasión por la música lo encaminó a desarrollar una magnífica voz de tenor; antes de la revolución tenía en mente seguir la carrera operística y presentarse algún día en el Metropolitan Opera House de Nueva York, pero también estudió contabilidad para asegurarse una forma de vida. Sin embargo, derramó *una furtiva lágrima* cuando la revolución acabó con sus sueños musicales. De pronto ya militaba en las filas de Obregón, y gracias a su ánimo conciliador y a su carácter afable y ecuánime, ascendió políticamente dentro del movimiento revolucionario.

Don Adolfo protestó como presidente el 1 de junio de 1920. Los días previos los pasó convaleciente en una habitación del Hotel Regis, recuperándose de una apendicitis. Una vez que protestó, regresó a su habitación y empezó a despachar desde ahí. Su gobierno, que duró seis meses, se definió por una palabra: pacificación.

En su breve pero exitosa labor, mucho tuvo que ver su carácter: era simpático, franco, honesto y de buena voluntad. De la Huerta logró que el viejo militar golpista Félix Díaz depusiera las armas, e incluso le perdonó la vida tras haber sido sentenciado a muerte por una corte marcial. Se ganó a los últimos grupos zapatistas encabezados por los generales Genovevo de la O y Gildardo Magaña, que continuaban en pie de guerra tras el asesinato de su jefe en 1919; aprobó el fusilamiento del general Jesús María Guajardo, asesino material de Emiliano Zapata —a quien le dieron el tiro de gracia en la cabeza con una bala expansiva—, y también sometió al autor intelectual de la muerte del caudillo suriano, Pablo González, que salvó la vida gracias al propio De la Huerta.

"EL CABALLO QUE VILLA MÁS ESTIMABA"

Como una forma de agradecimiento al presidente De la Huerta, días después de su rendición Villa le envió a la Ciudad de México a su yegua favorita, llamada Siete Leguas. Su nombre original era Muñeca, pero en una ocasión Villa huyó de sus enemigos montando a la yegua, y cuando se puso a salvo se percató de que esta estaba herida y aun así había galopado siete leguas sin detenerse. Eso lo llevó a cambiarle el nombre. Se dice que esta historia inspiró a Graciela Olmos, la célebre *Bandida* y dueña del burdel más famoso de la Ciudad de México, a componer el corrido *Siete Leguas*.

Pero su mayor éxito fue emplear el diálogo, la confianza y una jugosa compensación para lograr la rendición del más temido de los generales de la revolución: Francisco Villa. El Centauro ya estaba agotado de permanecer en pie de guerra desde 1911; luego de sus derrotas en el Bajío (1915) se convirtió en un dolor de cabeza permanente para el gobierno de Carranza, quien según algunos investigadores perdió más de cuarenta mil efectivos en Chihuahua tratando de liquidarlo.

Al Centauro y a sus hombres sí les hizo justicia la revolución. El gobierno de De la Huerta no escatimó recursos —le costaba más seguir combatiendo al guerrillero—: le entregó la hacienda de Canutillo para que se retirara a la vida privada; le autorizó tener cincuenta hombres armados para su seguridad personal cuyos sueldos serían cubiertos por la Secretaría de Guerra y Marina, y el resto de sus hombres podrían incorporarse al ejército si así lo deseaban, o bien recibir un año de haberes y tierras para retirarse a trabajar. El 28 de julio de 1920, en Sabinas, Coahuila, Pancho Villa firmó su rendición ante el general Eugenio Ortiz.

El 5 de septiembre de 1920 se llevaron a cabo las elecciones presidenciales en las que arrasó el general Álvaro Obregón. Todavía participó el eterno candidato, don Nicolás Zúñiga y Miranda, que competía en cada sucesión presidencial desde tiempos de don Porfirio; obtuvo cerca de cincuenta votos.

Con el país pacificado, las noticias que llamaron la atención en el segundo semestre de 1920 fueron la primera huelga de mujeres que se registró en México, en la fábrica de colchones Orozco, en Puebla; la alarma que cundió en Yucatán porque Felipe Carrillo Puerto había iniciado una revolución socialista y las "buenas conciencias" lo acusaban de querer fundar una república soviética en la península.

Karma, justicia divina, justicia humana, llámesele como se quiera, pero el hecho es que las autoridades aprehendieron a Rafael Pimienta, el asesino material de José María Pino Suárez, que había logrado ingresar al ejército nacional y ya era general, y también se anunció el suicidio de Francisco Cárdenas, asesino de Madero, aprehendido en Guatemala, que había logrado escapar de la penitenciaría y al ser capturado de nuevo sacó su revolver y se pegó un tiro. También ese año se celebró oficialmente y por primera vez el inicio de la revolución maderista en todo el país.

A las cero horas con tres minutos del 1 de diciembre, el general Obregón protestó como presidente constitucional para el periodo 1920-1924 en la Cámara de Diputados de Donceles. De la Huerta le entregó el poder al único general invicto de toda la revolución, el caudillo revolucionario más popular del momento, el hombre que había dicho tiempo atrás: "Tengo tan buena vista que desde Sonora alcancé a ver la silla presidencial".

Ya llegaron las pelonas

Aunque la década de 1920 inició salpicada con la sangre derramada en Tlaxcalantongo, la gente esperaba que en los años venideros la violencia desapareciera del horizonte mexicano. La Ciudad de México había sufrido poco durante los años revolucionarios, pero era el lugar donde se apreciaba más que los tiempos habían cambiado.

Si en 1910 la capital contaba con 720,000 habitantes, hacia 1921 alcanzaba los 900,000, de los que 615,000 se asentaban en la Ciudad de México y el resto en las municipalidades —hoy delegaciones— de Azcapotzalco, Coyoacán, San Ángel y Tlalpan, entre otras. A pesar de los difíciles años de 1914 y 1915 en los que privó el caos en la capital del país, la ciudad continuaba siendo uno de los lugares menos afectados por la violencia revolucionaria, por lo que hubo una importante migración.

Dos grandes estructuras inconclusas se levantaban por encima del resto de los edificios de la ciudad como vestigios de los tiempos de don Porfirio: el nuevo Teatro Nacional, que esperaba la venia del gobierno para continuar su construcción, y la abandonada estructura metálica de lo que nunca llegó a ser el magno Palacio Legislativo.

Los tranvías eléctricos, los autobuses de pasajeros y los automóviles habían sustituido casi por completo a los carruajes tirados por tracción animal —a los cuales se les prohibió definitivamente transitar por las calles asfaltadas a partir de 1927—. Incluso las caballerizas de Palacio Nacional fueron transformadas en cocheras para recibir autos de uso oficial. En 1921 el periódico *Excélsior* informaba que en la Ciudad de México circulaban 16,127 automóviles, 2,555 camiones y 429 motocicletas.

A las tradicionales colonias como la Cuauhtémoc o la Juárez, empezaron a sumarse nuevos fraccionamientos, como el proyecto residencial de las Lomas de Chapultepec (1923), la Colonia Chapultepec (1925), la Hipódromo Condesa (1926) —para la cual se aprovechó el circuito donde se llevaban a cabo las carreras de caballos—, la Del Valle, la Santa María, la Guerrero, la San Rafael y la Industrial, entre otras.

El centro de la ciudad continuaba siendo el sitio donde se desarrollaba con más ímpetu el movimiento cotidiano: negocios y comercio, cultura y arte, política y vida intelectual. Actividades diurnas y nocturnas le daban vida a las céntricas calles. La gente frecuentaba el Café Tacuba, la Flor de México, el Sanborns de los Azulejos, el Selecty, el Café América. El Prendes, en 16 de Septiembre, era el restaurante donde se reunían los políticos que tenían a un paso el Palacio Nacional, sede del poder ejecutivo, y la Cámara de Diputados, en el otrora Teatro Iturbide de la calle de Donceles.

La moda femenina cambió radicalmente. Desapareció el corsé; los nuevos vestidos eran rectos y flojos y ocultaban las curvas de la mujer evidenciadas por la moda de los últimos años del porfiriato. Gran escándalo provocó que las mujeres mostraran las pantorrillas, pues el largo de los vestidos llegaba un poco más abajo de la rodilla. Pero lo que causó más furor fue que las damas empezaron a usar el pelo corto, y no tardaron en surgir las protestas de los grupos católicos. Una canción de la época decía:

Se acabaron las pelonas / se acabó la presunción /
la que quiera ser pelona / que pague contribución.

Al iniciar la década de los veinte pocas familias de apellidos rimbombantes y alcurnia permanecían en la capital

—casi todas estaban exiliadas—. Los generales, los líderes de organizaciones obreras, los revolucionarios convertidos en políticos ocupaban ahora la cúspide de la escala social; eran los nuevos ricos y se servían con la cuchara grande, como si en ello les fuera la vida.

El teatro de revista encontró terreno fértil en la nueva clase política. Los libretos se escribían de un día para otro con la nota política del día, el chisme, el rumor, y bastaban las frases de doble sentido, el chiste fácil, las situaciones de enredos, los albures, las insinuaciones picarescas para entretener. Pero lo que más gustaba eran las tiples, que mostraban su cuerpo cada vez con mayor generosidad.

La nueva clase política, encabezada por el grupo sonorense —De la Huerta, Obregón y Calles—, era asidua al teatro de revista y a los toros. De todos era sabido que De la Huerta y Obregón asistían con frecuencia a los teatros Lírico, Principal y Colón. Las malas lenguas señalaban que el Manco de Celaya tenía un romance con María Conesa, pero a nadie le inquietaba que el caudillo tuviera un amorío.

La Gatita Blanca gozaba del favor de los sonorenses, y en el Teatro Colón su empresa estrenó *La huerta de don Adolfo*, con la actriz cómica Elena Ureña, donde desfilaba una serie de personajes que parodiaban al nuevo gobierno. En el Teatro Lírico se estrenó la obra *El jardín de Obregón,* con la participación de la actriz Guadalupe Rivas Cacho. La prensa comentaba asombrada que la Rivas Cacho incursionaba en los barrios bajos de la capital, como Tepito, la Candelaria y la Merced para inspirarse y crear a los personajes populares que le daban fama y fortuna, como las teporochas *Petronila* y *Doña Grifa.*

El éxito del teatro de revista descansaba en torno a la figura femenina, en las tiples coquetas y encantadoras que con sus palabras y movimientos seducían y provocaban.

En un principio las divas fueron juzgadas severamente por los críticos de teatro y por las buenas conciencias de la vela perpetua, pero sus capacidades histriónicas, la aceptación del público y su tenacidad las hicieron brillar con luz propia y ser reconocidas por la prensa del momento.

A juicio de los sectores más conservadores de la sociedad, las tiples atentaban contra las buenas costumbres. Algunas se casaban y dejaban de actuar por orden del marido, como Celia Padilla, o se convertían en el amor en turno de los políticos y militares del momento: Emilia Trujillo, *la Trujis*, fue amante del general Victoriano Huerta; Celia Montalván, del general Enrique Estrada, del gabinete de Álvaro Obregón, o la misma Delia Magaña, *la Magañita*, sostuvo un idilio con el general Francisco R. Serrano durante la administración callista.

Las tiples dieron sabor a las parodias posrevolucionarias. Lograban deslumbrar por sus cuerpos voluptuosos y semidesnudos, su gracia al bailar o su humor con doble sentido, pero sobre todo hacían suspirar a los políticos de entonces, que no se cansaban de cortejarlas y rendirse ante ellas.

A una mano...

"Aquí todos somos un poco ladrones, la diferencia es que mientras mis rivales tienen dos manos, yo solo tengo una", dijo en alguna ocasión el general Obregón. No tenía empacho en bromear con ello, incluso ya siendo presidente de México. Se sentó en la silla presidencial y se sintió muy cómodo, no obstante que no la tenía nada fácil.

Obregón cumplió con la mexicanísima tradición de hacer legal lo ilegítimo: si bien los sonorenses derrocaron a Carranza por la mala —rebelión más asesinato—, el Manco de

Celaya quiso taparle el ojo al macho y vestirse de demócrata. Buscó llegar a la presidencia por la vía legal: hizo campaña electoral y ganó las elecciones.

Sin embargo, para los estadounidenses Obregón no era un demócrata sino un general que había llegado al poder por medio de un golpe de Estado, así que Washington no le otorgó el reconocimiento de gobierno. El sonorense sabía que tarde o temprano tendría que solucionar ese problema, pero mientras encontraba la forma de hacerlo se dedicó a gobernar.

El general era un improvisado en el terreno de la política, pero ejerció el poder de manera tan pragmática que recordaba a Porfirio Díaz. Como el caudillo oaxaqueño, Obregón reunió bajo la sombra de la silla presidencial a hombres notables como José Vasconcelos, Adolfo de la Huerta, Manuel Gómez Morín, Antonio Caso, Alberto J. Pani, que ocuparon cargos en diversos niveles de su gobierno, y al igual que Porfirio Díaz los dejó hacer en todos los ramos de su administración, aunque las decisiones de orden político se concentraban en última instancia en su voluntad.

De inmediato puso manos a la obra para reconstruir el país, y pronto el gobierno alcanzó acuerdos internacionales en materia bancaria para solucionar el problema de la deuda; se encargó de la reparación de las vías férreas y los caminos dañados por la revolución; inició el reparto agrario, que fue la gran novedad pues uno de los principios que había dado origen al movimiento armado se hizo realidad, e impulsó la formación de las primeras organizaciones sindicales, con lo que cumplía con el artículo 123 de la Constitución.

¿UN NUEVO DON PORFIRIO?

"Las ideas revolucionarias, que en algunos otros 'generales' producían un caos mental, a Obregón lo dejaban sereno, pues era un convencido de los métodos moderados y su aspiración más profunda era imitar los sistemas oportunistas de Porfirio Díaz. Era militar estricto en campaña, pero amigo de las formas civiles en la vida ordinaria y en el gobierno. Poseía el talento superior que permite rodearse de consejeros capaces, y aunque su comprensión era rápida, sus resoluciones eran reflexivas. Los primeros años de su gobierno determinaron un progreso notorio de todas las actividades del país. La agricultura y el comercio prosperaron bajo una paz que no era fruto del terror, sino de la tranquilidad de los espíritus y de la ausencia de atropellos gubernamentales".
José Vasconcelos

El otro centenario

El optimismo que recorrió el país en los primeros meses del nuevo gobierno se tradujo en una extraña ocurrencia: celebrar el Centenario de la Consumación de la Independencia en 1921. Si don Porfirio echó la casa por la ventana en 1910, ¿por qué la familia revolucionaria no podía hacerlo? A fin de cuentas un centenario era un centenario. Sin embargo, no se necesitaba ser un genio para saber que la celebración era un despropósito.

México atravesaba por una pésima situación económica; las arcas públicas estaban vacías; la sociedad aún se encontraba polarizada por el asesinato de Carranza; la nueva administración no contaba con el reconocimiento del gobierno de

Estados Unidos; las vías de comunicación estaban destruidas en su mayoría luego de tantos años de guerra. Parecía evidente que no era momento para fiestas. José Vasconcelos escribió al respecto: "Nunca me expliqué cómo un hombre de juicio tan despejado como Obregón se dejó llevar a fiestecitas".

Y sin embargo, nadie pudo detener el proyecto del otro centenario. A diferencia de lo que habían sido las fiestas del centenario durante el porfiriato, las del gobierno revolucionario serían para el pueblo. El comité organizador preparó desde conciertos de ópera —la programación de la temporada estuvo a cargo del expresidente Adolfo de la Huerta— hasta desfiles militares, música popular en las principales plazas, corridas de toros, cine, teatro, juegos deportivos.

El mes de septiembre estuvo acompañado de grandes recepciones, banquetes y fiestas. Se organizaron verbenas populares en el Zócalo y "noches mexicanas" en el Bosque de Chapultepec. Del 11 al 17 de septiembre se conmemoró la "Semana del niño" con la realización de conferencias, exposiciones y festivales infantiles, y el día 15 más de setenta mil niños de diversas escuelas de la República juraron lealtad a la bandera mexicana.

Se abrieron las puertas de teatros y cines para que la gente pudiera asistir a las funciones de manera gratuita. Además, se vendieron decenas de miles de boletos a un precio bajísimo —subsidiado por el gobierno— para que los obreros acudieran al teatro con sus familias.

Las fiestas por el Centenario de la Consumación no tuvieron ni la importancia ni el lujo ni el impacto de las de 1910. Fueron días de entretenimiento para la gente, pero no dejaron nada más. El nuevo régimen ni siquiera podía justificar históricamente la conmemoración, pues Agustín de Iturbide había sido arrojado al infierno cívico de la

Patria y desde la época de Maximiliano no se le rendían honores.

Paradójicamente, unos días después de concluidos los festejos, el Congreso retiró el nombre de Iturbide en letras de oro que se encontraba en el muro de honor de la cámara. José Vasconcelos escribió: "Nunca se habían conmemorado los sucesos del Plan de Iguala y la proclamación de Iturbide ni volvieron a conmemorarse después. Aquel Centenario fue una humorada costosa. Y el comienzo de la desmoralización que sobrevino más tarde".

La mexicanidad

El ánimo constructor con el que inició el gobierno obregonista encontró su carta más fuerte en la educación. A instancias de José Vasconcelos, en septiembre de 1921 se creó la Secretaría de Educación Pública, misma que ocupó el propio Vasconcelos, desde donde emprendió una amplia cruzada educativa que se movió entre la realidad y la utopía personal del secretario.

Durante los años en que Vasconcelos estuvo a cargo de la Secretaría de Educación (1921-1924) se edificó un gran número escuelas públicas y bibliotecas; se construyó el Estadio Nacional, ya que de acuerdo con la visión vasconcelista de la educación no era suficiente la formación intelectual de las nuevas generaciones, también era indispensable el ejercicio físico: "Mente sana en cuerpo sano".

A través de la Secretaría de Educación se desarrollaron programas como los desayunos escolares para los alumnos de escasos recursos; se organizaron misiones culturales, a través de las cuales los maestros recorrieron el país llevando la letra escrita, libros y enseñanza. Para este programa

Vasconcelos se inspiró en los misioneros del siglo XVI que recorrieron el territorio novohispano para evangelizar a la población.

El secretario de Educación impulsó un amplio programa editorial que contempló la publicación masiva de los clásicos de la literatura y cultura universal, con la intención de que llegaran al mayor número de lectores posible, aunque para ese entonces el nivel de analfabetismo todavía era escandaloso ya que superaba el 80% de la población. También se publicaron importantes revistas culturales como *El Maestro*.

MURALISMO

El muralismo fue una corriente artística que se inició en México en 1922. Su objetivo era mostrar la nueva realidad social e histórica del país surgida de la Revolución mexicana, inspirada en tres valores: lo nacional, lo popular y lo revolucionario, y se plasmó en los muros de edificios públicos, viejos templos y antiguos conventos.

El mayor impulsor del muralismo fue José Vasconcelos como secretario de Educación Pública, y sus principales exponentes fueron el Dr. Atl, Diego Rivera, José Clemente Orozco, David Alfaro Siqueiros, Roberto Montenegro, Juan O'Gorman, Jorge González Camarena. Además de los temas mexicanos, los muralistas recuperaron el indigenismo dentro de sus obras. El muralismo reinterpretó la historia mexicana; construyó una visión maniquea en la que los españoles, Cortés, Santa Anna, Maximiliano, los conservadores, los franceses, los porfiristas, los huertistas, el clero eran los enemigos de las grandes causas sociales. Los campesinos, los obreros y el pueblo se convirtieron en protagonistas de las obras pictóricas.

Fue una etapa importante para la cultura nacional. Luego de los turbulentos años de la revolución, la sociedad encontró en las raíces de lo mexicano —su paisaje, su historia, sus tradiciones, su música, sus letras— elementos para las nuevas creaciones. A diferencia del porfiriato, que años antes había promovido una cultura totalmente afrancesada e inspirada en motivos europeos y extranjeros, el gobierno de Obregón redescubrió lo mexicano, que encontró su mayor exponente en el muralismo. A través de la gestión de Vasconcelos el país se convirtió en capital cultural de América Latina durante cuatro años.

Cañonazos de cincuenta mil pesos

Si en los dos primeros años de su gestión Obregón gozó de la simpatía de propios y extraños y su gobierno marchó firme en la reconstrucción del país, a partir de 1923 el panorama se desdibujó. El segundo semestre del año marcó el inicio de la carrera presidencial. Para nadie era un secreto que el tapado de Obregón era su secretario de Gobernación, también sonorense y medio compadre, hombre reservado y taciturno, Plutarco Elías Calles.

Pero resultaba que el otro sonorense, Adolfo de la Huerta, se había quedado picado con la silla presidencial luego de gobernar el país solo seis meses, así que le entró la comezón por regresar a la grande y dejó correr el rumor de que buscaría la presidencia, a sabiendas de que no contaba con la bendición de Obregón. Mientras la prensa hablaba de candidatos y candidaturas, el caudillo sabía que en el camino de la sucesión presidencial había dos grandes obstáculos: Pancho Villa y que su gobierno no contaba con el reconocimiento de Estados Unidos.

Aunque Villa se había retirado a la vida privada desde 1920, mientras estuviera vivo era un peligro potencial para el gobierno y en cualquier momento podía medir fuerzas con los sonorenses. Además, muy retirado y todo, el Centauro no perdía oportunidad para hacerse notar, y cada vez que declaraba algo a la prensa sus palabras resonaban en la Ciudad de México. Siempre había algo de retador en sus declaraciones, con las que tentaba a la suerte e invocaba a la muerte.

En 1922 Villa cruzó el punto sin retorno. Frente a un reportero de *El Universal* se pronunció abiertamente por Adolfo de la Huerta como candidato para suceder a Obregón. Los sonorenses leyeron las declaraciones de Villa de la única forma que podían hacerlo: vaticinando una futura rebelión en la que el Centauro se convertiría en el brazo armado de Adolfo de la Huerta. Y respondieron de la única forma en que sabían hacerlo: contemplando la posibilidad de eliminarlo.

Los sonorenses aprovecharon que Villa había dejado cuentas pendientes con mucha gente en el norte; reunieron a un grupo de hombres que estaba dispuesto a asesinarlo, les consiguieron armas de grueso calibre y balas expansivas, y la mañana del 20 de julio de 1923, en Hidalgo del Parral, Chihuahua, le tendieron una emboscada al Centauro y acabaron con su vida.

Con el primer obstáculo eliminado, el siguiente paso era obtener el reconocimiento del gobierno de Estados Unidos, lo cual significaba que si estallaba un movimiento armado en contra de la administración de Obregón, Washington cerraría la frontera para la compra de armas a cualquier grupo rebelde y respaldaría al gobierno mexicano. El presidente Obregón necesitaba una mano amiga, la de los gringos.

Pero los estadounidenses —que no dan paso sin huarache— le pusieron precio a la amistad. Entre mayo y septiembre de 1923, representantes del gobierno estadounidense y del gobierno mexicano se reunieron en el número 85 de la calle de Bucareli. De las conversaciones y negociaciones salieron dos tratados conocidos como Tratados de Bucareli.

El primer tratado creó la Convención Especial de Reclamaciones, que fue el marco legal para que los ciudadanos estadounidenses que habían sufrido daños entre el 20 de noviembre de 1910 y el 31 de mayo de 1920, presentaran sus reclamaciones ante un tribunal mixto con un árbitro neutral. El otro tratado creó la Convención General de Reclamaciones, mediante la cual se solucionarían las reclamaciones de ciudadanos estadounidenses originadas a partir de 1868 —fecha del último acuerdo mexicano-estadounidense sobre este tema— y hasta noviembre de 1910, más las reclamaciones que se hubieran suscitado después de mayo de 1920.

Pero el tema que más inquietaba a los gringos era el de sus propiedades petroleras y la aplicación del artículo 27 constitucional. Así que los representantes estadounidenses buscaron que el gobierno mexicano garantizara que no las tocarían ni con el pétalo de una rosa, dijera lo que dijera la ley. Obregón dijo "¡Va!" y se comprometió a no aplicar la Constitución retroactivamente para todas aquellas propiedades adquiridas antes del 1 de mayo de 1917 y cuyos propietarios hubieran efectuado un "acto positivo", es decir, que pudieran demostrar que ya habían hecho trabajos con el fin de extraer petróleo. Si los propietarios estadounidenses no podían demostrar el "acto positivo", se les reconocería la propiedad pero su explotación sí se realizaría de acuerdo con lo establecido por la nueva Constitución.

El asunto del petróleo quedó tan solo en un acuerdo de palabra, suficiente para que el gobierno de Obregón fuera reconocido por el gobierno estadounidense. Sin embargo, sus opositores lo acusaron de vendepatrias, entreguista y de

La leyenda negra

Los Tratados de Bucareli solo establecían el asunto de las reclamaciones de ciudadanos estadounidenses por daños sufridos en México entre 1868 y 1910 y entre 1910 y 1920. Las indemnizaciones terminaron de pagarse el 19 de noviembre de 1955. Sin embargo, corre una versión sin fundamento alguno de que dichos tratados tenían una parte secreta en la que el gobierno mexicano se comprometió a no desarrollar maquinaria pesada como motores, hélices, aviones, lo cual impidió el desarrollo tecnológico de México durante décadas.

Esta versión es falsa. Ningún documento la sustenta y no se encuentra estipulada en los Tratados de Bucareli. El retraso tecnológico y económico de México se debió a que el país continuó en guerra hasta muy entrada la década de 1930, y la crisis económica permanente impidió la inversión en educación científica y tecnológica durante mucho tiempo.

haber doblado las manos ante Estados Unidos, pero al general las críticas le hicieron lo que el aire al abanico.

Con Villa dos metros bajo tierra y con el reconocimiento del gobierno de Estados Unidos en la mano de Obregón, el camino para la sucesión presidencial parecía despejado. Pero no fue así; todos se aferraron a los Tratados de Bucareli para criticar al gobierno, entre ellos Adolfo de la Huerta, por entonces secretario de Hacienda, quien acusó a su jefe solamente de "traición a la patria". El Manco se la regresó señalándolo como responsable de la crisis económica que atravesaba el país: había sido un incompetente al frente de las finanzas de la nación. De la Huerta renunció, y en diciembre de 1923 se levantó en armas contra el gobierno al que había servido, en lo que se conoció como la rebelión delahuertista.

Obregón demostró por qué seguía siendo el caudillo, el jefe de jefes y el hombre más poderoso del país. Le valió una pura y dos con sal ser el presidente de México, se puso la pistola al cinto, se calzó las botas, montó en su caballo y encabezó personalmente la campaña contra los rebeldes hasta aniquilarlos. Durante su gobierno la vieja guardia de la revolución desapareció; los principales generales fueron víctimas de la traición, del asesinato o del paredón de fusilamiento durante la revolución delahuertista, entre ellos Lucio Blanco, Salvador Alvarado, Rafael Buelna, Manuel M. Diéguez, Francisco Murguía, Fortunato Maycotte, Benjamín Hill, sin olvidar a Pancho Villa. Además, también hubo crímenes políticos: en enero de 1924 el senador Francisco Field Jurado fue asesinado por criticar los Tratados de Bucareli.

Toda una generación de personajes que se habían involucrado en el movimiento revolucionario desde 1910 se perdió en esos años. No alcanzaron ni siquiera los 45 años de edad en promedio. A la gran purga que desató el gobierno entre 1920 y 1924 solo sobrevivieron los que aceptaron "un cañonazo de cincuenta mil pesos", como decía Obregón, y se mantuvieron leales al sonorense. De la Huerta, por su parte, pudo salvar la vida ya que se marchó al exilio y sobrevivió dando clases de canto en Estados Unidos.

El 1 de diciembre de 1924, una vez aniquilados todos sus enemigos, Obregón entregó la banda presidencial a Plutarco Elías Calles y regresó a su hacienda La Quinta Chilla, en Sonora, a dedicarse a sus negocios particulares mientras preparaban su regreso a la presidencia en 1928.

Fue en un cabaret, donde te encontré...

Durante los años veinte, mientras los sonorenses dominaban la política nacional, la sociedad mexicana vio nacer los cabarés. A diferencia del teatro, los asistentes a estos podían bailar, beber y comer, además de presenciar algún espectáculo.

El Salón México era un lugar para dar rienda suelta al baile. Se inauguró el 20 de abril de 1921 y fue conocido como El Marro. Se localizaba en la esquina de Pensador Mexicano y la calle 2 de Abril, en la Colonia Guerrero. Llegó a ser considerado "la catedral del danzón". Estaba formado por varios salones cuyos nombres eran Renacimiento, Los Espejos, Tianguis, Maya y Azteca. Sus bailes y concursos hicieron época, y grandes orquestas se presentaron en él. Fue tal su fama que dio pie a la obra sinfónica de Aaron Copland, *El Salón México*, y a la célebre película del mismo nombre dirigida en 1948 por Emilio *el Indio* Fernández.

Hacia 1922 el Salón Colonia, propiedad de los hermanos Jara, le hacía la competencia a los salones Unión, Azteca y México. Fue construido como "jacalón", foros teatrales con los requerimientos mínimos para presentar funciones y que se localizaban en zonas populares. Tenía bien ganado el mote de El Piojo, aunque también fue llamado El Cocol y El Columpio.

Entre 1917 y 1929 funcionó el Dancing Hall Mata Hari. Era un cabaret localizado en el segundo piso de una casona en Bolívar esquina con Madero, en la misma calle donde se encontraba el Teatro Principal, por lo que muchos trasnochadores, luego de asistir a una función, podían seguir la farra al calor de las copas en el Mata Hari. En un principio se vendían solo bebidas gaseosas; después fueron vinos y licores. Los vecinos protestaron por los escándalos y finalmente lograron clausurarlo en 1929.

Las tortas de bistec, en bolillos gigantes, con papa, agua-
cate, frijoles, crema, lechuga, jitomate y mucha salsa se volvieron famosas en el cabaret Conchita —República de El
Salvador 127—. Operó de 1915 a 1930 y los asistentes tenían una disyuntiva: empacarse la célebre torta por 12 centavos o bailar dos piezas con las ficheras que cobraban cinco
centavos por cada una. Entre los asiduos asistentes al Conchita se encontraban algunos artistas como Joaquín Clau-
sell, Germán Gedovius, el Dr. Atl y Roberto Montenegro.

A unas cuadras se encontraba el Patria —Pino Suárez
18, entre Venustiano Carranza y Uruguay—, que estuvo vi-
gente de 1914 a 1932. Después cambió de propietario y se
llamó Habana, con su nuevo domicilio en Izazaga 47. Terminó su historia convertido en el Savoy de la calle Bolívar 120.
Otros reconocidos cabarés fueron el Moulin Rouge, versión
mexicana, que mantuvo abiertas sus puertas de 1919 a 1930
y que se encontraba muy bien ubicado en la Glorieta del
Ángel, en la esquina de Río Tíber y Reforma; era de alta ca-
tegoría y se bailaba cancán. En 1930, en el cabaret Los Bo-
hemios de la calle de Oaxaca se hizo popular la cuba libre, a
35 centavos el vaso.

Hacia 1919 la prensa capitalina mencionaba que en la
plaza llamada de la Pila Seca se reunía un grupo de músicos de Jalisco, originarios de Cocula, que recorrían las calles
de la ciudad entonando canciones y usaban un nombre hasta entonces poco común: "mariachis".

En 1921 la Plaza de la Pila fue rebautizada con el nombre de Plaza Garibaldi para honrar la memoria de Giusep-
pe Garibaldi, nieto del héroe italiano, que se incorporó a la
revolución y peleó al lado de Madero en 1911. Hacia 1923
ese espacio se encontraba rodeado de modestos comercios,
un mercado, pulquerías, vecindades y una cantina llamada

Tenampa, propiedad de Juan Hernández, quien abrió sus puertas para que en 1925 se presentara en sus salones por vez primera el Mariachi Coculense de Concepción Andrade. El éxito fue inmediato, y desde entonces el público encontró en la Plaza Garibaldi otra opción de entretenimiento que se acercaba más a las raíces de la nueva mexicanidad que cantaban los gobiernos de la posrevolución.

Reformar, reformar, reformar…

"NI UNA VIEJA NI UNA FEA"

Hacia 1925, directamente desde París llegó a México *Voilà le Ba-ta-clan!* Una compañía de tiples cachondas que se presentaban semidesnudas, envueltas en mallas, con exóticos plumajes y que fueron conocidas como "bataclanas". La provocativa lujuria se convirtió en la fórmula del éxito. A una semana del debut de las artistas francesas, y gracias al ingenio mexicano, el empresario José Campillo puso a ensayar a su compañía para hacer su versión nacional del Bataclán, conocida como *Mexican Rataplán,* con un desfile de tiples morenas con poca ropa a lo largo de cuadros costumbristas de vanguardia nacionalista. En su gira por Cuba el *Mexican Rataplán* anunció: "Ni una vieja ni una fea", mientras cantaban una canción de título sugerente, *Vacilópolis.* El Rataplán superó el éxito de su contraparte francesa.

siempre que Obregón pronto pueda regresar

Si la gente cercana a Obregón pensó que Plutarco Elías Calles en la presidencia sería literalmente el brazo derecho del Manco, o al menos una extensión de su poder, se equivocó. En 1924 Calles había dejado de ser el "teniente correlón" —como le decía Obregón años atrás a su subordinado—. Ya era el señor presidente, y si bien no tenía la fuerza ni la popularidad del caudillo, desde antes de ser candidato ya se hablaba de tú con Obregón sin ningún recato.

Calles en la presidencia actuó con bastante independencia; su único compromiso con el caudillo fue garantizarle su regreso a la presidencia en 1928. Fuera de ese pequeño detalle, Calles puso distancia con su antecesor a través de la crítica a su gobierno, pero nomás para no dejar, al fin y al cabo eran parte del mismo clan. En sus primeras declaraciones el gobierno callista propuso moralizar la administración pública y mantener la austeridad —críticas abiertas a la corrupción y el despilfarro obregonista—. Y tomó una medida brutal: anunció el "cese de los cantadores y los guitarristas que figuraban en la nómina del Estado Mayor del general Obregón". Lucha abierta contra la corrupción.

Calles continuó el proceso de reconstrucción del país; además quiso reformar, sentar las bases institucionales para un país que surgía de la vorágine revolucionaria. Creía en las instituciones, y en 1925, a instancias de Manuel Gómez Morín, creó el banco único emisor, mejor conocido como Banco de México, con lo cual la economía mexicana comenzó a tomar su cauce.

Pero en su afán reformador parecía un caballo desbocado. Quiso aplicar el programa revolucionario hasta el límite y creyó que podría hacerlo sin ninguna consecuencia, pero se equivocó, sobre todo en materia petrolera. Al presidente se le hizo fácil reglamentar el artículo 27 constitucional y crear su ley del petróleo con la que intentó meter en cintura a las compañías petroleras extranjeras.

La ley del petróleo, que era también una crítica al gobierno obregonista que se había hecho ojo de hormiga con el asunto petrolero, puso los pelos de punta a los empresarios estadounidenses, pues era una amenaza real a sus concesiones en México, por lo que las relaciones con Washington se pusieron difíciles, incluso la posibilidad de un nuevo conflicto armado entre ambos países llegó a ser real.

Entre 1925 y 1927 las relaciones entre México y Estados Unidos atravesaron su peor momento desde la guerra de 1846-1848; las compañías petroleras podían convertirse en *casus belli* en cualquier momento. Sin embargo, en 1927 el gobierno de Estados Unidos envió a México a un nuevo embajador, Dwight W. Morrow, hombre conciliador, afable, de finas maneras, que pronto se ganó la confianza del gobierno mexicano y que fue conocido como el embajador de los *ham and eggs*, pues gustaba de reunirse a desayunar con Calles para tratar los espinosos asuntos de la agenda bilateral: el petróleo y la guerra cristera.

Para mostrar que los gringos querían ser amigos de los mexicanos —siempre que el gobierno mexicano no se metiera con las compañías petroleras—, Morrow invitó al célebre piloto Charles Lindbergh —quien había logrado la hazaña de cruzar el Atlántico por vez primera en solitario de Nueva York a París, en su famoso avión *Espíritu de San Luis*— a que hiciera una gira de buena voluntad en México, lo cual le cayó de perlas a todos.

Calles se echó para atrás con su ley del petróleo, no solo por el buen talante del nuevo embajador, sino porque hacia 1927 la situación se le había puesto color de hormiga: la rebelión cristera tenía contra las cuerdas a su gobierno y necesitaba del apoyo material estadounidense para derrotar a los cristeros. El asunto petrolero volvió a ser archivado; el petróleo todavía tardaría en ser de los mexicanos —aún seguimos esperando—, y el artículo 27 constitucional, una vez más, no se aplicó.

Católicos, apostólicos, mexicanos

Pero en donde verdaderamente se le fueron las cabras al monte a Calles, donde se voló la barda, fue con el asunto religioso. Su reflexión y su juicio, muchas veces sensato, frío y calculador, desaparecieron ante su inexplicable odio contra la Iglesia católica. Cuando estalló la rebelión cristera, el propio Obregón comentó: "¡En la que nos va a meter este hombre! Si triunfamos, qué ganamos, y si perdemos, lo perdemos todo".

Si bien la Constitución de 1917 tenía un fuerte aroma jacobino, nadie se había atrevido a reglamentar el artículo 130 ni a tocar el tema religioso, que había sido un dolor de cabeza en muchos momentos de la historia nacional. Ahí estaban las leyes para controlar a la Iglesia, y eran más que suficientes, pero Calles fue más lejos.

Obregón mostró que su gobierno era bastante anticlerical; durante su gestión estalló una bomba en la Basílica de Guadalupe, frente a la imagen de la Virgen, sin que se aprehendiera a los responsables; por si fuera poco, expulsó al delegado apostólico, monseñor Filippi, porque consagró el monumento a Cristo Rey en el Cerro del Cubilete, lo que fue considerado un acto público de culto, y como estaba prohibido al delegado le tocó bailar con la más fea.

Pero el anticlericalismo de Calles hizo palidecer a todos.

La iglesia cismática

Calles entregó los templos de la Soledad, en la Merced, y el de Corpus Christi, de Avenida Juárez, a la Iglesia Católica Apostólica Mexicana, los cuales fueron arrebatados a los católicos sin explicación alguna. El patriarca Pérez era un personaje digno de una novela: nacido en 1851, a la edad de 19 años se adhirió al Plan de la Noria para combatir al lado de Porfirio Díaz contra Benito Juárez. Fracasada la rebelión, contrajo matrimonio, y antes de cumplir 23 años enviudó, por lo que decidió ingresar al seminario, en donde se ordenó sacerdote, al tiempo que se hacía miembro de la logia masónica Los Amigos de la Luz. Pisó la cárcel, anduvo de parroquia en parroquia, y en 1925, con el apoyo de Calles fundó la Iglesia Católica Apostólica Mexicana. Un año después fue nombrado Primado de los Viejos Cristianos para América del Norte, grupo que tenía entre sus santos al héroe de héroes: Benito Juárez. Luego de la guerra cristera el patriarca Pérez vino a menos, y en 1931 cayó gravemente enfermo, pero como el miedo no anda en burro decidió reconciliarse con la iglesia de Cristo, y luego de recibir los sacramentos propios para los últimos instantes de la vida, falleció en el seno de la Santa Madre Iglesia, a la que reconoció como "única y verdadera".

Nadie sabe por qué quiso emular a Enrique VIII y crear su propia iglesia, así que el 21 de febrero de 1925 se le ocurrió organizar la Iglesia Apostólica Mexicana, independiente de Roma por supuesto, misma que puso en manos de un vividor llamado Joaquín Pérez, mejor conocido como "el patriarca Pérez".

La creación de la iglesia cismática encendió la alerta

entre los católicos, que rápidamente respondieron con la fundación de la Liga Nacional para la Defensa de la Libertad Religiosa. Pero lo que desató la ira de la mayor parte de la sociedad, azuzada por el clero católico, fue la reglamentación del artículo 130 constitucional para regular las relaciones entre el Estado y la Iglesia, y ardió Troya.

Si a mediados del siglo XIX la Iglesia se había pasado de lanza al entrometerse en todos los asuntos de la vida pública nacional, alejándose por completo de su misión espiritual, en 1926 sucedió exactamente lo contrario. Con la Ley Calles el Estado mexicano se metió hasta la cocina en cuanto a la organización interna de la Iglesia católica con respecto al culto.

De acuerdo con la ley, el Estado podía limitar el número de sacerdotes de acuerdo al número de habitantes de una comunidad; el Congreso de la Unión y los congresos locales —como si no tuvieran mejores cosas que hacer— tendrían que expedir licencias para que los sacerdotes pudieran ejercer su ministerio y debían registrarse ante el gobierno del lugar donde lo ejercieran; no podía haber curas extranjeros; se ordenó el cierre de escuelas católicas y conventos, y las violaciones al artículo 130 constitucional se tipificaron como delitos dentro del Código Penal.

La jerarquía católica intentó llegar a un entendimiento con el gobierno, pero Calles dijo "¡No!" y le dio dos alternativas: "Sujetarse a la ley o lanzarse a la lucha armada". La Iglesia, que no estaba acostumbrada a que le dijeran no, se puso en guardia y comenzó a conspirar, a pensar de qué forma podría presionar al gobierno para que se retractara.

Mientras tanto, la sociedad civil comenzó a movilizarse. Se presentó una iniciativa de reforma constitucional firmada por dos millones de católicos para modificar el artículo 130 y la Ley Calles, pero el Congreso, al servicio del gobierno, desestimó la demanda ciudadana. Se optó entonces por un boicot económico. La Liga Defensora de la Libertad Religiosa convenció a los ciudadanos de no pagar impuestos, no comprar gasolina, no comprar lotería, no adquirir productos del gobierno.

Pero como el gobierno de Calles no daba señales de querer solucionar el conflicto, la jerarquía católica cruzó el punto sin retorno y tomó una drástica decisión: con el respaldo del papa Pío XI el 31 de julio el episcopado ordenó la suspensión del culto en todos los templos de la república. El 1 de agosto la sociedad mexicana se encontró con las iglesias cerradas; desde ese día ya nadie pudo comulgar, confesarse, casarse o recibir la extremaunción. Podían hacerlo de manera clandestina bajo el riesgo de que si eran sorprendidos podían acabar en una fosa común.

La suspensión del culto fue una declaración de guerra. Buena parte de la sociedad, sobre todo en el centro del país, al grito de "Viva Cristo Rey" —de ahí el nombre de cristeros— tomó las armas y se lanzó a la rebelión contra el gobierno. La guerra cristera estalló el 15 de agosto de 1926. La jerarquía católica se lavó las manos y en noviembre declaró que la lucha armada era lícita, pero no en nombre de la Iglesia sino de los ciudadanos mexicanos que defendían así su libertad.

La Iglesia nunca aprobó el levantamiento armado pero sí lo alentó. Para enero de 1927 la insurrección se había generalizado. Los grupos rebeldes se multiplicaron en Jalisco, Zacatecas, Aguascalientes, Guanajuato y Michoacán. El centro del país estaba en llamas. Durante tres años cristeros y federales se dieron hasta con la cubeta; la ferocidad, la crueldad, la violencia no daban cuartel y no tenían bandera; unos y otros se comportaron de la misma forma, no había misericordia para el enemigo. Unos mataban en nombre del Estado mexicano, los otros en nombre de Dios.

El gobierno de Calles de pronto se vio en una situación que parecía no tener salida. La resistencia de los cristeros era tenaz y el ejército mexicano no podía doblegarlos, pero tampoco los rebeldes tenían la fuerza suficiente para rendir al gobierno. Por ello, el conflicto se extendió hasta 1929, cuando intervino de nuevo la jerarquía católica, y gracias a la intermediación del embajador estadounidense, Dwight W. Morrow, finalizó el conflicto.

El 21 de junio el clero católico anunció que se había llegado a un acuerdo con el gobierno del presidente Emilio Portes Gil por medio del cual se estableció una amnistía general para todos los rebeldes que continuaran en armas; se acordó devolver templos y colegios y reabrir el culto. El gobierno se comprometió a dejar en suspenso la Ley Calles, y todos felices, pero muchos cristeros se sintieron traicionados por la Iglesia, y aunque la mayoría depuso las armas, hubo grupos que siguieron en pie de guerra, pero finalmente llegó la paz. La guerra cristera provocó alrededor de cien mil víctimas.

Un circo de tres pistas

Hacia 1927 el país parecía un circo de tres pistas y Calles un malabarista: enfrentaba la crisis con Estados Unidos por el petróleo; la guerra cristera que se extendía por el país, y se avecinaban tiempos electorales, lo cual significaba el regreso de Álvaro Obregón. El problema para el presidente era que no tenía red de seguridad por si caía desde lo alto.

Con el apoyo del Congreso, Calles le cumplió su capricho al caudillo, y el 22 de enero se promulgó la reforma constitucional para que Obregón pudiera reelegirse en 1928. A nadie

DEFENSAS SOCIALES

Hoy las conocemos como "autodefensas" y surgieron en 2013 para enfrentar al crimen organizado que asolaba —lo sigue haciendo en mayor o menor medida— distintas regiones del país, sobre todo en Michoacán y Guerrero. Sin embargo, no son una novedad. Bajo el nombre de "defensas sociales" surgieron hacia 1913, en plena revolución. En un principio la sociedad buscó armarse para defenderse de los abusos que los grupos revolucionarios o las tropas federales perpetraban contra los pueblos. Hacia 1917, cuando había triunfado la revolución, los gobiernos locales o el gobierno federal las financió para enfrentar a los grupos en armas. El gobernador de Michoacán, Pascual Ortiz Rubio (1917-1920), las empleó para combatir a la delincuencia; Obregón las patrocinó para combatir a los delahuertistas; el presidente Portes Gil las financió para pelear contra los escobaristas. En teoría, una vez que cumplían su cometido y las rebeliones o la delincuencia disminuían, las defensas sociales eran desarmadas, pero lo cierto es que permanecían en armas y muchas veces se convirtieron en guardias blancas al servicio de los poderosos, empresarios, petroleros, caciques. Armar al pueblo para que se defendiera fue una mala solución y los gobiernos posrevolucionarios tardaron mucho tiempo en entenderlo y más en desarmarlo.

le importó que la reelección hubiera sido una de las causas que originaron la revolución de 1910, y a la nueva clase política poco le importó borrar de un plumazo la no reelección.

Como era de esperarse, cuando Obregón anunció que buscaría de nueva cuenta la presidencia hubo algunos generales que dijeron "No se vale, ya le tocó", por lo que decidieron lanzar sus candidaturas. No se necesitaban dos dedos de frente para saber que la campaña electoral sería un baño de sangre porque el caudillo tenía que ganar a como diera lugar.

Francisco R. Serrano, viejo amigo y colaborador de Obregón, y por entonces gobernador del Distrito Federal, renunció a su cargo, lanzó su candidatura como abanderado del antirreeleccionismo y encontró un aliado en el general Arnulfo R. Gómez, cuyo discurso electoral en contra de Obregón se reducía a la frase: "Para mi rival solo hay dos alternativas: las Islas Marías o dos metros bajo tierra".

Como buenos revolucionarios, Serrano y Gómez pensaron que la vía más corta para llegar al poder era por medio de las armas y decidieron abandonar el camino de las instituciones. Así, el 2 de octubre de 1927 planearon madrugarse a Calles y a Obregón en una exhibición militar en los llanos de Balbuena en la que ambos estarían presentes. La idea era aprehenderlos, nombrar un presidente interino, convocar a elecciones, que ganara Serrano y todos felices.

Pero Calles y Obregón estaban acostumbrados a madrugar, no a que los madrugaran. Descubrieron el plan, ordenaron la aprehensión de Serrano, que se encontraba en Cuernavaca con el pretexto de que ahí celebraría su santo el 4 de octubre, y dieron instrucciones de que le aplicaran la ley fuga. Junto con una decena de partidarios, el general Serrano fue trasladado a la Ciudad de México el 3 de octubre, pero en el camino, en la población de Huitzilac, Morelos, fue asesinado junto con sus compañeros. Al ver el cadáver de su antiguo ayudante, que fue llevado al Castillo de Chapultepec, el caudillo exclamó: "Mira qué feo te dejaron, Panchito".

Al día siguiente de los crímenes, la prensa al servicio del gobierno publicó que el general Serrano y sus hombres, autores de una sublevación, habían sido juzgados por un consejo de guerra y luego fusilados. Unas semanas más tarde, Arnulfo R. Gómez cayó en poder del gobierno y de inmediato fue fusilado. La historia de la sucesión presidencial en 1927 y del asesinato de Francisco R. Serrano fue novelada de manera extraordinaria por Martín Luis Guzmán en *La sombra del caudillo*.

Así, por las buenas, ya no hubo a quien le interesara competir con Obregón, y el caudillo se fue solito hasta ganar las elecciones presidenciales. Nadie pudo ver, o nadie quiso ver, que la muerte rondaba al presidente electo. En noviembre de 1927, en Chapultepec, había sido víctima de un atentado dinamitero del cual salió ileso y con ánimo de asistir a la corrida de toros a donde se dirigía cuando lo tentó la muerte. Sus presuntos victimarios no corrieron con la misma suerte: Luis Segura Vilchis, Humberto Pro y su hermano, el sacerdote José Agustín Pro —supuesto cómplice—, fueron pasados por las armas. Este último más tarde sería santificado y llegaría a los altares. Días después, en Orizaba se verificó un nuevo atentado sin consecuencias para el general.

El 17 de julio de 1928, alrededor de las 2 de la tarde, el presidente electo se presentó en el restaurante La Bombilla de San Ángel. La diputación de Guanajuato le organizó un banquete para celebrar su triunfo. La Orquesta Típica, dirigida por Alfonso Esparza Oteo, amenizaba la comida. El general pidió al maestro que interpretara *El limoncito*, una de sus melodías favoritas.

En esos momentos, un joven anodino, de nombre José de León Toral, se le acercó al caudillo para mostrarle una caricatura que le había dibujado, y mientras este la observaba, León Toral sacó de entre sus ropas una pistola y le disparó a bocajarro. El cuerpo agonizante de Obregón se precipitó sobre su costado izquierdo a unos centímetros de la mesa

133

donde estaban servidos los alimentos. Algunos obregonistas se lanzaron de inmediato sobre el magnicida para evitar que intentara suicidarse. Otros gritaron que nadie le disparara, muerto no servía; era necesario conservar la vida de Toral para saber quién había fraguado el atentado. No faltaban los arrebatados revolucionarios que exigían la sangre del asesino al ver cómo se esfumaban sus aspiraciones políticas.

El presidente electo había sido asesinado. ¿Era un complot o la mano justiciera de un asesino solitario? Comoquiera que fuese, había muchos que deseaban la muerte de Obregón. Los fanáticos religiosos que seguían en pie de guerra por su abierta oposición al jacobinismo de los sonorenses; el presidente Calles por mera ambición y su manifiesta rivalidad con Obregón; el líder obrero Luis N. Morones porque había perdido la carrera por la silla presidencial frente al Manco.

Incluso, la vieja guardia revolucionaria tenía sus motivos: el ambicioso general modificó la Constitución para violentar el ya entonces sagrado principio de la no reelección y perpetuarse en el poder. Como sea, la muerte de Obregón era el desenlace natural de la historia: la lucha por la no reelección había costado un millón de vidas, la reelección solo una, la de Obregón. Las investigaciones nunca dieron con el o los autores intelectuales.

Por la muerte de Obregón pagaron la madre Conchita, una monja que manipuló a Toral y a quien recluyeron en las Islas Marías, y José de León Toral, que fue fusilado en 1930.

UNA MANO PARA TODA LA ETERNIDAD

El 17 de julio de 1935, siete años después del asesinato de Álvaro Obregón, se inauguró su monumento en el mismo lugar donde se encontraba el restaurante La Bombilla, donde se perpetró el crimen. Ese día se colocó una macabra reliquia: un frasco con formol que contenía la mano derecha del caudillo, misma que había perdido al enfrentar al villismo en Santa Ana del Conde, Guanajuato, el 2 de junio de 1915. Durante años, y no sin cierto ánimo morboso, la gente visitó el monumento del caudillo para observar la mano, que se iba desintegrando con el paso del tiempo. En 1989 los descendientes del sonorense pensaron que había llegado la hora de incinerarla y finalmente fue consumida por el fuego.

El general Plutarco Elías Calles protesta como Presidente Constitucional, 1 de diciembre de 1924. Anónimo. Fondo XLII-1, Carpeta 1, foto 17. Centro de Estudios de Historia de México, Carso, Fundación Carlos Slim, AC.

CAPÍTULO 6

El presidente y el de enfrente
1929-1946

La revolución institucionalizada

A pesar de los intentos de los gobiernos posrevolucionarios por restablecer la paz, reactivar la economía y encauzar al país hacia el orden y la estabilidad, lo cierto es que
durante la década de 1920 prevaleció el México bronco. La
violencia no cedía, cualquier pretexto era suficiente para un
nuevo movimiento armado. El Estado mexicano se encontraba maniatado con el asunto petrolero; la situación financiera era deplorable; pero lo más grave era que desde 1920
ninguna elección se había resuelto por el camino de la ley.
Todas terminaron en asesinatos, o en el mejor de los casos
en una rebelión. México seguía siendo un país bárbaro. No
era tiempo de votos sino de balas.

Con el asesinato de Obregón, Calles llegó a una conclusión inequívoca: el país solo podría encontrar el camino de
la paz, el orden y el progreso —al más puro estilo porfirista— si la sucesión presidencial se realizaba de manera pacífica. Había quedado claro que la reelección no era el camino
y que la voluntad de un solo hombre rigiera los destinos de
la nación ya no era viable.

Pese a que los obregonistas se lo querían comer vivo,
Calles tuvo la sangre fría, la prudencia y el carácter para

enfrentar la furiosa acometida de aquellos que lo creían involucrado en el asesinato de su jefe, y a pesar de la presión logró mantener la unidad revolucionaria. Su último informe de gobierno, el 1 de septiembre de 1928, fue un momento fundacional: anunció el fin de la era de los caudillos para dar paso a la era de las instituciones, o lo que era lo mismo,

ADIÓS A LOS CAUDILLOS

Calles estableció: "La desaparición del presidente electo ha sido una pérdida irreparable que deja al país en una situación particularmente difícil [...] pero la misma circunstancia de que quizá por primera vez en su historia se enfrenta México con una situación en la que la nota dominante es la falta de 'caudillos', debe permitirnos orientar definitivamente la política del país por rumbos de una verdadera vida institucional, procurando pasar, de una vez por todas, de la condición histórica de 'país de un hombre' a la de 'nación de instituciones y de leyes' [...]. Que no sean ya solo los hombres, como ha tenido que suceder siempre en la dolorosa vida política de México, los que den su única relativa fuerza, estabilidad y firmeza a las instituciones públicas. Que elegidos los hombres por sus merecimientos o virtudes y por los programas sinceros que determinen su futura actuación, sean las instituciones y el manto de la ley los que los consagren y los hagan fuertes y los envuelvan y los dignifiquen; los que los conviertan, por modestos que hayan sido, en reales personificaciones de la patria".

en breve formaría un partido único que aglutinaría a todas las fuerzas políticas y representaría los más altos intereses de la Revolución.

Luego de su anuncio, lo que menos tenía pensado Calles era permanecer en el poder prorrogando su mandato, así que siguió lo que la Constitución señalaba: ante la ausencia definitiva del presidente electo, ocuparía el poder un

"NACIÓ CHUECO"

La elección del primer candidato presidencial del partido oficial (PNR-PRM-PRI) no podía darse de otra forma que a través de un fraude. ¡Sí! Un inmenso fraude contra sí mismo. En teoría, todo estaba planeado para que Aarón Sáenz —político que representaba los restos del obregonismo— fuera ungido para buscar la silla presidencial. Pero en el último momento llegó la orden de Calles de que el elegido debía ser Pascual Ortiz Rubio —embajador de México en Brasil, un ilustre desconocido, manipulable y gris político—. Calles utilizó a su operador político, Gonzalo N. Santos, para que garantizara el triunfo de Ortiz Rubio. La convención inició con todo a favor de Sáenz, pero Santos, pistola en mano, compró voluntades y credenciales logrando que los cerca de ochocientos votos con que contaba Sáenz para ganar se convirtieran en votos a favor de Ortiz Rubio. Ante lo ocurrido, Aarón Sáenz se retiró indignado expresando que no había ido ahí para "celebrar una mascarada".

Así fue la designación del primer candidato del partido oficial. "Nació chueco", fue el encabezado de un editorial periodístico que resumió perfectamente lo que había sido la fundación del partido.

presidente interino. El 1 de diciembre de 1928 Calles entregó el poder a Emilio Portes Gil, quien en los días siguientes lanzó la convocatoria para las elecciones, ya que ese era su papel como presidente interino.

La gran reforma política anunciada por Calles llegó meses después, y fue la creación de un partido único, de Estado, que logró reunir a la mayor parte de los grupos políticos del país. Una gran convención se reunió en Querétaro para darle forma al nuevo partido y elegir candidato a la presidencia. En adelante, toda aspiración presidencial debía pasar por el Partido Nacional Revolucionario (PNR). Su nacimiento, el 4 de marzo de 1929, estaba justificado moral e históricamente: era necesario evitar que continuara el derramamiento de sangre cada vez que se acercara la sucesión presidencial.

El PNR (que en 1938 cambiaría de nombre por Partido de la Revolución Mexicana y en 1946 por Partido Revolucionario Institucional) cumplió con el fin para el que fue creado, garantizar la transmisión pacífica del poder a uno de sus miembros, aunque en los años siguientes la elección del candidato pasaría, antes que por el partido, por la decisión del presidente saliente, a través del famoso "tapado".

El partido oficial nació desde la cúpula del poder, de ahí su tradición antidemocrática. No era un partido que buscara garantizar los derechos políticos de la ciudadanía; su fin era conservar el poder a favor de la familia revolucionaria por tiempo indefinido, y dentro de su lógica, la democracia solo era un acto de simulación y prestidigitación. El partido oficial expropió para sí todas las causas de la revolución. Se apropió de los colores de la bandera y se erigió en el poseedor de la verdad absoluta, como el único partido capaz de conducir al país a un estado de bienestar y desarrollo. Con el tiempo convirtió a la Revolución mexicana en mera retórica, en el mito de mitos de la historia mexicana y en el paradigma del siglo xx.

"¿Consultó ya al general Calles?"

Más temprano que tarde Calles olvidó su discurso en contra del caudillismo y por la defensa de las instituciones. Tras haber embridado a la caballada revolucionaria y sin la sombra de Obregón, su figura se agigantó. Dentro del escenario político nacional no existía nadie por encima de él. Comenzaron a llamarlo el "Jefe Máximo de la Revolución" y le tomó gusto al nombre. Era el nuevo caudillo. Plutarco fue el dueño de México durante los siguientes seis años. A pesar de los presidentes Emilio Portes Gil, Pascual Ortiz Rubio y Abelardo L. Rodríguez que gobernaron durante ese periodo, las grandes decisiones, el ejercicio del poder real y la última palabra en materia política provenía de la "sabiduría" del Jefe Máximo, de ahí que el periodo sea conocido como "el maximato".

Toda la clase política acudía a consultarlo a su casa de la colonia Anzures o al rancho que tenía en Cuernavaca. La *vox pópuli* acuñó una frase que mostraba la sumisión presidencial frente a Calles. "Aquí vive el presidente, pero el que manda es el de enfrente". Su autoridad era indiscutible y nadie la puso en tela de juicio.

José Vasconcelos llamó a los tres presidentes que ocuparon el poder de 1928 a 1934 "los peleles". Durante su gestión, Emilio Portes Gil puso fin a la guerra cristera; otorgó la autonomía a la Universidad Nacional y movió toda la maquinaria del Estado para que Pascual Ortiz Rubio, el candidato oficial, ganara las elecciones a su rival, el candidato por el partido Nacional Antirreeleccionista, José Vasconcelos.

A DOS DE TRES CAÍDAS

Mientras la familia se hacía bolas sacando al buey de la barranca, la sociedad mexicana fue testigo del salto desde la tercera cuerda que comenzó profesionalmente en la década de 1930, y hacia 1950 ya tenía un sinnúmero de seguidores que abarrotaban la Arena México semana tras semana. Si bien los gustos refinados de la sociedad porfirista impidieron que las luchas echaran raíces, entre 1917 y 1921 el público pudo presenciar varios encuentros de lucha grecorromana que se realizaban en el Tívoli del Elíseo o en la plaza El Toreo. En 1922, en el Parque Unión se presentó el veterano conde Koma, que había luchado exitosamente en la Ciudad de México en 1909 enfrentando a dos pugilistas, a quienes derrotó con facilidad. En 1933 se registró la primera función de lucha libre en la capital del país. El empresario responsable de traer el espectáculo e impulsarlo fue Salvador Lutteroth González, para lo que acondicionó la Arena Modelo. El público llenó el lugar el 21 de septiembre de 1933, y las figuras anunciadas, Ciclón Mackey, Leong Tin Kit, Bobby Sampson y Yaqui Joe, se ganaron la ovación del respetable. En las semanas siguientes Lutteroth alternó las presentaciones entre la Arena Modelo y la Arena Nacional y pronto fundó la Empresa Mexicana de Lucha Libre. Luego de un golpe de suerte por el cual se ganó cuarenta mil pesos en la lotería, construyó la Arena Coliseo, que fue inaugurada el 2 de abril de 1943. Después de once años de existencia, el 7 de octubre de 1954 el inmueble fue demolido para dar paso a una nueva construcción en la Colonia Doctores con capacidad para 17,678 aficionados en una superficie de 12,500 metros cuadrados, que fue inaugurada el 26 de abril de 1956.

La campaña electoral de 1929 tuvo dos caras: la de los apoyos, los acarreos y el dispendio de recursos públicos a favor de don Pascual, y la de la represión en contra de los vasconcelistas. El último recurso fue ejercer la violencia en las urnas. El 17 de noviembre de 1929 se verificó el magno fraude —el primero en la larguísima historia de fraudes del partido oficial— y Ortiz Rubio ganó la presidencia.

"¿Qué le parece a usted nuestro nuevo presidente?", le preguntó Calles al ministro Alberto J. Pani, quien respondió con inusitada franqueza: "Si hubiera usted dispuesto de la linterna de Diógenes para buscar entre los dieciséis millones de mexicanos al menos apropiado para presidente, seguramente habría usted dado con el ingeniero Ortiz Rubio".

"SI ES USTED UN ANIMAL"

Durante la campaña electoral de 1929 circuló un periódico de oposición "entrón y vacilador [...] para matar los piojos del PNR", siglas que identificaban al partido de la gran familia revolucionaria. A pesar de la represión oficial y el sinfín de amenazas de clausura, el periódico satírico *¡Me importa madre!* continuaba con su crítica mordaz y respondía ingeniosamente al gobierno y a su candidato, a quien saludaba continuamente con nuevos apodos: *el Nene, Ortiz Burro* o *Pascualete*. Por razones obvias *¡Me importa madre!* circuló tan solo algunas semanas, suficientes para dejar a sus lectores un verso que resumía la lucha de tan singular periódico:

*Si es usted un animal / dé su voto a don Pascual. /
Si son puros sus anhelos / vote usted por Vasconcelos.*

LA UNAM

La autonomía universitaria no significa que el campus universitario sea territorio libre de América; tampoco que los estudiantes puedan actuar con impunidad dentro del mismo, y menos aún supone que los cuerpos de seguridad pública no puedan entrar para cumplir con su tarea. La autonomía trata exclusivamente acerca de la libertad de cátedra y la organización interna de la universidad. En 1929 se desató un movimiento estudiantil que derivó en la lucha por la autonomía universitaria.

Los estudiantes, agrupados en un Comité General de Huelga, exigieron al presidente Emilio Portes Gil que otorgara facultades al Consejo Universitario para nombrar al rector de la institución y que cada escuela y facultad pudiera formar un Consejo Técnico. En julio de 1929 Portes Gil concedió el reconocimiento jurídico de la autonomía de la Universidad Nacional, y en 1933 se expidió una nueva ley que concedió la libertad de cátedra, de pensamiento y de investigación; la capacidad de gobernarse; la elección interna de autoridades; personalidad jurídica y patrimonio propios; el establecimiento de normas jurídicas internas armónicas con el orden jurídico nacional; capacidad de organizar planes y programas de estudios y de expedir títulos profesionales.

Durante todo su gobierno (1930-1932), el "segundo pelele", como lo llamaba Vasconcelos, trajo el santo de espaldas. Su toma de posesión solo podía augurar cosas peores. Después de protestar como presidente en el flamante Estadio Nacional ante el Jefe Máximo y su séquito, Pascual se dirigió a Palacio Nacional a ocupar sus oficinas. Momentos antes de entrar fue víctima de un atentado: recibió un rozón de bala en la mandíbula.

Nadie lo respetaba. La propia clase política parecía haber encontrado el apodo perfecto, *el Nopalito*, por baboso. Ortiz Rubio reconocía la autoridad moral que tenía Calles sobre la Presidencia de la República y en cierto modo aceptaba su estado de subordinación. Cuando se le proponía algún acuerdo importante para el país, antes de aprobarlo preguntaba al ministro en turno: "¿Consultó ya al general Calles?".

Pero la intromisión del Jefe Máximo llegó a ser tan evidente —moviendo y removiendo a los miembros del gabinete— que Ortiz Rubio se convirtió prácticamente en un títere, en una figura decorativa sin poder alguno. Y con la poca dignidad que aún conservaba decidió no permanecer un minuto más en el poder. Renunció en septiembre de 1932 y partió al exilio.

El tercero de los peleles era Abelardo L. Rodríguez (1932-1934). Fue elegido para terminar el periodo que se había iniciado en 1928 y debía concluir en 1934; entró como bateador emergente cuando Ortiz Rubio tiró la toalla. El Congreso lo eligió previa autorización de Calles. Su misión era solamente terminar tan accidentado sexenio. El nuevo presidente debía llevar la fiesta en paz y preparar la sucesión para el año de 1934.

Don Abelardo no era precisamente una "hermana de la caridad" o el paladín de la honestidad. Contaba con varios "negocitos" muy rentables. Asociado con algunos estadounidenses, durante su administración en Baja California amasó una fortuna importante al establecer casas de juego y traficando alcohol a Estados Unidos durante los años de la prohibición.

El nuevo presidente no se tomó tan en serio el papel del gobernante independiente que debía defender a capa y espada su poder frente a Calles; las decisiones políticas se las dejó

El tiempo de la radio

Pocos pudieron imaginar la revolución que traería consigo la radio. Los mexicanos la conocieron en 1921. Una de las primeras transmisiones fue realizada durante la visita del presidente Obregón a Córdoba, Veracruz, para conmemorar el centenario de la consumación de la Independencia. Su desarrollo fue vertiginoso, y en 1923 nació la XEB —por entonces bajo las siglas CYB—, estación radiofónica de la cigarrera El Buen Tono, que fue la primera estación que comenzó a transmitir música mexicana. Pero su despegue comenzó con la creación de la XEW que inició transmisiones el 18 de septiembre de 1930 a las 8 de la noche. Los estudios se encontraban en la calle 16 de Septiembre, en el centro de la Ciudad de México, en la parte alta del inmueble que ocupaba el famoso cine Olimpia. "La voz de la América Latina desde México" abrió un espacio jamás imaginado para autores, compositores e intérpretes. Su fundador, Emilio Azcárraga Vidaurreta, cambió la forma de difundir la música en México a través de la XEW, pues involucró a los compositores y artistas más importantes de la época: Tata Nacho, Gonzalo Curiel, Agustín Lara, Manuel Esperón, Lucha Reyes, Alfonso Esparza Oteo, Toña *la Negra*, Jorge Negrete, Pedro Infante, entre muchos otros.

al Jefe Máximo y más bien se dedicó a administrar. Incluso su gabinete estaba compuesto por callistas. La única vez que "pintó su raya" fue al cesar a uno de los hombres más leales al Jefe Máximo, el ministro de Hacienda Alberto J. Pani.

Los dos años de gobierno transcurrieron en relativa calma. Contribuyó a ello su carácter norteño sin poses, desparpajado

LOS DESAPARECIDOS DE TOPILEJO

Al sobrevenir el atentado sufrido por el presidente Ortiz Rubio el día de su toma de posesión —5 de febrero de 1930—, el callismo desató una intensa cacería en contra de los opositores al régimen. Se creía que el frustrado magnicida, Daniel Flores, era partidario del vasconcelismo, por lo cual la policía secreta capturó a más de veinte personas vinculándolas con un supuesto movimiento rebelde. La noche del 14 de febrero cinco camiones, repletos de presos vasconcelistas, partieron rumbo a la carretera México-Cuernavaca. Entre ellos iban profesionistas, obreros, militares. En total sumaban veintidós los prisioneros escoltados por *el Gato*, como apodaban a un teniente del 51º Regimiento de Caballería. "Al llegar a la altura de Topilejo se hace alto —escribió el cronista Alfonso Taracena—. Con los fanales de los vehículos se divisa un árbol que domina el pequeño llano. Bajan todos y echan a caminar entre milpas. El Gato examina con su linterna el terreno y ordena que allí, presos, policías y soldados, caven fosas. Al terminar, el teniente toma el extremo de una cuerda, prepara un lazo, lo coloca en el cuello de uno de los prisioneros y ordena a sus subalternos que lo eleven. Los demás siguen el mismo camino". Los cadáveres fueron descubiertos accidentalmente en los días siguientes pero nunca hubo ningún responsable de los crímenes.

y con buen sentido del humor. Quizás el mayor logro de su administración, además de inaugurar el Palacio de Bellas Artes, fue allanar el camino para la sucesión presidencial en favor de Lázaro Cárdenas.

El hombre de Michoacán

Cuando terminó el accidentado sexenio de 1928-1934, Calles respiró con alivio. No era para menos, había librado cualquier cantidad de escollos. Sorteó la crisis suscitada por el asesinato de Obregón; fundó el PNR; derrotó la rebelión de Gonzalo Escobar, quien se levantó contra el presidente Portes Gil en 1929; le tocó ver el fin del conflicto religioso, y se convirtió en el Jefe Máximo por encima de los tres presidentes que colocó a su entero gusto. Solo faltaba una prueba más: la sucesión presidencial.

Aunque las primeras elecciones bajo la sombra del partido oficial (1929) permitieron una transición pacífica —sin olvidar el fraude electoral y la persecución contra los vasconcelistas—, la prueba de fuego eran las elecciones de 1934 porque el país ya se encontraba en un periodo de estabilidad y paz social.

Con el viento a su favor, el Jefe Máximo destapó a su tapado: Lázaro Cárdenas. El partido lo aplaudió, cerró filas y todos unidos se encaminaron hacia las elecciones. Los hechos demostraron que la fundación del partido único para pastorear la sucesión presidencial había sido un éxito: no hubo rebeliones, no hubo sangre, no hubo nada que lamentar. Carro completo para el PNR.

Lázaro Cárdenas, *el Chamaco*, como llamaba Calles a su delfín, ocupó la presidencia la noche del 30 de noviembre de 1934. El Jefe Máximo habría apostado que seguiría siendo el mero mero del país: confiaba en su pupilo, conocía su afabilidad, siempre había sido leal, así que parecía lógico que el poder detrás del trono siguiera en sus manos y que Lázaro solo fuera una figura decorativa en la silla presidencial. Pero se le volteó el chirrión por el palito.

El Palacio de Bellas Artes

El 19 de febrero de 1900 el periódico *El Imparcial* anunció que el gobierno compraría el Teatro Nacional con la intención de restaurarlo, pero a la mera hora mejor lo demolió y autorizó al arquitecto Adamo Boari a construir un teatro nuevo para las fiestas del centenario de la Independencia de 1910. En 1904 Porfirio Díaz puso la primera piedra del Nuevo Teatro Nacional sobre el espacio que había ocupado el Convento de Santa Isabel. La obra no estuvo a tiempo; la revolución impidió su culminación, y en 1916 Boari abandonó el proyecto. Al comenzar la década de 1930, la obra inconclusa ya era parte del paisaje urbano de la Ciudad de México.

El presidente Ortiz Rubio decidió continuar la obra y designó al arquitecto Federico Mariscal para que la terminara. El *art nouveau* de Boari fue sustituido por el *art déco* que representaba la vanguardia del momento. En él imperaron los elementos mexicanistas en las esculturas, remates y detalles. Después de treinta años, el 29 de septiembre de 1934, el Palacio de Bellas Artes fue inaugurado por el presidente Abelardo L. Rodríguez.

El Palacio de Bellas Artes nació como una institución cultural, no solo como un foro para las artes.

Cárdenas fue muy cauto al mover sus piezas. Comenzó su sexenio aceptando las "sugerencias" de Calles para conformar su gabinete: casi todos los secretarios eran callistas. Dejó al Jefe Máximo pensar que seguía siendo el amo de México, pero desde un principio alentó la organización de sindicatos, la movilización obrera y las huelgas. Su fin era consentir al movimiento obrero, ganarlo para su causa y luego usarlo contra Calles.

OTRA OCURRENCIA

En noviembre de 1934, a escasos días de que Lázaro Cárdenas asumiera la presidencia del país, el Congreso reformó el artículo 3°. constitucional para darle un sentido "progresista". "La educación que imparta el Estado será socialista, y además de excluir toda doctrina religiosa combatirá el fanatismo y los prejuicios, para lo cual la escuela organizará sus enseñanzas y actividades en forma que permita crear en la juventud un concepto racional y exacto del universo y de la vida social". La respuesta de un amplio sector de la sociedad no se hizo esperar: manifestaciones, atentados contra maestros rurales y propaganda anticomunista llenaron las principales ciudades del país. Con esta ocurrencia el gobierno se metió en camisa de once varas y nunca pudo explicar siquiera cuál era "el concepto racional y exacto del universo y de la vida social" que debía enseñarse a los alumnos. Los gobiernos locales decidieron evitar mayores conflictos y llegaron a un entendimiento con las escuelas confesionales: todos se hicieron de la vista gorda y la educación religiosa se siguió impartiendo en las escuelas privadas. En 1946, con una nueva reforma constitucional, el concepto de "educación socialista" fue eliminado del artículo 3°.

Con la creación y respaldo de la Confederación de Trabajadores de México (CTM) —la más celebre central obrera del siglo XX—, y con todos los trabajadores de su parte, en 1936 el presidente se deshizo de Calles. No al estilo sonorense, con balas, sino de una manera sutil y civilizada. Cárdenas aprovechó las declaraciones de Calles criticando su política sindical para pedir la renuncia de todo el gabinete —así sacó a los callistas y puso a puros cardenistas—. Al Jefe Máximo le echó encima todo el movimiento obrero, que se manifestó en la plaza pública en su contra y finalmente lo invitó a salir del país. El otrora Jefe Máximo partió al exilio en 1936 y regresó hasta 1942.

LAS CARPAS

La década de 1930 marcó la época de oro de las carpas; el ingenio mexicano puesto a prueba. Los empresarios ocupaban un terreno baldío y con una rapidez inusitada levantaban los postes, colocaban los tablones de madera donde podían sentarse hasta 12 personas, y al final se montaba la lona circense —de ahí el nombre de carpa—. Los pregoneros recorrían las calles anunciando el programa que iniciaba a partir de las 4 de la tarde y concluía hasta pasada la medianoche. Aunque era un espectáculo de barriada, grandes actores surgieron de esos modestos foros: Cantinflas, Manuel Medel, Shilinsky, *Panzón* Panseco, Leopoldo Ortín, Joaquín Pardavé, Roberto *el Panzón* Soto y su hijo Fernando Soto, *Mantequilla*, Jesús Martínez, *Palillo*. Entre las carpas más famosas se encontraban El Mayab, El Procopio, Las Maravillas, El Liriquito, el Salón París o la carpa Ofelia, que ocupaba el sitio donde hoy se encuentra el Teatro Blanquita.

Sin nadie que le hiciera sombra, Cárdenas se dedicó a gobernar a sus anchas hasta el fin de su sexenio. Logró llevar a los hechos varios de los postulados de la Revolución mexicana. El reparto agrario no tuvo límites. Los grandes latifundios y las antiguas haciendas que sobrevivieron a la revolución fueron expropiados, deslindados y repartidos en forma de ejidos a decenas de miles de campesinos. Pero al mismo tiempo permitió que la familia revolucionaria, políticos y militares, aprovechando la reforma agraria se hicieran de sus tierritas y se convirtieran en nuevos terratenientes. El tiempo demostró que en términos económicos el ejido fue un fracaso, pero en términos políticos fue el gran instrumento de control social utilizado por el partido oficial.

Nacionalismo revolucionario

El gobierno cardenista dotó al sistema político mexicano de una serie de pilares ideológicos que se convirtieron en paradigmas del México moderno. El más importante fue el llamado nacionalismo revolucionario, vinculado en todos sentidos a la defensa de la soberanía nacional frente a la amenaza continua y constante del exterior, particularmente Estados Unidos, que de acuerdo con el discurso demagógico del sistema político siempre tenía la culpa de todos nuestros males. El nacionalismo revolucionario se materializó en uno de los acontecimientos más significativos del siglo XX: la expropiación petrolera.

Al igual que todos sus antecesores, Cárdenas también decidió meterse en el tema petrolero. La realidad seguía siendo cruda: desde 1900, año en que inició formalmente la explotación del petróleo en México, las compañías petroleras eran prácticamente intocables. Si bien desde 1917 el

La época de oro del cine

La consolidación de Cárdenas en el poder, luego de la expulsión de Calles del país en 1936, coincidió con el inicio de la época de oro del cine mexicano. La industria cinematográfica nacional recibió un gran impulso durante la Segunda Guerra Mundial y México se colocó como el mayor exportador de películas de América Latina. El país desarrolló una infraestructura cinematográfica propia que hacia 1951 llegó a contar con 58 foros de filmación. Se creó una serie de estereotipos que marcaron toda una época: el ranchero mujeriego, parrandero y jugador; el mafioso de bajos fondos que hacía suya la noche citadina; las rumberas que desataban el deseo; las familias conservadoras con el padre áspero y la madre abnegada. El México rural y el urbano también se convirtieron en protagonistas. El estreno en 1936 de *Allá en el Rancho Grande*, dirigida por Fernando de Fuentes y protagonizada por Tito Guízar y Esther Fernández, marcó el inicio de la época de oro del cine mexicano con cintas de calidad con éxito comercial. Este ambiente cultural favoreció el surgimiento de una importante generación de directores: Emilio *el Indio* Fernández, Fernando de Fuentes, Luis Buñuel, Raúl de Anda, Ismael Rodríguez, Rafael Baledón y Julio Bracho, entre otros. Asimismo, fue el tiempo de los grandes actores y actrices: María Félix, Dolores del Río, Gloria Marín, Andrea Palma, Miroslava, Flor Silvestre, Lilia Prado, Jorge Negrete, Pedro Infante, Pedro Armendáriz, Luis Aguilar, Tito Guízar, Emilio Tuero, David Silva, Carlos López Moctezuma, los hermanos Soler, sin olvidar a los protagonistas de cintas cómicas y musicales como Cantinflas, Tin Tan y Joaquín Pardavé.

artículo 27 constitucional estableció las nuevas reglas del juego en cuanto a la explotación del petróleo, ni Carranza ni Obregón ni Calles habían podido aplicar la ley a las compañías extranjeras, y cuando lo intentaron llegó rápidamente la presión internacional.

Pero los tiempos habían cambiado y la situación política internacional también. En 1938 el mundo caminaba a pasos agigantados hacia una nueva conflagración universal en la que el petróleo sería moneda de cambio. Así lo entendió el gobierno cardenista, aprovechó la coyuntura internacional y actuó en consecuencia.

A principios de 1938 los trabajadores petroleros comenzaron una serie de movilizaciones exigiendo mejores sueldos, jornada de trabajo de acuerdo a la ley y seguridad social. Las compañías dijeron que no tenían lana y solicitaron la intervención del gobierno. Las autoridades laborales fallaron en favor de los trabajadores y las compañías se negaron a acatar la resolución. La insubordinación ante el fallo de la Suprema Corte de Justicia de la Nación fue el pretexto de oro para el presidente Cárdenas, quien la noche del 18 de marzo de 1938 en un mensaje a la nación anunció la expropiación de la industria petrolera.

El decreto presidencial significó la reivindicación definitiva de la nación mexicana sobre sus recursos naturales. Era el reconocimiento de que la riqueza del suelo y del subsuelo pertenecía a los mexicanos y debía ser utilizada en su provecho de acuerdo con lo estipulado en el artículo 27 constitucional, aunque con el tiempo eso de que "el petróleo es nuestro" tenía letras chiquitas y el "nuestro" se refería solo al gobierno, a Pemex y al sindicato petrolero.

La sociedad aplaudió la decisión presidencial, y en los días siguientes se volcó a diversos centros de acopio para contribuir con sus bienes al pago de las indemnizaciones. De manera espontánea la gente formó largas filas en el Palacio de Bellas Artes para cooperar con dinero, joyas, y hasta animales de granja, a fin de reunir el dinero suficiente para que el gobierno pudiese pagar las indemnizaciones.

MITO DE MITOS

El sistema político mexicano convirtió la expropiación petrolera en la gran fiesta del nacionalismo revolucionario y en un dogma de fe que nadie podía cuestionar, al menos hasta 2013, cuando se aprobó la reforma energética que acabó de golpe y porrazo con el mito petrolero. Ay de aquel que sugiriera abrir la industria petrolera a la inversión privada, nacional o extranjera. De inmediato se le consideraba traidor, vendepatrias, entreguista. Ni siquiera había espacio para la discusión con argumentos, siempre imperaban las descalificaciones. Curiosamente, esa visión dogmática era totalmente contraria a lo que sucedió en 1938. Lázaro Cárdenas no tomó la decisión de expropiar por un nacionalismo radical —como siempre lo manejó la historia oficial—, ni porque viera en los extranjeros al gran demonio imperialista ni porque creyera que el capitalismo era la encarnación del mal. El argumento central del decreto expropiatorio fue que las compañías extranjeras no acataban las leyes mexicanas y el gobierno no podía permitir, de ningún modo, el desacato y que operaran fuera de la ley. Cárdenas nunca consideró un pecado mortal que la inversión nacional pública y privada pudiera convivir con la inversión extranjera en materia petrolera.

La solución del conflicto no le correspondió a Cárdenas. El presidente Manuel Ávila Camacho aprovechó la política del "buen vecino" establecida por el presidente Roosevelt en plena guerra para llegar a un acuerdo. El gobierno mexicano le hizo saber al embajador estadounidense, Josephus Daniels, que Japón estaba interesado en adquirir petróleo y que las potencias europeas que conformaban el Eje —Alemania e Italia— habían considerado abastecerse en el mercado mexicano.

La noticia alarmó a las autoridades en Washington y el presidente Roosevelt decidió poner una solución definitiva al problema obligando a las compañías estadounidenses a llegar a un entendimiento con el gobierno mexicano. En noviembre de 1941 ambos países firmaron un acuerdo mediante el cual se liquidaban en conjunto, de manera global y a plazos, las reclamaciones pendientes, se otorgaban créditos al gobierno mexicano para estabilizar su moneda y rehabilitar el sistema de comunicaciones del país, y por último se aceptaba que la evaluación de las propiedades, derechos e intereses de las empresas afectadas por la expropiación petrolera se efectuara de tal forma que, en términos generales, resultara favorable a los intereses mexicanos.

En un mundo que parecía derrumbarse en vísperas de la guerra —el fascismo y el nacionalsocialismo se apoderaban de Europa—, México se convirtió en tierra propicia para los perseguidos políticos, como León Trotsky, aunque el gobierno de Cárdenas no pudo garantizar su seguridad y fue asesinado en Coyoacán en 1940 por órdenes de Stalin.

Con la derrota definitiva de la República española en 1939, cientos de exiliados llegaron provenientes de la península ibérica para encontrar un refugio seguro en México. Niños, hombres, mujeres, ancianos, profesionistas de todos los campos del saber humano encontraron un remanso de paz dentro de la sociedad mexicana. En poco tiempo se integraron a la vida cotidiana, aportando conocimiento y trabajo al México que entraba en un periodo franco de estabilidad política y social.

Frankenstein

Seguramente en 1938, luego de la gran reforma al partido oficial que impulsó Cárdenas, se le escuchó gritar: "¡Vive! ¡Vive!". El presidente se había convertido en una especie de doctor Frankenstein que terminó de colocar las piezas que le faltaban al monstruo que había creado Calles en 1929. La solidaridad con las clases populares y el apoyo a la organización obrera y campesina alentados desde el inicio de su gobierno tuvieron un claro objetivo: el control. Cárdenas le construyó una estructura política y social muy sólida al partido oficial sobre la que se desarrolló el sistema político mexicano, y le permitió a la familia revolucionaria mantener el poder ininterrumpidamente durante todo el siglo xx.

El 30 de marzo de 1938 —unos días después de la expropiación y con la fuerza y legitimidad que le otorgó el hecho—, el Partido Nacional Revolucionario cambió de nombre por el de Partido de la Revolución Mexicana. Fue una forma de borrar a Calles; fue la puntilla política al padre fundador a quien, además, expulsaron del partido. El monstruo tenía vida propia y empezaba a caminar.

La reestructuración fue profunda. El partido se organizó en sectores: el obrero estaba representado por un órgano que aglutinaba a todos los sindicatos —o terminaría por hacerlo en los siguientes años—, la Confederación de Trabajadores de México (CTM). El campesino hizo lo propio a

FRAUDE MONUMENTAL

En las elecciones presidenciales de 1940, el general Juan Andrew Almazán, principal candidato de oposición, tenía amplias posibilidades de ganarle al candidato oficial, Manuel Ávila Camacho. El gobierno de Cárdenas autorizó el uso de la fuerza para obtener el triunfo a favor de su elegido. Gonzalo N. Santos, operador político encargado de garantizar la victoria, escribió en sus *Memorias*: "Arremetimos contra esa casilla a pistoletazo limpio y recogimos todas las ánforas que ya estaban repletas de votos almazanistas, las quebramos y nos llevamos todos los papeles, actas, boletas, dejando hecha añicos la mesa de casilla. Después de haber hecho lo mismo en otras casillas, me dirigí al Comité Pro-Ávila Camacho [...]". Con trescientos hombres y ametralladora en mano, Santos también se encargó de "limpiar" de almazanistas la casilla donde debía votar Cárdenas.

"Con trescientos hombres muy fogueados me encaminé a las calles de Juan Escutia [...]. Martínez les echó una ráfaga de Thompson y les gritó: '¡Ríndanse, hijos de la chingada, que aquí viene Huevos de Oro!'. La Cruz Roja cargó con muertos y heridos, luego llegaron los bomberos y les di instrucciones para que no quedara una sola mancha de sangre. Llegó el presidente Cárdenas, acompañado únicamente de Arroyo Ch. y el chofer que conducía su automóvil. Se bajaron donde yo los recibí y los acompañé a la casilla. Los 'escrutadores' emprendieron su trabajo, el presidente de la casilla recibió la credencial del general Cárdenas y a cambio le entregó su boleta de elector. Cárdenas, después de haber saludado a los 'miembros de la casilla', a todos de mano, y antes de despedirse me dijo: 'Qué limpia está la calle'. Yo le contesté: 'Donde vota el presidente de la República no debe haber un basurero'".

través de la Confederación Nacional Campesina (CNC), que desde 1935 agrupaba al campesinado mexicano. A estos dos sectores principales se añadieron la burocracia y el sector militar.

Comenzó así la era del corporativismo mexicano, en la que toda la gente perteneciente a alguno de los cuatro sectores estaba afiliada —obligatoriamente— al partido oficial. Los sectores se convertirían en el ariete político del partido en tiempos de elecciones. Construido de manera vertical, con decisiones tomadas desde la cúpula —de arriba hacia abajo— la posibilidad de la democracia al interior de la familia revolucionaria desapareció. En lo alto del sistema descansaría la figura presidencial como eje rector del poder en México.

El monstruo estuvo listo desde 1938. Los siguientes regímenes se encargaron simplemente de aceitarlo y darle mantenimiento. Cárdenas dejó el poder en 1940, su gobierno enfrentó unas elecciones muy cuestionadas en las que nuevamente imperó el fraude. Con la maquinaria del corporativismo en pleno, el Partido de la Revolución Mexicana llevó a la presidencia a Manuel Ávila Camacho.

Al fin un respiro

Cuando Manuel Ávila Camacho protestó como presidente el 1 de diciembre de 1940, la silla presidencial estaba en llamas. Esta vez no era por asesinatos políticos ni por rebeliones, ni siquiera por el escandaloso fraude electoral que lo llevó a la presidencia. Su antecesor, Lázaro Cárdenas, había llevado el programa revolucionario tan lejos con la expropiación petrolera, el reparto agrario, la organización obrera y campesina y la educación socialista que la sociedad mexicana estaba completamente polarizada.

Los sectores más conservadores elevaban sus plegarias al cielo, aseguraban que México caminaba hacia el socialismo ateo y por tanto hacia la condena eterna. Pero la llegada de Manuel Ávila Camacho significó un respiro para todos. El nuevo presidente era un hombre moderado, prudente y sereno, que además se había ganado la simpatía de la mayor parte de los mexicanos al declarar públicamente: "Soy creyente, soy católico por origen, por sentimiento moral".

Cárdenas lo eligió porque estaba convencido de que era el hombre adecuado para enfrentar la delicada situación que atravesaba el país en lo interno y al exterior. La polarización del país debía menguar a como diera lugar porque desde el 1 de septiembre de 1939 Europa se encontraba en guerra, y solo era cuestión de tiempo para que Estados Unidos ingresara en el conflicto y México no podría mantenerse al margen indefinidamente.

Al menos durante el nuevo sexenio (1940-1946), el nacionalismo revolucionario materializado en políticas sociales al estilo cardenista no tendría cabida en México. El país debía transitar de la izquierda cardenista hacia el centro del espectro político, en donde permanecería durante décadas. La prioridad era que el gobierno llegara a un acuerdo con Estados Unidos para solucionar el problema de la expropiación petrolera, establecer una buena relación bilateral para enfrentar los tiempos de guerra y cerrar filas al interior del país.

Unidad Nacional

Al comenzar la Segunda Guerra Mundial una parte de la sociedad apoyaba a Alemania sin empacho alguno; hubo casos que llamaron la atención, como el de José Vasconcelos, que dirigió la revista *Timón* —claramente pro nazi—, patrocinada por la legación alemana en México, la cual circuló de febrero a junio de 1940, hasta que fue clausurada por el gobierno. El otrora secretario de Educación escribió en el primer número de la revista: "Un desenlace que otorgara la victoria a los aliados sería la peor calamidad para los habitantes de este continente. Simplemente nos sumiría en un coloniaje odioso y esclavizante".

Pero el coqueteo de la sociedad con Alemania terminó pronto. El gobierno de Ávila Camacho se encargó de arrancarlo de tajo. Una vez que Estados Unidos entró en la guerra tras el ataque japonés a Pearl Harbor, el 7 de diciembre de 1941, y luego de que varios barcos con matrícula mexicana, entre ellos el *Potrero del Llano* y el *Faja de Oro*, fueran hundidos por submarinos alemanes, México cerró filas con los aliados, y en mayo de 1942 se declaró en estado de guerra frente a las potencias del Eje, Alemania, Italia y Japón.

A partir de ese momento el gobierno alentó una política de Unidad Nacional y la clase política fue la primera en poner el ejemplo. Si lo hizo a regañadientes es lo de menos, el hecho es que el 15 de septiembre de 1942 el presidente Ávila Camacho mostró que su carácter conciliador y afable podía hacer milagros: logró reunir en el balcón central de Palacio Nacional, frente a la multitud congregada en la Plaza Mayor —y sorprendida—, a todos los expresidentes, varios de los cuales eran enemigos entre sí y todavía querían sacarse los ojos: Adolfo de la Huerta, Plutarco Elías Calles, Emilio Portes Gil, Pascual Ortiz Rubio, Abelardo L. Rodríguez y Lázaro Cárdenas.

Con el mundo en guerra, México se convirtió en un verdadero aliado de su vecino del norte. El conflicto internacional favoreció su despegue industrial y el crecimiento de la economía y le trajo otro tipo de beneficios al país: logró solucionar de manera definitiva la pugna generada por la expropiación petrolera; se convirtió en el principal proveedor de materias primas de Estados Unidos, e inició una importante política de sustitución de importaciones que impulsó el desarrollo de la industria nacional.

Además, el gobierno estadounidense aceptó firmar un acuerdo migratorio para que los braceros mexicanos realizaran trabajo agrícola y así apoyaran el esfuerzo bélico. La participación de México en la guerra fue estrictamente en el ámbito económico, salvo por la participación del Escuadrón 201 que peleó en la región del Pacífico durante los últimos meses de esta.

En 1943 el presidente declaró ante la prensa: "Nuestro ejército irá dondequiera lo reclamen sus deberes". La opinión pública se opuso a que el gobierno enviara efectivos militares al frente de batalla, pero el Ejército sentía el compromiso de acudir al llamado de la patria y al no menos importante grito de solidaridad continental. Así fue como trescientos hombres se prepararon para volar sobre las aguas del Pacífico en un escuadrón que la historia mexicana conocería como el 201, que participó en los últimos meses de la Segunda Guerra Mundial, cuando el conflicto en Europa había concluido.

Adiestrados en Randolph Field, Texas, los pilotos mexicanos contaban con modernos aviones norteamericanos. Su entrenamiento fue arduo y en los primeros meses de 1945 el general Francisco L. Urquizo viajó a territorio estadounidense para abanderar a los trescientos combatientes mexicanos. Partieron a Filipinas el 17 de marzo de 1945, y tras un largo y cansado viaje para eludir a los japoneses, el 30 de abril arribaron a la bahía de Manila —fecha que coincidió con la caída de Berlín en manos de los aliados y el suicidio de Adolfo Hitler.

"Qué bonita vecindad"

Con el ingreso de Estados Unidos a la Segunda Guerra Mundial, su vieja y hostil política exterior hacia México cambió radicalmente, y desde Washington se anunció a los cuatro vientos la era de la "buena vecindad".

La Casa Blanca buscó de inmediato el apoyo de México y de los países latinoamericanos para garantizar su propia seguridad y de paso tomar las medidas necesarias para la defensa continental. Como nunca antes los intereses de ambas naciones parecían caminar en la misma dirección. Bajo la política de Unidad Nacional del presidente Ávila Camacho todo mexicano debía contribuir a través de la producción, y en un sacrificio que emocionaba hasta las lágrimas, la clase obrera —por medio de sus líderes— decidió renunciar a sus "mezquinas" demandas laborales para sumarse al esfuerzo mexicano-estadounidense, comprometiéndose a no recurrir el derecho de huelga. México obtuvo un mercado seguro para sus productos garantizando a Estados Unidos el abastecimiento de materias primas pero a precios que los propios estadounidenses fijaban y que apenas sobrepasaban los de 1929. Con el triunfo aliado en 1945, Estados Unidos encaminó sus esfuerzos a la reconstrucción de Europa para evitar la expansión de la amenaza comunista. Las promesas, las palabras y sobre todo la "buena vecindad" se volvieron retórica, y tras haberle servido muy bien durante la guerra, Estados Unidos le dio la espalda, una vez más, a su vecino mexicano.

Al terminar la guerra en Europa, la opinión pública mundial posó sus ojos sobre la región del Pacífico. Los mexicanos entraron en combate el 7 de junio atacando baterías japonesas del valle de Gayagán, y ya sin la asesoría estadounidense, de manera independiente, atacaron una posición a pocos kilómetros de Luzón. La aventura bélica del Escuadrón 201 —que sufrió cinco bajas— terminó en agosto, cuando las armas atómicas incursionaron en la historia de la humanidad y concluyó la guerra.

Los tres caballeros

La Segunda Guerra Mundial significó también un importante impulso a la industria cinematográfica mexicana. El conflicto propició que disminuyera drásticamente la producción de películas en países como Estados Unidos o Francia. Sonó la hora del cine mexicano; de pronto saltaron a la fama directores, guionistas, actores, actrices y compositores; fue el momento cumbre de toda la época de oro del cine mexicano.

Durante la guerra, Estados Unidos buscó una alianza continental frente a las potencias del Eje. Alentó el panamericanismo, incluso en el cine y en la música, lo que permitió a México convertirse en un gran exportador de películas y obras musicales. Las cintas mexicanas se distribuían en América Latina y la música sonaba en todo el continente.

Las imágenes de Jorge Negrete o de Pedro Infante, de Cantinflas, María Félix o Dolores del Río eran suficientes para que la gente abarrotara los cines. La frase de Luis Antonio García (Pedro Infante) en *Los tres García* (1947) cuando coquetea con una güera que supone es una gringa, es representativa de la idea de unidad continental planteada

EL APAGÓN

Uno de los mayores éxitos musicales del periodo de la Segunda Guerra Mundial fue la conga *El apagón*, compuesta por Manuel Esperón y Ernesto Cortázar. Toña *la Negra* la interpretó y se convirtió en éxito de la época. Una vez que el país se declaró en estado de guerra, el gobierno organizó simulacros de bombardeo en la Ciudad de México. A través de la radio se pedía a la sociedad que a cierta hora de la noche se apagaran todas las luces. Una avioneta sobrevolaba la capital para verificar que permaneciera en completa oscuridad. Luego de algunos minutos terminaba el simulacro y todo volvía a la normalidad. Si el simulacro sorprendía a la gente en la calle se le pedía que se resguardara en el primer lugar que pudiera. *El apagón* cuenta la historia de una joven que al escuchar las sirenas del simulacro se refugia en un edificio. Aprovechando la oscuridad, un señor la abraza, se le arrima y la besa sin que ella oponga mucha resistencia. De pronto termina el simulacro, las luces se encienden y descubre que el cachondo señor ¡era su papá!

durante la guerra: "Qué viva el panamericanismo y el acercamiento de las americanas".

La cinta de Walt Disney *Los tres caballeros* (1944) tuvo como fin alentar el panamericanismo. En sus tres personajes se reflejaba el continente americano unido por la música y el baile. Pancho Pistolas, gallo de pelea, era representante de México y Centroamérica; Pepe Carioca, un perico, representaba a Brasil y a América del Sur y el Pato Donald a Estados Unidos. Solidaridad continental a través del cine.

Por si fuera poco, en la cinta se escuchó la canción *Solamente una vez*, de Agustín Lara, interpretada en inglés. Por entonces la BBC retransmitía en Londres programas musicales que se escuchaban en la Ciudad de México; había un gran interés por escuchar música mexicana. Glenn Miller y su orquesta tocaban para los soldados estadounidenses en Europa y en el Sudeste Asiático. El legendario trombonista declaró en una ocasión: "Alberto Domínguez es el melodista de la guerra. A cada plaza a la que llego, los soldados me piden *Perfidia*".

La coyuntura internacional también permitió que la canción *Bésame mucho* se escuchara ampliamente en Londres durante la guerra y luego fuera traducida e interpretada en decenas de idiomas y versiones, alcanzando fama mundial.

Salud y seguridad social

Con la economía nacional boyante, el régimen de Ávila Camacho le entró de lleno a dos viejos reclamos: seguridad social y salud pública como políticas de Estado. En 1943 se crearon el Instituto Mexicano del Seguro Social (IMSS) y la Secretaría de Salubridad y Asistencia (hoy de Salud). A través del IMSS el Estado inició su tarea de garantizar a los trabajadores servicios de salud, de asistencia y de apoyo económico en casos de jubilación, invalidez y accidentes de trabajo.

También se fundaron el Hospital Infantil (1942) gracias al doctor Gustavo Baz; el Instituto Nacional de Cardiología, a instancias del doctor Ignacio Chávez (1944), y el Instituto Nacional de Nutrición debido al impulso del doctor Salvador Zubirán (1946). Sin embargo, la creación de estas instituciones significó la absoluta sumisión de los trabajadores al régimen a través del corporativismo.

El ánimo conciliador del gobierno acabó de una vez por todas con el espinoso asunto de la educación socialista, que si bien era letra muerta en su aplicación, seguía incomodando a los sectores más conservadores. Así, con una nueva reforma constitucional, en 1946 el término "educación socialista" se suprimió del artículo 3º. Durante el sexenio, el secretario de Educación, Jaime Torres Bodet, inició una intensa campaña de alfabetización que representó el esfuerzo más serio en materia educativa desde los tiempos de Vasconcelos y del presidente Obregón.

Otras instituciones privadas y públicas se crearon para impulsar la ciencia y la educación o terminaron por consolidarse como instituciones educativas. En 1941 Luis Enrique Erro fundó y dirigió el Observatorio Astronómico de Tonantzintla; nacieron el Tecnológico de Monterrey y la Universidad Iberoamericana, y el Colegio de México inició su despegue.

Desde 1938 los intelectuales españoles que encontraron refugio en nuestro país se reunieron en torno a la Casa de España en México con la intención de compartir sus conocimientos y preparar a nuevas generaciones. Esta institución se transformó, y en octubre de 1940 se fundó el Colegio de México. Alfonso Reyes fue su presidente desde ese momento y hasta el día de su muerte, ocurrida en 1959, y para el desarrollo de la parte académica contó con el apoyo de Daniel Cosío Villegas. En 1941 Silvio Zavala creó el Centro de Estudios Históricos, el más antiguo del Colegio de México, y veinte años después la Junta de Gobierno agregó a sus objetivos "impartir enseñanza a nivel universitario, posprofesional o especial, en las ramas de conocimientos humanísticos y de las ciencias sociales y políticas".

¡Y arraaaaancan!

Para el sexenio de Manuel Ávila Camacho (1940-1946), los hipódromos que tuvieron auge durante el porfiriato, como el de Peralvillo, Indianilla y particularmente el de la Condesa —propiedad exclusiva de los miembros del Jockey Club—, habían desaparecido. El de la Condesa había sido fraccionado y ya era una próspera colonia de clase media. Las carreras de caballos parecían no tener cabida en el México que iniciaba su larga estabilidad; sin embargo, el apoyo presidencial fue fundamental para impulsar el deporte hípico. A instancias del empresario Bruno Pagliai y con el apoyo del gobierno del presidente Ávila Camacho, cuya debilidad eran los caballos, se construyó el Hipódromo de las Américas en Lomas de Sotelo. Era la primera vez que una construcción de este tipo salía de la zona céntrica de la ciudad para ser proyectada a seis kilómetros de esta. Fue inaugurado el 6 de marzo de 1943 con la presencia del presidente de la República.

Piden PAN y no les dan...

Un año y unos meses antes de que Manuel Ávila Camacho ocupara la presidencia surgió un nuevo actor político en el escenario nacional: un partido político que fue creado para oponerse al partido oficial. Muchos creyeron que era una broma, sobre todo porque consideraban que si el Partido de la Revolución Mexicana encarnaba todos los postulados de esta, ¿quién diablos querría fundar un nuevo partido, y para qué?

Pero no era una broma. El 15 de septiembre de 1939, en el Frontón México, frente al recién inaugurado Monumento a la Revolución (1938), Manuel Gómez Morín, Efraín González Luna, Aquiles Elorduy, Luis Calderón Vega, entre otros, fundaron el Partido Acción Nacional. Su futuro no era prometedor. En el horizonte político de México lo único que podía divisarse era el logotipo tricolor del partido oficial, que alcanzaba los diez años en el poder y gozaba de un bastión de legitimidad moral: sostenía a los cuatro vientos que los principios sociales y políticos conquistados por el movimiento revolucionario eran su bandera y de nadie más.

Acción Nacional no negaba la Revolución mexicana, pero tampoco pretendía llevarla a los altares. Y como le dio por criticar al sistema político surgido de ella, desde su fundación el gobierno se le echó encima acusándolo de reaccionario, conservador y retrógrada. Acción Nacional intentaba llevar a la práctica el maderismo original que no logró cuajar en 1911: defensa y efectividad del voto, construcción de un Estado de Derecho con base en el respeto a la ley y a las instituciones y con la participación ciudadana. El PAN no buscaba ser un partido de masas ni corporativo, quería construir una organización de ciudadanos libres, cívicamente responsables, contestatarios frente al autoritarismo de la revolución institucionalizada y dispuestos a ejercer y defender el voto.

En vísperas de la fundación de Acción Nacional, Manuel Gómez Morín escribió: "No, no es cierto que los males que aquejan a México sean una parte ineludible del destino nacional; derivan de actos positivos o de omisiones del Estado. Derivan, sobre todo, de nosotros mismos, de todos los mexicanos, de esa especial psicología, contra la cual debemos luchar, que nos hace resignarnos ante la falsa fatalidad de los acontecimientos".

La primera participación de Acción Nacional en la arena electoral tuvo lugar en las elecciones intermedias de 1943.

Ganó 21 distritos, pero como el gobierno era juez y parte en las elecciones, no le fue reconocido ningún triunfo y todas las curules quedaron en poder el PRM. Pero el PAN estaba dispuesto a ser oposición así le llevara una eternidad derrotar al partido oficial. Para su fortuna solo tuvo que esperar 61 años.

Finalmente el PRI

Al finalizar el sexenio, el gobierno decidió reformar por última vez el partido oficial. Si bien había sido fundado en 1929 como Partido Nacional Revolucionario (PNR), en 1938 sus dirigentes consideraron que debía ser un partido de masas y no de élites. Así, cambió a Partido de la Revolución Mexicana (PRM) con cuatro grandes sectores: obrero, campesino, burocrático y militar.

El partido oficial estaba dispuesto a ser de todo: de izquierda, de centro, de derecha, de arriba o de abajo, si así lo requerían las circunstancias políticas y si con eso garantizaba su permanencia en el poder. Lo único que no se permitiría, en ningún momento, era ser demócrata. Y cualquiera de sus miembros que se atreviera siquiera a mencionarlo, sería expulsado.

El 1 de septiembre de 1944 el presidente Ávila Camacho presentó su cuarto informe de gobierno. El discurso fue largo y aburrido, como siempre, e interrumpido por ovaciones al presidente, como siempre. Todo transcurría normalmente hasta que Herminio Ahumada, presidente de la Cámara y miembro del PRM, tomó la tribuna para responder el informe presidencial.

Pero en vez de lanzar elogios a la figura presidencial, el diputado criticó al sistema. A su juicio, la Revolución había fallado porque "falsos revolucionarios" se empecinaban en destruir las conquistas sociales por la corrupción y la impunidad; se refirió al sistema político imperante como la "tragedia de la democracia mexicana", y añadió que para que las conquistas sociales llegaran a ser realidad y no solo promesas era necesaria una reforma radical de los procedimientos políticos.

Hasta la cara del presidente Ávila Camacho —con todo y su reconocida caballerosidad— se desencajó. Nadie se había atrevido a responder así un informe presidencial. Como era de esperarse, una vez que Ávila Camacho abandonó el recinto parlamentario, los diputados del partido oficial iniciaron una cena de negros que terminó con la destitución de Ahumada de la presidencia de la Cámara y posteriormente con su expulsión del partido.

La reforma llegó en enero de 1946, pero en un sentido completamente distinto del que había sugerido el diputado Ahumada en 1944. Fue una reforma profunda y definitiva. Para quitarle la tentación del poder a los generales, el sector militar fue eliminado, lo cual significó que el Ejército dejaba la vida política y regresaba a los cuarteles como el "baluarte inmaculado de las instituciones" —claro, a cambio de jugosas concesiones, prestaciones, seguridad social, pensiones y muchas otras canonjías para las fuerzas armadas.

La base del partido seguiría siendo el corporativismo, pero se convertiría en un partido moderado, nacionalista, revolucionario, si bien alejado de toda posición ideológica radical. Así, el PRM dejó su lugar al Partido Revolucionario Institucional (PRI), con su nuevo y flamante lema que a la distancia parece una broma: "Democracia y justicia social".

Para las elecciones de 1946 los militares se disciplinaron, aceptaron mantenerse fuera del juego político y el PRI lanzó a su primer candidato civil: Miguel Alemán Valdés. Su contendiente era Ezequiel Padilla, secretario de Relaciones Exteriores durante el sexenio de Ávila Camacho, quien había decidido enfrentar al candidato oficial. Aunque gozaba de cierto prestigio no fue suficiente para detener la maquinaria electoral del PRI. El día de las elecciones, primer domingo de julio, se perpetró un nuevo fraude; hubo enfrentamientos y zafarranchos pero no con la violencia que se había registrado en las elecciones de 1940. Como era previsible, Alemán ganó con 77.9% de la votación.

Acción Nacional, por su parte, no presentó candidato a la presidencia; le importaba más ganar algunas curules a nivel federal, y a pesar de la férrea resistencia del gobierno logró sus primeras cuatro diputaciones federales. Para el periodo 1946-1949 en el Congreso habría cuatro diputados blanquiazules y el resto sería tricolor.

Unos días antes de la toma de posesión de Miguel Alemán, Alejandro Gómez Maganda, diputado del PRI, expresó sin pelos en la lengua: "El sufragio efectivo es impracticable en México porque el poder está en las fuerzas reaccionarias y sería inconcebible y absurdo que la Revolución, por tonto sentido de honrada generosidad, dijera a la reacción: 'Toma el sufragio efectivo, que para eso lo gané, tómalo y derrúmbame en las urnas electorales'". Era el anuncio de que el PRI estaba dispuesto a no soltar el poder y de que la democracia, durante las siguientes décadas, sería tan solo una ficción.

El atentado

A pesar de que a Manuel Ávila Camacho se le conoció como el "presidente caballero" por su mesura, su educación y su ánimo conciliador, el 10 de abril de 1944 fue víctima de un atentado perpetrado por un teniente de filiación sinarquista —movimiento nacionalista, ultracatólico y anticomunista que surgió de los restos del movimiento cristero—, llamado Antonio de la Lama y Rojas, quien le disparó a quemarropa en el elevador de Palacio Nacional. El presidente, sin embargo, llevaba chaleco antibalas y salió ileso. El teniente fue aprehendido y horas después fue asesinado. Al parecer, Maximino Ávila Camacho, hermano incómodo del presidente, envió a varios de sus hombres a deshacerse del fanático religioso. Fue el último atentado contra un presidente mexicano registrado en la historia nacional

Construcción de la Torre Latinoamericana, ca. 1956. Archivo fotográfico Díaz, Delgado y García. Caja 86/16. Archivo General de la Nación.

Capítulo 7

❧

¿Los años maravillosos?
1946-1970

De 1946 a 1970 México vivió algo así como los años maravillosos, periodo que, entre bombos y platillos, fue conocido como el "milagro mexicano". Cuatro presidentes: Miguel Alemán Valdés, Adolfo Ruiz Cortines, Adolfo López Mateos y Gustavo Díaz Ordaz; cuatro sexenios; 24 años de estabilidad y crecimiento económico; seguridad pública; paz social al más puro estilo priista; dinero en el bolsillo de los mexicanos con un poder adquisitivo bastante decente; diversiones; entretenimiento; cine; radio; la llegada de la televisión. El México rural dejó su lugar al México urbano; los mexicanos se bajaron del caballo para subirse al automóvil y las autopistas le hicieron la competencia a las vías del ferrocarril.

Durante esos años nadie conoció el significado de "apretarse el cinturón" —deporte nacional que se haría popular a partir del sexenio de Luis Echeverría—; el crecimiento económico por sexenio, en promedio, fue de 6%; el dólar pasó de 4.85 a 8.65 bajo el gobierno de Miguel Alemán; en 1954 Adolfo Ruiz Cortines volvió a devaluar y el dólar llegó a 12.50, pero a partir de ese momento la paridad permaneció estable, nada más y nada menos que durante veintidós años.

Los presidentes tardaron en controlar la inflación: durante el sexenio de Ávila Camacho fue de 126%; Miguel

Alemán la bajó a 75%. Conforme se consolidó la economía la inflación fue descendiendo, y bajo el gobierno de Ruiz Cortines se mantuvo en 42%; Adolfo López Mateos logró mantenerla en 14.85%, y Díaz Ordaz la dejó en 16.67%.

Entre 1940 y 1970 a los mexicanos les dio por reproducirse a diestra y siniestra; la población total en 1940 era de 19'652,552 habitantes; treinta años después habíamos crecido

POBLACIÓN TOTAL DEL PAÍS	
	HABITANTES
1940	19'652,552
1950	25'791,017
1960	34'923,129
1970	48'225,000

POBLACIÓN TOTAL DEL DISTRITO FEDERAL	
	HABITANTES
1940	1'757,530
1950	3'050,442
1960	4'870,676
1970	6'874,165

CRECIMIENTO ECONÓMICO PROMEDIO ANUAL POR SEXENIO	
Manuel Ávila Camacho	6.15%
Miguel Alemán Valdés	5.78%
Adolfo Ruiz Cortines	6.73%
Adolfo López Mateos	6.73%
Gustavo Díaz Ordaz	6.75%

en más de 50%: el censo de 1970 arrojó la cifra de 48 millones de habitantes y con él la urgente campaña "La familia pequeña vive mejor". El entonces Distrito Federal también resintió la explosión demográfica: en tres décadas pasó de 1'757,000 a 6'874,000 habitantes.

Pero los "años maravillosos" no lo fueron tanto. Veinticuatro años bastaron para que el PRI en el poder consolidara un sistema político que se sostenía en cuatro pilares: autoritarismo, simulación, corrupción e impunidad —los cuatro jinetes del apocalipsis mexicano que se reflejaron en el oropel del orden, paz y progreso.

El sistema político diseñado por el PRI —como gran paradoja—, era copia corregida y aumentada de lo que había sido el sistema político porfirista. La gran diferencia radicaba en que el sistema porfirista descansó siempre sobre una sola persona: don Porfirio, y el nuevo sistema, surgido de la Revolución, estaba sustentado en un partido político: el PRI, que le entregaba el poder a un hombre durante seis años, al término de los cuales debía devolverlo y retirarse. En palabras de José Vasconcelos, el nuevo sistema era un porfirismo colectivo.

La sumisión de los poderes de la federación al ejecutivo; la paz priista construida con represión; la simulación democrática; la prensa y los medios de comunicación al servicio del poder, eran elementos casi calcados del sistema porfirista. Pero el priismo fue más lejos: desarrolló una sensibilidad social que no tuvo el porfiriato, y le agregó al nuevo sistema político el corporativismo como instrumento de control absoluto pero con el argumento retórico de que lo hacía por el bien y el interés del pueblo mexicano bajo los postulados de la Revolución mexicana.

Aquí sí manda el presidente

A partir del sexenio de Miguel Alemán (1946-1952), el presidente de la República se convirtió en el eje del sistema político mexicano —dejó de serlo con el inicio de la alternancia—. Entre 1946 y 1988, quienes llegaron a la silla presidencial tuvieron un poder sin límites durante los seis años de su gobierno.

Los señores del poder gozaban de las facultades establecidas en el artículo 89 de la Constitución y de muchas otras que ni siquiera estaban contempladas en la carta magna —"facultades metaconstitucionales" les llamaban—; podían quitar y poner gobernadores a su antojo; expulsar extranjeros a capricho; premiar a sus colaboradores; otorgar contratos, concesiones y negocios; mover y remover al gabinete; crear secretarías; meterle mano a la economía; meterle mano a la Constitución; meterle mano al erario; movilizar al Ejército contra quien fuera; legislar a discreción; reescribir la historia; elegir sucesor; elegir líderes sindicales; elegir diputados y senadores. Era tanto el poder del presidente que en la época de Miguel Alemán se decía que cuando preguntaba

"¿Qué horas son?", sus ayudantes respondían: "Las que usted guste, señor presidente".

El poder presidencial dio origen a un oprobioso servilismo de la clase política. Todos anhelaban saludar al presidente, retratarse junto a él, sentarse en la misma mesa. Recibir una mirada, un apretón de manos o una sonrisa presidencial podía ser interpretado como una señal de que se abría el paraíso del poder en la forma de un ascenso político, una curul, una gubernatura.

Nadie quería perderse el "besamanos", como se le llamaba al saludo que recibía el presidente en Palacio Nacional cada 1 de septiembre, luego de haber rendido su informe de gobierno. Paradójicamente, esa fecha, que marcaba el inicio de las sesiones ordinarias del Congreso de la Unión y que se convirtió en el día del presidente, tenía que haber sido, en todo caso, el día del poder legislativo.

El cuarto informe de gobierno de Miguel Alemán (1950) fue el primero transmitido por televisión. A partir de ese momento, el 1 de septiembre se convirtió en el día en que todos los mexicanos presenciaban el acto de pleitesía pública que la clase política rendía al presidente.

Desde ese año la gente pudo ver por televisión al jefe del ejecutivo hablando durante horas en el recinto legislativo; seguir paso a paso cada momento de la jornada: las ovaciones de diputados y senadores que interrumpían infinidad de veces su mensaje; la salida del presidente del recinto; la caravana que avanzaba lentamente por las principales calles del centro de la ciudad, encabezada por el presidente que iba en un auto descapotado, siempre sonriente, saludando a la gente, mientras cientos de kilos de confeti eran lanzados desde las azoteas de las viejas construcciones. Luego llegaba la hora del besamanos en el patio central de Palacio Nacional, que duraba horas.

LA LEY SOLO CONTRA MIS ENEMIGOS

El sistema político mexicano creó leyes que se convirtieron en instrumentos para desaparecer a los actores políticos que consideraba potencialmente peligrosos para su permanencia en el poder, es decir, para enfrentar a la oposición. El caso más escandaloso fue la reforma del artículo 145 del Código Penal, que a partir de 1941 incluyó el delito de "disolución social". Cometía este delito el extranjero o nacional mexicano que realizara propaganda política, defendiendo "ideas, programas o normas de acción" que perturbaran el orden público o pusieran en riesgo la soberanía de la nación. Se dijo que había sido creado por razones de seguridad nacional ante el ingreso de México en la Segunda Guerra Mundial. Sin embargo, una vez terminado el conflicto no se derogó. La mayor parte de los líderes opositores perseguidos y encarcelados en los sexenios de Alemán, Ruiz Cortines, López Mateos y Díaz Ordaz fueron juzgados por el delito de disolución social, que era tan ambiguo que podía abarcar desde un insulto al gobierno hasta la resistencia violenta. De hecho, una de las exigencias del pliego petitorio de los estudiantes en el movimiento del 68 fue la derogación del delito de disolución social, lo cual se consiguió hasta 1970, luego de los trágicos sucesos de 1968.

Pero si el 1 de septiembre no era suficiente, no había político que no buscara desfilar junto al "primer obrero de la patria", como le decían al presidente, en el desfile del 1 de mayo; o asistir a la ceremonia del Grito en Palacio o al desfile del 20 de noviembre, en el que los burócratas eran uniformados con *pants* para sumarse obligatoriamente a la parada deportiva con la que se conmemoraba el inicio de la Revolución mexicana.

A través del autoritarismo y del ejercicio del poder sin límites, los presidentes dotaron a la investidura de un sentido reverencial, casi místico, y lograron convencer a la mayor parte de la sociedad de que el presidente de México era omnipotente, omnipresente y podía resolverlo todo; que con solo unas cuantas palabras el orden cósmico se acomodaba; que era el hombre providencial. Lo grave no fue que la gente lo creyera; lo verdaderamente grave fue que los hombres que ocuparon el poder lo hicieron.

El presidente era inmune a todo; nadie se podía meter con el hombre del poder durante su gobierno; ni el Congreso ni la Suprema Corte de Justicia ni la prensa ni la oposición. Y una vez que dejaba el cargo era intocable. La regla no escrita del sistema era: "No tocarás a tu antecesor ni con el pétalo de una rosa". Los presidentes no estaban sujetos a críticas de ningún género. Un chiste, una broma, una caricatura podían significar persecución, acoso, represión, clausura, veto. Una frase típica de mediados del siglo XX decía: "En México no te puedes meter ni con la virgen de Guadalupe ni con el presidente de la República".

Adolfo López Mateos dejó la mejor descripción de lo que significaba el poder presidencial: "Durante el primer año la gente te trata como Dios y la rechazas con desprecio; en el segundo te trata como Dios y no le haces caso; en el tercero te trata como Dios y lo toleras con incredulidad; en el cuarto te trata como Dios y comienzas a tomarlo en serio; en el quinto te trata como Dios y no solo lo crees, lo eres".

México simulado

De la mano del autoritarismo, el sistema político mexicano hizo de la simulación un arte y la convirtió en proyecto de nación. El PRI diseñó su propio país donde todo era negociable sin importar la ley. La nación se adaptó al PRI y no el PRI a la nación y a sus exigencias y necesidades. Cada uno de los presidentes que gobernó durante la época de bonanza económica y estabilidad social y política conocida como "el milagro mexicano" —Miguel Alemán, Adolfo Ruiz Cortines, Adolfo López Mateos y Gustavo Díaz Ordaz—, le imprimió su sello personal a su sexenio, pero el denominador común fue la simulación: a simple vista, instituciones, leyes, justicia, organización política, todo funcionaba, pero bastaba con rascar un poco para encontrarse con que el modelo estaba construido de manera discrecional y a capricho del PRI y de sus intereses.

México era una democracia simulada que funcionó mientras el partido oficial mantuvo la presidencia del país y la mayoría en el Congreso a través del fraude electoral. Cuando sobrevino la transición con la alternancia presidencial, todo se lo llevó el diablo y salió a la luz la impunidad y la corrupción. Quedó demostrado que en la construcción del país el sistema político priista había dejado de lado el Estado de Derecho y el respeto a las instituciones.

La manida "paz social" —una de las banderas que siempre esgrimió el PRI— no estaba sustentada en el derecho ni en la justicia. La paz estaba apuntalada en la represión sistemática contra los grupos opositores, y la seguridad pública en la "tolerancia cero" contra la delincuencia común —ajusticiamientos, ley fuga, tortura, desapariciones, sin importar los procedimientos jurídicos— o en la negociación y acuerdos con el crimen organizado, sobre todo en cuanto al tráfico de drogas.

El sistema no dejaba impunes los crímenes que sacudían a la sociedad, como el caso del "estrangulador de Tacuba", Goyo Cárdenas, en 1942; el asesinato de dos hermanos en la calle de República del Salvador a manos de Fermín Esquerro Farfán y cómplices, en 1945; el brutal homicidio, en 1957, del cura Juan Fullana Taberner a manos del exluchador Pancho Valentino porque no encontró dos millones de pesos que creía que el sacerdote guardaba en su parroquia; el asalto a una camioneta del Departamento del Distrito Federal y el posterior homicidio de un agente de tránsito en 1958 perpetrado por Fidel Corvera Ríos, profesor de educación física y miembro de una familia de rancio abolengo. Y así se podrían enumerar cientos de casos que invariablemente eran resueltos.

El modelo se repetía en la mayor parte del país; las policías tenían carta blanca para acabar con la delincuencia sin importar los métodos que utilizaran, incluyendo, desde luego, componendas con el crimen organizado si era necesario, a partir de las cuales florecía la corrupción: "Te dejo delinquir poquito pero dame mi parte". De vez en cuando las autoridades exigían la entrega de algún pez gordo que se llevaba las ocho columnas en la prensa y todos contentos. Todo se valía, y la autoridad todo lo permitía con un objetivo claro: que la sociedad sintiera la protección y seguridad que brindaba el gobierno en todo momento y en cualquier lugar del país y estuviera permanentemente agradecida.

La otra cara de la paz social fue la tolerancia cero contra la oposición. El autoritarismo fue implacable con maestros, estudiantes, médicos, la prensa crítica y cualquier grupo que cuestionara el sistema político. Y contra la disidencia dentro de los sectores del PRI, ni se diga. Obreros, campesinos y burócratas que intentaron abrir espacios de libertad para la defensa de sus derechos fueron aplastados sistemáticamente.

El Servicio Secreto

La Comisión de Seguridad, que bajo algunos gobiernos fue conocida como Servicio Secreto, operó entre 1917 y 1972. Era la encargada de realizar investigaciones para combatir el crimen. Entre los investigadores que se hicieron de gran fama, no solo por vestir a la tradicional usanza de los detectives con traje, gabardina, sombrero y cigarrillo en los labios, sino por su efectividad, destacan: Pancho Reyes, Alfonso Quiroga, Simón Estrada Iglesias, Valente Quintana y el doctor Alfonso Quiroz Cuarón, pionero de la criminología en México. Sus procedimientos generalmente estaban al margen de la ley, pero nunca fueron cuestionados debido a sus resultados. La delincuencia lo pensaba dos veces antes de actuar ya que se sabía que el cuartel general del Servicio Secreto del Distrito Federal, localizado detrás del viejo edificio de la Lotería Nacional, hacía recordar las cárceles de la Perpetua, pues quien entraba lo hacía casi a perpetuidad. En sus sótanos se practicaba la tortura; los delincuentes podían pasar encerrados en mazmorras oscuras y malolientes semanas enteras, sin importar los plazos de ley para acusar al presunto delincuente. Al actuar al margen de la ley, la corrupción fue minando el trabajo de la Comisión de Seguridad, por lo que fue desaparecida en 1972.

Represión priista

De acuerdo con el recuento de hechos que hace el historiador Pedro Salmerón, entre 1947 y 1970 casi no hubo año en el que no hubiera un acto de represión del gobierno. **1947**. Inicia la ofensiva contra los líderes sindicales independientes para someterlos a la CTM. **1948**. El presidente ordena la intervención del sindicato ferrocarrilero y la cárcel para sus dirigentes. **1949**. El gobierno disuelve la Unión General de Obreros y Campesinos que pretendía romper el monopolio sindical del PRI. **1950**. El gobierno impide que se organice el Sindicato de Trabajadoras Domésticas por no considerarlas trabajadoras. **1951**. Mineros de Coahuila son reprimidos por realizar una marcha de Nueva Rosita a la Ciudad de México. **1952**. Represión contra los partidarios del candidato presidencial opositor Miguel Henríquez Guzmán que se manifestaron por el fraude electoral de ese mismo año. **1956**. Los internos del Instituto Politécnico Nacional son desalojados para evitar que los estudiantes se organicen. **1957**. El gobernador de Guerrero, Raúl Caballero, ordena el asesinato de dirigentes comunitarios. **1958**. El profesor Othón Salazar encabeza el Movimiento Revolucionario del Magisterio para democratizar el sindicato de maestros, pero es reprimido y encarcelado. **1959**. El ejército ocupa las instalaciones del sindicato ferrocarrilero y sus dos principales dirigentes, Demetrio Vallejo y Valentín Campa, son encarcelados. **1960**. El gobernador de Guerrero reprime a la Unión Cívica Guerrerense dirigida por el profesor Genaro Vázquez. **1962**. El dirigente campesino Rubén Jaramillo es asesinado junto con su familia. **1963**. El doctor Salvador Nava Martínez, quien derrotó al cacique Gonzalo N. Santos en elecciones locales, es arrestado y torturado por órdenes del gobernador de San Luis Potosí.

1965. Los médicos residentes e internistas del Hospital 20 de Noviembre del ISSSTE exigen mejoras salariales y en las condiciones de trabajo pero son reprimidos. La violencia contra los campesinos de Chihuahua provocó un intento de rebelión para tomar el Cuartel Madera. **1966**. El ejército entra en la Universidad Nicolaíta de Michoacán luego de registrarse protestas estudiantiles. **1967**. Ochocientos campesinos que intentan salirse del PRI y constituir una organización democrática son reprimidos a tiros por la CNC. **1968**. El movimiento estudiantil es reprimido por el ejército y la policía. **1969**. El presidente ordena la ocupación militar de varias normales rurales y la expulsión de numerosos alumnos.

El derecho a la huelga, a la libre manifestación, a la libertad de expresión existían pero como letra muerta dentro de la Constitución. Mediante el arte de la simulación el gobierno decidía a través de la CTM quién sí y quién no podía irse a la huelga, arreglada siempre desde antes de que estallara. Durante décadas una manifestación en contra del gobierno en el Zócalo, un plantón permanente en plazas públicas, un bloqueo de vías primarias, la toma de casetas de peaje eran impensables. Las pocas que hubo fueron reprimidas e incluso intervino el Ejército, como sucedió en 1968.

Así fue la celebrada "paz social" priista: seguridad pública y estabilidad política efectiva pero al margen de la ley y bajo el garrote de la represión.

La simulación era cosa de todos los días. De acuerdo con la Constitución, la federación estaba integrada por estados libres y soberanos en su régimen interior, unidos entre sí por el pacto federal. Los ciudadanos de cada estado elegían a su gobernador. La ley contemplaba en qué circunstancias podía dejar el poder el jefe del ejecutivo estatal y existía todo un procedimiento para ello. Sin embargo, en la realidad el presidente podía poner y quitar gobernadores a su gusto y por razones personales, sin importar que hubieran sido elegidos por el voto ciudadano. Los dos presidentes que más removieron gobernadores fueron Lázaro Cárdenas y Carlos Salinas de Gortari.

Aunque la Constitución también establece claramente la división de poderes, como es normal en toda república federal, en México el poder legislativo y el poder judicial permanecieron completamente subordinados al poder ejecutivo. La simulación de nuevo. Nadie podía negar la existencia de los tres poderes. Funcionaban como marcaba la Constitución; sus miembros eran electos de acuerdo con la ley; se presentaban a sesiones en los periodos señalados; seguían los procesos establecidos para legislar, en el caso del legislativo. Pero la realidad demostraba que no había independencia entre ellos y todo terminaba en manos del poder ejecutivo.

La Suprema Corte de Justicia dobló las manitas a las primeras de cambio, y más temprano que tarde se convirtió en un instrumento más de la impunidad del sistema. A raíz del asesinato de 16 funcionarios del municipio de Honey, Puebla, ocurrido el 19 de julio de 1947, el magistrado Fernando de la Fuente solicitó al máximo tribunal que con apoyo en el párrafo tercero del artículo 97 constitucional se practicara una investigación.

Como en el caso estaba implicado el gobernador de Puebla, a los mismos magistrados —encabezados por el ministro Islas Bravo, "amigo de hacer favores"— se les hizo fácil obstaculizar la petición del licenciado Fernando de la Fuente. Días más tarde, el sistema decidió acabar con la poca autonomía que aún conservaba el máximo tribunal del país y envió una iniciativa de ley para suprimir el párrafo tercero del artículo 97 constitucional, es decir, para quitarle la facultad de ordenar investigaciones. El argumento fue que ese tipo de procedimientos le restaban "autonomía y dignidad" a la Corte porque se inmiscuía en contiendas políticas que podían ser "mínimas o mezquinas".

El poder legislativo siguió las órdenes de su patrón y el párrafo tercero del artículo 97 constitucional fue suprimido. Los ministros de la Corte aplaudieron la medida y se dispusieron a rendir pleitesía al sistema. Solo el licenciado De la Fuente criticó lo sucedido: "Si a la Corte se le cercena el poder político que le otorga el artículo 97 constitucional, queda reducida a un tribunalito de casación y dejará de ser el Alto Tribunal, el custodio de la Constitución. Sus fallos no serán respetados ya por ninguna autoridad y la oligarquía mexicana, que constituye en la actualidad el caciquismo, quedará libre enteramente para cometer sus desmanes y oprimir al pueblo". Y así fue, durante 47 años la SCJN se convirtió en eso, en un "tribunalito de casación".

El poder legislativo, por su parte, se convirtió en el club de amigos del presidente y permaneció fiel, sumiso e incondicional de 1940 a 1997 —año en que el PRI perdió la mayoría absoluta en el Congreso—. Durante 57 años los diputados y senadores de las sucesivas legislaturas aceptaron todo lo que se les ocurrió a los presidentes. El poder legislativo era visto primero como una recompensa, por los servicios prestados a la causa del PRI; luego como una pasarela, en la que sus miembros se colocaban buscando saltar hacia una mejor posición política. Ser diputado o senador no era una oportunidad para entregarse al servicio público ni mucho menos un honorable cargo de elección popular; era un botín —y en muchos sentidos lo sigue siendo.

Pero a nadie asombraba que el poder legislativo estuviera sometido al ejecutivo ya que la elección de sus miembros era una farsa, una simulación más revestida de legalidad.

El sistema político mexicano logró construir una verdadera ficción democrática. Nadie podía acusar al gobierno de antidemocrático: junto al PRI y el PAN surgieron nuevos partidos; ni una sola elección presidencial o intermedia se suspendió o fue puesta en riesgo por un nuevo levantamiento armado o por cualquier otra situación; la gente acudía a las urnas y votaba; el día de las elecciones había representantes de los partidos en las casillas; las elecciones eran calificadas por los órganos de gobierno correspondientes. El sistema no dejó nada al azar.

Sin embargo, todo era un montaje. Desde 1946, cuando se creó la Comisión Federal de Vigilancia Electoral, y hasta 1996, todo lo concerniente a las elecciones estuvo en manos del gobierno a través de la Secretaría de Gobernación y la participación del Congreso al final del proceso electoral. El gobierno era juez y parte en las elecciones en las que su partido participaba.

La Comisión estaba conformada por el secretario de Gobernación, otro miembro del gabinete, un diputado, un senador y dos representantes de los partidos políticos de mayor relevancia. De los seis funcionarios, cuatro eran miembros del gobierno priista y dos de la oposición, aunque solo el PAN contaba como verdadera oposición, porque casi todos los partidos que surgieron entre 1946 y hasta antes de la fundación del PRD en 1989, eran satélites del PRI o habían sido creados para hacerle el caldo gordo a la ficción democrática: Partido Popular —luego Partido Popular Socialista—; el Partido Auténtico de la Revolución Mexicana (PARM); Partido Demócrata Mexicano (PDM), Partido Socialista Unificado de México (PSUM), Partido Socialista de los Trabajadores (PST), y la lista continúa.

La cereza en el pastel era que el Congreso calificaba las elecciones; eran los diputados quienes les daban la validez final, y como el PRI siempre tuvo mayoría, los resultados favorecían al partido en el poder aunque en las urnas hubiera perdido. Por si fuera poco, hasta antes de 1949 la scjn tenía la facultad de investigar cualquier denuncia de violación al sufragio, pero esta fue suprimida para entregársela a la Procuraduría General de la Nación (hoy de la República) a petición de la Cámara de Diputados o del presidente de la República.

El sistema además dotó de un buen discurso histórico a todo el montaje de un Estado funcional. De ese modo parecía que el gobierno siempre abanderaba las grandes causas de la nación mexicana. Los campesinos estaban sometidos al corporativismo y la corrupción imperaba en el campo, pero no podía faltar el "Tierra y libertad" y el "Viva Zapata" en algún evento de la cnc. Los obreros estaban sujetos a los dictados de la ctm, sin ninguna libertad sindical, pero se rendía homenaje a los trabajadores el 1 de mayo y el presidente citaba a los hermanos Flores Magón; la Constitución se violaba sistemáticamente, pero para defender el Estado de Derecho y la legalidad salían a relucir imágenes y citas de Juárez y Carranza. El fraude electoral se hizo costumbre, pero cada 20 de noviembre se escuchaba el grito: "Sufragio Efectivo, No Reelección", frase que durante décadas apareció también al calce de los documentos oficiales. A partir del gobierno de Miguel Alemán el país se construyó sobre un escenario donde se representaba una farsa y donde la mentira se convirtió en verdad histórica.

"La mentira es una realidad política fundamental —escribió Gabriel Zaid—. Las democracias simuladas no gobiernan por la simple fuerza bruta, sino por la trampa: apoderándose de la verdad. Los ciudadanos están a merced de las autoridades, en primer lugar porque no pueden demostrarles nada. Hay toda una industria de la verdad oficial: triunfos electorales, leyes, noticias, libros de texto, sentencias judiciales, adhesiones, desfiles, celebraciones, manifiestos. El crecimiento del Estado y la corrupción son casi efectos derivados: adueñarse de la verdad facilita adueñarse de todo lo demás".

La nueva modernidad

Miguel Alemán Valdés protestó como presidente de México el 1 de diciembre de 1946. Contagiaba su sonrisa Colgate y ciertos aires seductores que se desprendían de su personalidad. Abogado egresado de la UNAM y empresario al amparo del poder, fue el primer presidente civil después de la revolución. Con él comenzó la era de los "licenciados" en la Presidencia de la República.

Alemán entendió perfectamente de qué se trataba el sistema político que venía construyendo la familia revolucionaria desde la época de Cárdenas y puso manos a la obra. En algún momento de su campaña había dicho que quería para todos los mexicanos "un Cadillac, un puro y un boleto para los toros", lo que podía ser algo parecido a la felicidad.

El nuevo gobierno desestimó el viejo y aireado discurso nacionalista de los anteriores presidentes, así como la percepción de la sociedad que veía a los estadounidenses con recelo, como una amenaza constante y como los culpables de todos nuestros problemas, y en un hecho insólito invitó al presidente de Estados Unidos, Harry S. Truman, a que viajara a la Ciudad de México en visita oficial en marzo de 1947, cuando se cumplían cien años de la guerra entre México y Estados Unidos. Fue la primera vez que un presidente estadounidense visitaba la capital del país.

Fue un encuentro a visita recíproca —Alemán fue a Washington poco después—. Pero en México la presencia del presidente estadounidense cayó en la punta del hígado, luego de que se le ocurriera llevar una ofrenda al Monumento a los Niños Héroes y dijera sin empacho alguno: "Un siglo de rencores se borra con un minuto de silencio". ¡Tómala! La sociedad se rasgó las vestiduras, hubo drama y berrinche, Alemán fue acusado de entreguista y vendepatrias, y para salir del escollo, una vez que se fue el presidente gringo el gobierno tuvo la ocurrencia de anunciar que habían sido encontrados los restos de los Niños Héroes en Chapultepec, y por lo tanto se levantaría un nuevo monumento en su honor, mismo que fue inaugurado en 1952 y es conocido como el Altar a la Patria.

CU

Aunque Ciudad Universitaria fue una de las grandes obras del sexenio alemanista, desde los años cuarenta el centro de la ciudad ya era insuficiente para albergar a la UNAM con todas sus facultades. El 11 de septiembre de 1946 el presidente Ávila Camacho expidió el decreto de expropiación de los terrenos destinados a la construcción de la Ciudad Universitaria en el Pedregal. Los recursos para la obra fueron proporcionados por el gobierno de Miguel Alemán y el proyecto estuvo a cargo de los arquitectos Mario Pani y Enrique del Moral.

El 5 de junio de 1950 se colocó la primera piedra del edificio de Ciencias —que sería el primero— y el 20 de noviembre de 1952 se llevó a cabo la inauguración oficial. La mudanza de las escuelas localizadas en el centro de la Ciudad de México comenzó en 1953, y en marzo de 1954 finalmente iniciaron las clases en CU.

Más allá de lo anecdótico, la visita de Truman significó que el gobierno mexicano volvía a abrir sus fronteras a la inversión extranjera para impulsar el desarrollo del país. Y así fue. Durante el sexenio alemanista se escuchó de nuevo el término "modernización", que había entrado en desuso desde los tiempos de don Porfirio. Ahora sí, en plena estabilidad política y social, el país debía transitar hacia la modernidad; dejar el universo rural y apostar todo al universo urbano. Y bajo esa premisa el gobierno le cambió el rostro al país.

A las viejas redes ferroviarias se sumaron las primeras grandes autopistas —durante el sexenio se construyeron más de once mil kilómetros de carreteras—; el teléfono, la radio y la televisión se convirtieron en íconos del México moderno. Aunque la primera transmisión oficial de la televisión mexicana fue el cuarto informe de gobierno de Alemán —que se realizó el 1 de septiembre de 1950 desde los pisos 13 y 14 de la Lotería Nacional—, desde días antes se habían realizado las primeras pruebas.

El 31 de agosto, XHTV Canal 4 y el equipo de la Radio Corporation of America realizaron una transmisión de prueba desde el Jockey Club en el Hipódromo de las Américas. Comenzó así el desarrollo de la principal fuente de distracción de la segunda mitad del siglo XX. Con sus programas de entretenimiento —concursos, musicales, culturales y deportivos— y con un cómodo horario inicial, 16 a 21 horas, la televisión se ganó en poco tiempo la aceptación de la sociedad. Las estrellas del cine y la radio terminaron por llenar la pantalla chica; patrocinadores como Relojes Omega, Bonos del Ahorro Nacional, RCA Victor, Goodrich Euzkadi, Cervecería Modelo, Casa Madero, Colgate, entre otros, se disputaban los espacios.

La modernización recorrió todo el país; varias ciudades de la república iniciaron un proceso de industrialización sin

Una exitosa ocurrencia

El 15 de agosto de 1948 la nación se despertó con la noticia de que el coronel Humberto Mariles con su caballo *Arete* había ganado las primeras medallas de oro para México en la historia de los Juegos Olímpicos (Londres). A pesar de que el presidente Alemán se había opuesto a que Mariles compitiera porque era protegido de los expresidentes Cárdenas y Ávila Camacho, al recibir la noticia hizo de la victoria de Mariles un logro sexenal. Entonces se le ocurrió construir en el Paseo de la Reforma un gran centro de espectáculos y deportes hípicos, amplio, fastuoso, con todos los servicios, digno del Primer Mundo, y se pusieron a trabajar en él.

Poco tiempo después los asesores de Alemán le dijeron que la obra era un exceso, que muy poca gente practicaba deportes hípicos en México. Se replanteó el proyecto y luego de darle varias vueltas el resultado fue la construcción del Auditorio Nacional, inaugurado sin terminar en 1952.

precedentes. La reforma agraria disminuyó para dar paso al desarrollo de la industria eléctrica, energética, de comunicaciones y transportes. Se fundaron empresas como Condumex, ICA, Grupo Chihuahua (celulosa), Industrias Resistol, Industrias Nacobre. La inversión extranjera se abrió en las áreas textil, hulera, química y las carreteras se convirtieron en el símbolo del progreso. El gobierno también impulsó la creación de nuevas instituciones como el Instituto Nacional de Bellas Artes (1946), el Instituto Nacional Indigenista (1949) y la Comisión Nacional de Cinematografía.

Acapulco se transformó en el ícono del desarrollo turístico, moderno y cosmopolita, y grandes obras públicas rubricaron el sexenio: el Multifamiliar Miguel Alemán (1949), el Viaducto (1950), Ciudad Universitaria (1952) y el Auditorio Nacional (1952), entre otras.

La Ciudad de México fue el más claro ejemplo de la modernización. Entre 1946 y 1952 la capital sufrió la más

HOLLYWOOD EN ACAPULCO

El presidente Miguel Alemán vio en el puerto de Acapulco la puerta de entrada hacia México y la posibilidad de atraer inversiones y hacer negocios para su beneficio y el de sus amigos. Acapulco debía convertirse en un centro vacacional para las grandes figuras del mundo del espectáculo. Para impulsar su desarrollo construyó la supercarretera Cuernavaca-Acapulco (1955); se crearon líneas de camiones foráneos y se abrieron vuelos nacionales e internacionales. Durante los años cincuenta, Acapulco alcanzó una fama inusitada. Los actores John Wayne, Johnny Weissmuller, Errol Flyn, Richard Widmark, Cary Grant, entre otros, formaron una sociedad para adquirir el Hotel Los Flamingos, que se convirtió en la sede de las estrellas de Hollywood. El propio Alemán pasaba en Acapulco sus periodos de descanso y fundó, entre otras cosas, la cadena de hoteles Continental. Su amigo Jorge Pasquel solía prestarle su yate para admirar y recorrer la costera que hoy lleva su nombre. Fueron años en los que todos querían ir a Acapulco, y en poco tiempo la Quebrada y playas como la Roqueta, Caleta, Hornitos, Papagayo y Costa Azul se hicieron lugares obligados para el turismo, la fiesta y el descanso.

importante transformación de su paisaje urbano desde el porfiriato. Sobre el predio donde, según los arqueólogos, se encontraba el zoológico de Moctezuma o la Casa de los animales, entre 1949 y 1956 se construyó el primer rascacielos de la Ciudad de México: la Torre Latinoamericana. El gobierno proyectó importantes avenidas como División del Norte y se ampliaron otras como Insurgentes; el legendario río La Piedad fue entubado para impulsar el proyecto del Viaducto, y un importante fraccionamiento inició su desarrollo: el Pedregal.

Pero más allá de la innegable obra material, Alemán hizo dos importantes aportaciones al sistema político mexicano que provocaron escalofrío: la creación de la Dirección Federal de Seguridad y el sindicalismo charro. Ambas fueron piezas fundamentales para el control político en las siguientes décadas.

"¿Por qué no formamos un organismo con el cual podamos espiar, vigilar, combatir y mantener a raya a los grupos opositores?", manifestó Alemán en los primeros meses de su sexenio. Presuroso, uno de sus ayudantes le comentó que una oficina así ya existía. Había sido creada por Lázaro Cárdenas en 1938 bajo el nombre de Oficina de Información Política, con el fin de reunir todos los datos posibles de los enemigos del régimen. Con el inicio de la Segunda Guerra Mundial se ampliaron sus facultades y cambió de nombre. A partir de 1942 se le conoció como Departamento de Investigación Política y Social.

Pero Alemán quería dejar su huella, y en 1947, bajo el argumento de que había grupos subversivos a diestra y siniestra, refundó la institución bajo el nombre de Dirección Federal de Seguridad con dos misiones fundamentales: recabar información acerca de los opositores al régimen y combatirlos si era necesario sin importar los métodos empleados para ello.

LAS TORRES DE SATÉLITE

Ciudad Satélite fue un proyecto urbanístico desarrollado después del sexenio alemanista pero en el que el expresidente se llevó sus buenas ganancias. En 1957 se construyó una autopista que iba de la Fuente de Petróleos hacia el norte hasta la Hacienda del Pirul, mediante la cual por vez primera la Ciudad de México se unió con su zona periférica. Eso marcó el banderazo de salida para el desarrollo de Ciudad Satélite, que estuvo a cargo del arquitecto Mario Pani, quien a su vez encomendó al arquitecto Luis Barragán el diseño del acceso principal, la puerta de entrada al nuevo fraccionamiento. Barragán incorporó al proyecto a dos buenos amigos: el escultor Mathias Goeritz y el pintor Jesús Reyes Ferreira, quienes diseñaron una escultura urbana de grandes dimensiones como metáfora de la ciudad moderna. Inspirados en las torres de San Gimignano, el resultado fueron cinco torres que se convertirían en el símbolo de Ciudad Satélite, que fueron develadas el 1 de marzo de 1958. Terminada la obra, la venta de lotes comenzó en el mes de agosto de ese año.

La Dirección Federal de Seguridad fue un organismo siniestro que violó todos los derechos habidos y por haber desde 1947 hasta 1985. Persiguió comunistas, obreros, campesinos, estudiantes, guerrilleros. Bajo la dirección de oscuros personajes como Fernando Gutiérrez Barrios o Miguel Nazar Haro, la DFS vulneró la vida privada, la correspondencia, intervino teléfonos, espió, intimidó, torturó a cualquier sospechoso de ser enemigo del régimen y perpetró asesinatos, secuestros y desapariciones. En los años setenta fue responsable de la guerra sucia; entre 1960 y 1980 se le atribuyen más de 500 desapariciones forzadas.

Alemán quedó complacido con la creación de la DFS pero también encontró otras formas menos drásticas de convencer a los opositores de que dejaran de serlo: al más puro estilo porfirista compró muchas voluntades. En 1948 la secretaría general del sindicato ferrocarrilero fue ocupada por un hombre muy folclórico, Jesús Díaz de León, apodado *el Charro* porque gustaba vestir a la usanza y además era amante de las suertes de la charrería. Con la bendición de Alemán y muy jugosas prebendas en su beneficio, el Charro Díaz de León descabezó el sindicato, eliminando de sus cargos a todos aquellos líderes que pretendían buscar mayores libertades. Así nació al "sindicalismo charro", que se refería a los líderes que se vendían al gobierno a costa de sus agremiados.

Al término del sexenio era innegable el progreso material y la modernización que recorrían el país, pero el costo fue mayúsculo: la corrupción en todo su esplendor. Alemán se benefició haciendo negocios particulares a costa de los negocios públicos; repartió bienes y dones entre sus amigos y permitió que se enriquecieran invirtiendo por aquí y por allá en las grandes obras públicas o proyectos de desarrollo. Y como fluyeron los capitales a manos llenas nadie dijo nada, y como era el presidente, nadie dijo nada. Tan escandalosa fue la corrupción que al presidente la gente le llamó *el Ratón Miguelito*. También se hizo célebre una frase fatalista: "Que roben pero que dejen obra". El 1 de diciembre de 1952 Miguel Alemán entregó el poder a sabiendas de que nadie lo tocaría ni con el pétalo de una rosa.

Austeridad republicana

"Me quieren para presidente, no para semental", respondía Adolfo Ruiz Cortines cuando le hacían burla por su edad. Sin contar a Porfirio Díaz, ningún otro presidente de México en el siglo XX llegó al poder con más de sesenta años de edad, así que la percepción generalizada era que el veracruzano era un viejo.

Pero Ruiz Cortines no perdía el sueño. En comparación con su antecesor, era un hombre mesurado y austero; su carrera política había sido discreta, como lo fue su gobierno. Al llegar a Los Pinos (1952-1958) se acabaron las fiestas del *jet set*, los reflectores de cine o televisión, la grandilocuencia o los fastuosos eventos al estilo alemanista.

Sabía que al expresidente Alemán no se le podía tocar —era un pacto no escrito—, pero le dio un llegue en su discurso de toma de posesión. Criticó la corrupción, el dispendio, la frivolidad y el amiguismo del presidente saliente: "Seré inflexible con los servidores públicos que se aparten de la honradez y de la decencia", señaló. Y se refirió a la corrupción como una "herida profunda", prometiendo probidad y moderación en el gasto público. Todo eso lo dijo el 1 de diciembre de 1952, día en que tomó posesión, y fecha en la que la sonrisa de Alemán desapareció de su rostro, al menos por unas horas, aunque nadie lo volvió a molestar y vivió feliz hasta el final de su vida.

En un principio muchas de las acciones de austeridad y probidad de Ruiz Cortines parecían parte de un montaje, pero los hechos demostraron que la austeridad era su programa de gobierno, y que en realidad creía en la honestidad en el servicio público. Comenzó su gobierno dando a conocer sus propiedades: una casa en la Ciudad de México, un rancho en Veracruz, un automóvil, algunos ahorros y los bienes que poseía su esposa. Y como puso el ejemplo, exigió a los funcionarios de su gobierno que hicieran lo propio.

Era tan meticuloso con el asunto de la honestidad que en una ocasión con motivo de su cumpleaños recibió alrededor de 300 regalos de parte de empresarios, inversionistas, políticos y conocidos. Su esposa trató de convencerlo de que los conservara pero fue inútil: ordenó devolverlos. Solo conservó los regalos que le habían enviado sus viejos amigos, los que le brindaban su amistad desde antes de que llegara a la presidencia.

El nuevo gobierno reconoció el despilfarro del gobierno anterior y de inmediato suspendió las obras públicas comenzadas por Alemán, que cínicamente había inaugurado pero que estaban sin concluir. Solo terminó las importantes, como Ciudad Universitaria y el Auditorio Nacional. El gobierno también tuvo que hacer frente a las consecuencias de la aceleración económica alemanista y tomó una drástica medida: devaluó el peso de 8.50 a 12.50 por dólar, pero ingeniosamente lo hizo en la Semana Santa de 1954, aprovechando que la gente se encontraba de vacaciones, para que no hubiera reacciones airadas. Aun así, sobrevinieron los ajustes de precios, las compras de pánico y las protestas, pero como el sector obrero estaba totalmente sometido al gobierno, la clase trabajadora apoyó incondicionalmente la patriótica medida del presidente.

A pesar de la devaluación, la administración de Ruiz Cortines salió de la fugaz crisis y sentó las bases para el "desarrollo estabilizador", que no era otra cosa que ejercer el gasto público con prudencia; solicitar pocos créditos al exterior; permitir la inversión extranjera; estabilizar los precios; mantener un estricto control sobre ellos, y desde luego

Bip-bip

Durante el sexenio de Ruiz Cortines llegó a México un pequeño, práctico y funcional automóvil que por décadas sería el más económico: el Volkswagen sedán. De origen alemán, el llamado "auto del pueblo" llegó en momentos en que la moda automovilística era dictada por Estados Unidos, por lo que el tamaño y diseño del Volkswagen no agradó a muchos conductores, que preferían los espacios amplios y la sensación de manejar, no un automóvil sino una "lancha". En los primeros años de 1950 un general de apellido Martínez obtuvo la concesión para importar el vehículo a México, pero como no le gustó la cedió al príncipe Alfonso de Holenhoe, quien en enero de 1954 se convirtió en el primer concesionario de la firma germana y fundador de la Distribuidora Volkswagen Central. El 23 de marzo el presidente Ruiz Cortines inauguró en Ciudad Universitaria la exposición de la Industria Alemana —tan solo un día después de que dieran comienzo los primeros cursos en el nuevo campus del Pedregal—. La exposición fue el mejor escaparate para los nuevos vehículos y los promotores del evento aprovecharon la presencia del general Lázaro Cárdenas, que viajó desde Michoacán para conocer el Volkswagen, para anunciar en los días siguientes al "hombre del pueblo con el auto del pueblo".

mantener los salarios bajos. Gracias a estas medidas el país consolidó su crecimiento durante las siguientes dos décadas y no hubo otra devaluación hasta 1976.

Como era común, cada presidente que llegaba al poder lo hacía con sus propios proyectos que generalmente eran cancelados cuando iniciaba el siguiente sexenio. Ruiz Cortines apostó a los recursos marítimos y lanzó el programa "Marcha al mar" para modernizar los puertos y las flotas pesqueras. La marcha no llegó muy lejos: terminó cuando dejó el poder.

Entre 1952 y 1958 el gobierno lanzó una importante cruzada nacional para erradicar el paludismo y otras enfermedades; impulsó una gran campaña de alfabetización, pero lo que se llevó las palmas, una ovación de pie, bombos y platillos y el reconocimiento de los mexicanos, fue que la mujer finalmente obtuvo el derecho al voto para elecciones federales en 1954.

Desde 1937 el presidente Lázaro Cárdenas había enviado una iniciativa para que las mujeres pudieran votar, pero de último momento el partido oficial se echó para tras con el argumento de que el voto femenino "podría verse influenciado por los curas". El tema no volvió a tocarse hasta diciembre de 1946. Unos días después de que Alemán asumió el poder presentó una iniciativa para que las mujeres votaran en elecciones municipales, la cual fue aprobada en febrero de 1947. En una de las primeras jornadas electorales, realizada en Chiapas a finales del año, la mujer mexicana finalmente ejerció un derecho injustamente negado por décadas. Pero aún faltaba camino por recorrer.

El 4 de diciembre de 1952 —tres días después de la toma de posesión de Adolfo Ruiz Cortines—, Acción Nacional solicitó concluir el trámite de la iniciativa presentada por Cárdenas en 1937 para que las mujeres votaran a nivel federal, pero nadie le hizo caso. El presidente presentó su propia iniciativa, la cual fue aprobada en 1953 por su club de amigos —los diputados—. El 3 de julio de 1955 las mujeres votaron por primera vez en elecciones federales.

Si Miguel Alemán había logrado convertir el informe de gobierno en una ceremonia ritual donde todo mundo le rendía pleitesía al presidente, Ruiz Cortines llevó la investidura al siguiente nivel: a través del discurso, de las ceremonias cívicas, de las fechas patrias y de una serie de actos patrióticos convenció a los mexicanos de que en la investidura presidencial se fundían el hombre, las instituciones y la patria.

Con el ambiente imbuido del más puro patriotismo, había actos oficiales que parecían excesivos. En un desfile del 5 de mayo, de los primeros que presidió Ruiz Cortines, saludó al legendario sargento Manuel de la Rosa, un soldado de 113 años de edad que había luchado contra los franceses en 1862, y al que año con año lo hacían desfilar a bordo de un *jeep*.

En septiembre de 1955 el espíritu patriótico impregnó las paredes del Auditorio Nacional. Las loas que la historia oficial cantaba a sus héroes de bronce culminó un día antes de la tradicional ceremonia del Grito con la presencia del presidente Ruiz Cortines. Más de diez mil niños que un año antes habían cantado el Himno Nacional al conmemorarse un siglo de su estreno, se reunieron en el Auditorio para recibir el reconocimiento del presidente.

Vestidos de blanco, los alumnos de las escuelas del Distrito Federal portaban orgullosos un botón en el pecho con la leyenda: "Himno Nacional. Yo lo canté en su centenario". Y no dejaron de aplaudir cuando el presidente, en un tono casi de iluminado por la Patria expresó: "Ojalá este acto se hubiera efectuado donde todo el pueblo de México pudiera estar presente, para que se emocionara tan profundamente como yo".

Ni el exacerbado patriotismo ni el voto a la mujer significaron que el sistema político mexicano cambiara de rumbo para construir un país democrático, respetuoso de las leyes y de las instituciones. El presidente Ruiz Cortines no estaba

VIVA LA REVOLUCIÓN

En 1956 el gobierno se voló la barda con el tema patriótico. El Instituto Nacional de Bellas Artes echó la casa por la ventana; sin escatimar recursos reunió un verdadero ejército de actores que, en número de tres mil, presentó en el Auditorio Nacional, ante quince mil personas, el espectáculo *Estampas de la Revolución,* para celebrar el Día de la Bandera. El recinto se llenó de patria al recordar los terribles años de la dictadura porfirista, la rebelión maderista, la justicia del agrarismo, la incólume bandera del constitucionalismo, para rematar con el cuadro llamado *La Patria Nueva.* Al evento no podía faltar el máximo representante de la revolución institucionalizada: el Presidente de la República. A este tipo de montajes se les conoció como "teatro de masas", que en los siguientes años alcanzarían fama por sus estampas de la historia nacional.

dispuesto a debilitar la investidura presidencial con ocurrencias democráticas. Y si bien su sexenio no se caracterizó por el uso de la violencia recurrente, dos grupos sociales se le pusieron al brinco cuando concluía su sexenio.

Maestros y ferrocarrileros aprovecharon que se acercaba la sucesión presidencial de 1958 para buscar mejoras salariales y consolidar sindicatos independientes, alejados de las estructuras de control político del sistema como el Sindicato Nacional de Trabajadores de la Educación (SNTE) y la Confederación de Trabajadores de México (CTM), que ya estaba en poder de Fidel Velázquez, su eterno líder.

En abril los maestros organizaron una gran manifestación que llegó al Zócalo capitalino solo para ser reprimida brutalmente por el cuerpo de Granaderos, que a partir de ese momento se convirtió en el ariete contra los grupos disidentes. La respuesta de los maestros fue una huelga en todas las primarias del Distrito Federal. Para no empañar las elecciones presidenciales, el presidente decidió otorgar un aumento, pero una vez que el candidato del PRI ganó la presidencia, Ruiz Cortines reprimió el movimiento magisterial, y sus líderes, Othón Salazar y Encarnación Pérez, fueron a dar a la penitenciaría de Lecumberri y el movimiento disidente fue disuelto.

El gobierno no quiso enfrentar a los ferrocarrileros, que bajo el liderazgo de Demetrio Vallejo exigían también aumentos salariales y mejores condiciones de trabajo. Accedió a algunas de sus peticiones pero no solucionó el conflicto de manera definitiva; prefirió heredarlo a su sucesor, que debía ocupar la presidencia desde el 1 de diciembre de 1958.

Entre letras y cine

Los años cincuenta en México dieron cuenta de la publicación del *Laberinto de la soledad*, de Octavio Paz, que junto con la cinta *Los olvidados*, de Luis Buñuel —ambas aparecieron en 1950—, desataron una gran polémica porque mostraban la realidad, la forma de pensar del mexicano, la pobreza, la desigualdad. Fue una década prolífica en cuanto a grandes obras literarias: en 1955 Juan Rulfo publicó *Pedro Páramo* y en 1958 Carlos Fuentes *La región más transparente*. En los cincuenta el país lamentó el fallecimiento de grandes artistas e intelectuales: Frida Kahlo en 1954; Diego Rivera en 1957; Alfonso Reyes y José Vasconcelos en 1959.

Fueron tiempos de cambio: finalmente hubo justicia para la mujer y se le concedió el derecho al voto. Fueron los años de consolidación del cine mexicano; el éxito de grandes personajes de la canción como Pedro Vargas o Agustín Lara; la muerte de dos grandes: Jorge Negrete en 1953 y Pedro Infante en 1957; fue el tiempo de las divas: María Félix, Dolores del Río, Gloria Marín, Miroslava, que se quitó la vida en 1955.

En esa época la famosa cafetería Sanborns celebraba su 52 aniversario con ofertas insuperables en sus productos: las medias de nailon *Full fashion* se ofrecían de 10.50 a 7.50 pesos; una plancha eléctrica estaba rebajada de 195 a 119 pesos y el *estuche Sanborns*, que contenía lavanda, brillantina y jabón se vendía a tan solo 6.40. Con igual fervor se promocionaban los lotes en el lago de Tequesquitengo, los vuelos a París por Air France y el inigualable sabor del ron Bonampak.

En el caso del cine nacional, de manera muy oportuna se anunciaba el estreno en el cine Mariscala de la película de Alejandro Galindo, *Espaldas mojadas*, "una película de interés nacional". Asimismo, en el Bucareli se presentaba *La mujer x*, con Libertad Lamarque y Víctor Junco, mientras que en el Teresa aparecía Pedro Infante en *Escuela de vagabundos*.

El cabaret, el teatro de revista y el teatro de comedia y drama igualmente reclamaban su primerísimo lugar en la oferta taquillera. En el cabaret Margo se presentaban María Victoria y la Orquesta de Luis Alcaraz; en el Follies se garantizaban las carcajadas con Tin Tan, Palillo y Clavillazo. Y para aquellos que gustaban del teatro serio las opciones estaban en los teatros Trianón, el Caballito, y el Arlequín, donde se ofrecían las puestas en escena *Un tal Judas*, con Ofelia Guilmáin; *Tovarich*, con Ignacio López Tarso, y *Nina*, con Carlos Riquelme y Luis Beristáin.

Entre los productos de consumo destacaban los cigarros Belmont extra, "al fumarlos se tiene todo", las televisiones Packard Bell, que por 2,295 pesos eran los aparatos de mayor venta en México, así como la cerveza Don Quijote de la Cuauhtémoc, dirigida al publico conocedor, con Silvia Pinal como imagen del producto.

De 1950 a 1954 la Carrera Panamericana despertó una gran afición por el automovilismo, que se vio materializada en 1959 con la construcción del Autódromo de la Ciudad de México, que en 1962 daría cabida a la Fórmula 1. El paso de los automóviles por las principales ciudades del país emocionaba a la gente. Pero no todo era automovilismo. El 20 de noviembre de 1952 el presidente Alemán inauguró el Estadio de Ciudad Universitaria, en donde se jugó uno de los clásicos más memorables de la historia del futbol americano: los Pumas de la Universidad le ganaron a los Burros Blancos del Poli por 20 a 19.

En 1954 se conmemoró el centenario del estreno del Himno Nacional y las autoridades reunieron a decenas de miles de niños en el Zócalo para entonarlo el 15 de septiembre, fecha en que se cantó por primera vez en 1854. También por entonces se llevó a cabo la primera Feria del Hogar. En 1957 la ciudad fue sacudida por un terrible temblor que derrumbó a la Victoria Alada, o Ángel de la Independencia, de su pedestal. El Auditorio Nacional, estrenado en 1952, rápidamente se convirtió en el epicentro del entretenimiento, la diversión y el regocijo de los habitantes de la Ciudad de México.

Carita mata política

Adolfo López Mateos llegó en caballo de hacienda a la presidencia de la República. Desde que fue destapado por Ruiz Cortines le cayó bien a todos. Saltó de la Secretaría del Trabajo a la candidatura presidencial tras demostrar que sus dotes de extraordinario orador, su carisma y el buen ánimo que lo acompañaban le permitieron sortear varios problemas laborales de importancia en beneficio del gobierno de su jefe, el presidente Ruiz Cortines —claro, con el movimiento obrero controlado era más fácil mantener el orden.

Además, las elecciones que lo llevaron a la presidencia no fueron cuestionadas por nadie. La sociedad ya le había entrado al juego de la ficción democrática y acudía a las urnas con resignación, a sabiendas de que la elección estaba decidida desde que destapaban al candidato.

En la jornada electoral del 6 de julio de 1958 participaron cinco partidos, de los cuales cuatro postularon a López Mateos: el PRI, el Partido Nacionalista Mexicano, el Partido Auténtico de la Revolución Mexicana y el Partido Popular. Si hubiera sido futbol, el resultado para el candidato de Acción Nacional —Luis H. Álvarez— hubiera sido goliza. El candidato oficial se llevó 89.81% de los votos, mientras que el del PAN obtuvo 9.42%.

Pero a decir verdad, a la mayor parte de la gente no le importaba la política: el país avanzaba bien, crecía económicamente, la inflación estaba controlada, la paridad peso-dólar permanecía estable y la sociedad sentía que el gobierno cubría sus necesidades básicas, así que ni *pa'* qué moverle.

López Mateos estaba feliz de haber alcanzado la presidencia pero no estaba dispuesto a gobernar, o no quería

El dedazo y el tapado

Entre 1929 y 1994 los presidentes de México tuvieron una facultad *sui géneris*: "el dedazo", por medio del cual cada uno eligió libremente a su sucesor. El partido no importaba; no había procesos democráticos ni precandidatos ni nada. El presidente elegía, pero no daba a conocer a su candidato sino hasta el último momento para evitar que las fuerzas políticas se movieran. Así nació la figura del "tapado". El tapadismo fue el arte que desarrollaron los presidentes para ocultar a su sucesor, haciendo creer a la clase política y a la opinión pública que el elegido sería otro. La figura del "tapado" se hizo famosa a partir del régimen de Adolfo Ruiz Cortines por dos razones: porque circuló un anunció que decía "El tapado fuma Elegantes" (López Mateos lo hacía) y porque el caricaturista Abel Quezada dibujó al "tapado", convirtiéndolo en el ícono que lo definiría durante los siguientes sexenios: un hombre trajeado con la cara cubierta por una capucha con dos agujeros para poder ver. Una vez que el tapado era destapado no había duda de que sería el próximo presidente porque todos los sectores del PRI se movían a su favor y la maquinaria del fraude electoral hacía su trabajo en las urnas. El primer tapado fue Adolfo López Mateos (1958) y el último fue Luis Donaldo Colosio (1994). Colosio fue el único tapado que no llegó al poder porque fue asesinado antes de las elecciones.

preocuparse por hacerlo, así que eligió a los mejores hombres dentro de su gabinete a quienes les encomendó que llevaran la fiesta en paz. La Secretaría de Gobernación, encargada de vigilar la estabilidad política y la paz social, la puso en manos del suavecito Gustavo Díaz Ordaz; las finanzas en poder de Antonio Ortiz Mena, que le sacó todo el jugo posible al milagro mexicano; en educación a Jaime Torres Bodet, con vasta experiencia y amplio prestigio intelectual, y en Relaciones Exteriores a Manuel Tello, el personaje ideal para la cruzada internacional que realizaría el presidente a lo largo de todo su sexenio.

La mano dura de Gobernación

El movimiento ferrocarrilero no quedó muy conforme con los acuerdos que había logrado en los últimos meses del gobierno de Ruiz Cortines, y como era de esperarse, nada más empezó el sexenio de López Mateos los líderes hicieron pitar la locomotora y emprendieron de nuevo la movilización encabezada por Demetrio Vallejo. En los primeros meses de 1959 hubo huelgas y paros que buscaban reconquistar derechos que los líderes charros habían aceptado suprimir.

Pero el movimiento se radicalizó, y como en el comité había miembros del Partido Comunista y del Partido Obrero y Campesino —que al igual que el gobierno no eran nada conciliadores—, llevaron el conflicto hasta un punto sin retorno, o hasta el punto en el que el gobierno no tuvo empacho en usar la fuerza para acabar con el movimiento.

Y así sucedió. A los ferrocarrileros les pareció una gran idea ir a la huelga en plena Semana Santa de 1959. A la sociedad no le pareció tan buena idea: millones de vacacionistas quedaron varados, y al gobierno le pareció una afrenta, un insulto, una insolencia, una franca rebeldía. El secretario de Gobernación, Díaz Ordaz, ni siquiera lo pensó, y como la única respuesta que conocía el gobierno era la represión ordenó una operación relámpago por todo el país, a macanazo limpio, apoyado por la policía y el ejército, y cientos de ferrocarrileros fueron detenidos. Luego saldrían en libertad, pero sus líderes, entre ellos Demetrio Vallejo, se ganaron un viaje todo pagado a Lecumberri por varios años. Descabezado el sindicato, se eligió un nuevo comité ejecutivo sometido a la voluntad del gobierno.

Desde la Secretaría de Gobernación Díaz Ordaz también hizo sentir su mano dura al Movimiento Revolucionario del Magisterio que había dado guerra en 1958 y que en 1960 regresaba por sus fueros para oponerse al SNTE, pero el movimiento tardó más en organizarse que en ser sofocado por el gobierno.

La Asociación de Pilotos Aviadores creyó que era buena idea ir a la huelga y la respuesta fue represión y requisa —figura jurídica que significaba que el gobierno tomaba el control de la empresa para evitar daños y perjuicios a la población. En 1962 los telefonistas intentaron mayores libertades sindicales y la empresa también fue requisada. Por si fuera poco, el gobierno estuvo detrás de los asesinatos del líder campesino Rubén Jaramillo y de su familia y de las torturas al doctor Salvador Nava, quien luego de ganar la presidencia municipal de San Luis Potosí en 1958 frente al cacique Gonzalo N. Santos, en 1961 buscó la gubernatura de manera independiente, pero luego del fraude en su contra el ejército lo detuvo y lo torturó. Era un hecho, con Díaz Ordaz en la Secretaría de Gobernación no había lugar para la indisciplina.

Sindicalismo prostituido

El sistema político priista prostituyó el sindicalismo. A través de la CTM logró el control absoluto de la clase obrera a cambio de diputaciones, senadurías, gubernaturas y grandes beneficios económicos para los líderes de los sindicatos afiliados a ella. Fidel Velázquez ocupó la cabeza de la central obrera durante más de cincuenta años y fue el encargado de garantizar la adhesión incondicional del sector obrero a cada presidente de la República. Ante Miguel Alemán la CTM sostuvo: "No deseamos ser los favoritos de su gobierno, deseamos ser sus amigos. Aspiramos a ser los colaboradores más sinceros de su política". Con Ruiz Cortines Fidel afirmó que mantendrían los más fuertes lazos de amistad al considerar que "tanto él como los regímenes a quienes se hace mérito, tienen un mismo origen y una misma trayectoria a seguir, puesto que han surgido de la Revolución y coinciden con sus propósitos". Al destaparse la candidatura de López Mateos, la CTM se pronunció en su favor "porque no había otra gente tan conocida y tan relevante en sus ideas revolucionarias como él [...] la figura que se presenta ante el consenso nacional emerge de las entrañas mismas de nuestro pueblo, se nutre de los más claros ideales de la Revolución, rechaza toda mistificación y se opone abiertamente a cualquier propósito contrario a los principios básicos de la democracia y la libertad". Con Díaz Ordaz, el apoyo era innegable: "Ha mantenido la bandera de la Revolución mexicana siempre [...]. Estamos apoyando a un hombre que sí garantiza los intereses de la clase trabajadora". Así fue el discurso cetemista, siempre el mismo: le cantó al oído a todos y fue aliado de todos los gobiernos a costa de los derechos de los trabajadores.

Paranoia comunista

Apenas un mes después de que López Mateos accedió a la presidencia del país, una noticia recorrió el mundo y determinó buena parte de la política interna y externa mexicana durante todo el sexenio: el 1 de enero de 1959 Fidel Castro derrocó al dictador Fulgencio Batista y ocupó La Habana.

En los días inmediatos al triunfo castrista nadie podía imaginar que el socialismo llegaba para quedarse y se establecía a 144 kilómetros de Estados Unidos. En los primeros meses de 1959 Castro anunció que su gobierno sería nacionalista y nadie dijo nada; incluso la Casa Blanca reconoció a la revolución, pero una vez que comenzaron las expropiaciones, los estadounidenses pusieron el grito en el cielo y cara de horror.

Frente a la paranoia comunista que recorría Estados Unidos —querían comerse vivos a los cubanos— México asumió una posición ambigua pero efectiva. Quería quedar bien con dios y con el diablo, así que recurrió a la defensa de dos principios de política exterior: autodeterminación y no intervención. Y así se la fue llevando. Frente al bloqueo que Estados Unidos impuso desde 1962, México se mantuvo siempre al margen y estableció una relación estrecha con Cuba.

En el mexicanísimo juego de la simulación, la relación de México con Cuba fue perfecta; el gobierno mexicano jamás criticó a la dictadura castrista ni la persecución a los disidentes ni la ausencia de derechos políticos. Por su parte, Cuba jamás intentó apoyar un movimiento guerrillero socialista dentro de las fronteras mexicanas ni cuestionó la ficción democrática ni la represión contra grupos de izquierda. Incluso durante la época de Echeverría, algunos presos políticos mexicanos de izquierda fueron enviados a campos de trabajos forzados a Cuba. Ambos países fueron maestros en el arte de la simulación.

Para nadie era un secreto que Fidel Castro, el Che Guevara y varios de sus compañeros habían hecho buenas migas con Fernando Gutiérrez Barrios, miembro de la temible Dirección Federal de Seguridad, durante los años en los que estuvieron confinados en México —a principios de los cincuenta— y pudieron conspirar contra Batista sin que el gobierno mexicano lo impidiera. Además, fueron liberados en 1956 para que Castro y compañía pudieran embarcarse en el *Granma* rumbo a Cuba a iniciar la revolución que lo llevó al poder en 1959.

Si en el ámbito exterior el gobierno mexicano sorteó con inteligencia el socialismo cubano, a nivel interno las ideas de izquierda polarizaron y alborotaron a diferentes grupos de la sociedad mexicana. Muchos intelectuales, estudiantes y grupos disidentes se enamoraron del socialismo cubano, y cuando comenzaron el acoso y las presiones estadounidenses contra la isla —sobre todo a raíz de la fallida invasión a Bahía de Cochinos en 1961— se manifestaron en contra del maldito, oscuro y perverso imperialismo gringo, y fundaron el Movimiento de Liberación Nacional para combatirlo y para construir un camino que llevara a México hacia un luminoso, justísimo e igualitario socialismo.

López Mateos y sus secretarios hicieron un gran entripado al enterarse de que entre los miembros del MLN estaba nada más y nada menos que el general Lázaro Cárdenas, expresidente, ícono de la izquierda, del nacionalismo y de la Revolución. Pero como en México no era costumbre que un expresidente adquiriera mayor relevancia que el presidente —y mucho menos que asumiera una causa que pusiera en riesgo el sistema político priista—, López Mateos le leyó la cartilla y Cárdenas se cuadró y se retiró del movimiento.

Entonces comenzó una represión sistemática contra los grupos de izquierda que se pasaran de vivos.

Pero al gobierno también se le hizo bolas el engrudo. En 1960 el presidente del PRI dijo que el gobierno era de "atinada izquierda dentro de la Constitución". López Mateos respondió que no, que su gobierno era "dentro de la Constitución, de extrema izquierda". Tuvo que llegar el secretario de Gobernación a aclarar que izquierda significaba "capacidad de lograr la justicia social".

Como siempre, las definiciones del gobierno confundían más de lo que aclaraban, y los sectores más conservadores de la sociedad no entendieron nada y se colgaron de la lámpara alarmados de que México transitara hacia el socialismo, así que iniciaron una intensa campaña por todo el país bajo el lema de "Cristianismo sí, comunismo no". Los empresarios, muy inquietos también porque el 27 de septiembre de 1960 el presidente había nacionalizado la industria eléctrica, lanzaron un manifiesto con el encabezado "¿Por cuál camino, señor presidente?". Tuvo que salir el secretario de Hacienda, Antonio Ortiz Mena, a explicarles que las empresas extranjeras en el sector eléctrico querían vender, pero que el gobierno quiso presentar la operación como una nacionalización para darle un tono más revolucionario y patriótico. Los empresarios se quedaron conformes y nadie tocó sus intereses en ningún momento.

Al final, el gobierno le dio a todos los grupos por su lado, y en los hechos demostró que el sistema era camaleónico y que se adaptaría a las circunstancias que fueran necesarias para permanecer en el poder. A la Iglesia y a los empresarios les prometió que no verían afectados sus intereses espirituales ni mucho menos los terrenales; a la sociedad le dijo que el socialismo era una doctrina extraña a las costumbres nacionales y a la izquierda la reprimió como siempre.

López Paseos

Una de las frases del sexenio, o que al menos se hizo vox pópuli, fue: "¿Qué toca hoy señor presidente, viajes o viejas?". Y es que durante su mandato, López Mateos realizó tantas giras por el mundo que fue conocido como López Paseos, además de su conocida coquetería y debilidad por el sexo femenino. Entre 1959 y 1964 el presidente realizó múltiples visitas de Estado. En octubre de 1959 viajó a Estados Unidos y Canadá. Poco después a Venezuela, Brasil, Argentina, Chile y Perú.

En octubre de 1962 llegó a Oriente: India, Japón, Indonesia y Filipinas. En el Pacífico lo sorprendió "la crisis de los misiles", pero no había problema porque México se quedaba a cargo del secretario de Gobernación, Gustavo Díaz Ordaz. En Europa visitó Francia, Yugoslavia, Polonia, los Países Bajos y la República Federal Alemana. El país recibió en junio de 1962 al presidente de Estados Unidos, John F. Kennedy, con el cual López Mateos negoció la recuperación de El Chamizal, y en octubre de 1963 obtuvo para México la sede de los Juegos de la XIX Olimpiada.

Ningún otro presidente había desarrollado una política exterior tan activa como López Mateos. Durante décadas el país se mantuvo en un cómodo aislamiento para no comprometerse con ninguna posición política. Durante el sexenio de López Mateos el gobierno amplió sus relaciones con el mundo y promovió el "milagro mexicano" por todo el orbe. Trató de mostrar un país estable, próspero y conveniente para la inversión extranjera, y logró un amplio reconocimiento internacional.

México defendió en los foros internacionales los principios de autodeterminación y no intervención, y así pudo

Glamur

Adolfo López Mateos le dio glamur al ejercicio del poder. En marzo de 1962 la gran diva de Hollywood, *sex symbol* de la época, Marilyn Monroe, visitó México. Vino de *shopping* buscando muebles para decorar su casa de Brentwood. Durante varios días se hospedó en el Hotel Continental Hilton, localizado en el Paseo de la Reforma, y hasta se compró un suéter de Chiconcuac. Unos meses después, entre el 29 de junio y el 1 de julio, el presidente John F. Kennedy y su esposa Jacqueline Bouvier realizaron una visita oficial a México y la sociedad enloqueció. La gente se volcó en las calles para verlos pasar a bordo de un automóvil descapotado en lo que fue una gran verbena. Además, la pareja estadounidense terminó por ganarse el corazón de los mexicanos al asistir a la Basílica de Guadalupe a visitar a la Virgen.

El presidente López Mateos convirtió la visita del presidente estadounidense y su esposa en un gran evento social. Se cuenta que en algún momento de su visita, el presidente Kennedy le dijo a su homólogo mexicano: "Qué hermoso reloj, señor presidente". Inmediatamente, muy a la mexicana, López Mateos se lo quitó y se lo obsequió. Horas más tarde, durante la inauguración de la Unidad Habitacional Kennedy, construida para obreros de las artes gráficas, el presidente López Mateos le dijo a Kennedy: "Qué bonita es su esposa, señor presidente". Kennedy se quitó de inmediato el reloj que le había obsequiado López Mateos y en un mal español le dijo: "Ahí está su pinche reloj".

Además, durante su sexenio se construyó el Autódromo de la Ciudad de México y vino por vez primera la Fórmula 1 a México (1962), a la cual asistió hasta unos años antes de morir.

establecer relaciones con países capitalistas, socialistas y los No Alineados —como se les llamaba a los que no optaban por ninguno de los dos sistemas ideológicos—. Esa ambigüedad generó algunas críticas internacionales y no pocos chistes. Se llegó a decir que a López Mateos lo llamaban "el ombligo, por no estar ni a la izquierda ni a la derecha y ser bueno para nada".

El libro de texto gratuito

Con Jaime Torres Bodet al frente de la Secretaría de Educación Pública, el gobierno brilló como en otros tiempos. En 1964 se inauguraron varios museos importantes sobre el Paseo de la Reforma: el de Antropología e Historia en cuya explanada fue colocado el monolito de Tláloc, el cual fue trasladado el 16 de abril de ese año desde San Miguel Coatlinchán, Estado de México. El otro gran museo fue el de Arte Moderno.

Pero una de las grandes obras del sexenio fue la creación de la Comisión Nacional del Libro de Texto Gratuito (1959), que Torres Bodet puso en manos de Martín Luis Guzmán. Desde esa institución el célebre escritor inició una nueva cruzada educativa que contemplaba la impresión de millones de libros de diversas materias para ser distribuidos gratuitamente en todo el país y unificar así la educación.

En 1960, al conmemorarse los 150 años del inicio de la Independencia y 50 del inicio de la Revolución, los primeros libros de texto llegaron a los hogares mexicanos. Eran diecinueve títulos para alumnos de primaria. Para hacerlos atractivos, las primeras portadas fueron encargadas a artistas reconocidos como Raúl Anguiano, David Alfaro Siqueiros

LA HISTORIA OFICIAL

Entre 1959 y 1994 el libro de texto de historia que imprimió el gobierno en millones no sirvió para enseñar historia, sino para adoctrinar a los mexicanos. Era un catecismo de historia patria con una sola interpretación del pasado que no se podía confrontar con nada, no podía cuestionarse bajo ningún concepto y a través del cual se enseñaban dogmas de fe de la historia y no procesos históricos. Una visión de buenos contra malos con una serie de mitos que arraigaron en la conciencia de la sociedad; héroes perfectos como Cuauhtémoc, Hidalgo, Morelos, Juárez, Madero, Carranza, los Niños Héroes, entre otros, y villanos terribles como Cortés, Iturbide, Santa Anna, Porfirio Díaz, Huerta. A través de la historia oficial el sistema político creó una conciencia histórica que culpó de todos nuestros males al hecho de que nos hubieran conquistado los españoles, lo cual alentaba una actitud derrotista y perdedora, sumisa y sobajada que también culpaba al otro responsable de nuestras desgracias: Estados Unidos.

y Roberto Montenegro, entre otros. Pero la portada que alcanzó fama inusitada y con la que crecieron varias generaciones fue la que plasmaba a *La Patria*, de Jorge González Camarena: una mujer morena de rasgos indígenas envuelta en una túnica blanca y con la bandera nacional a sus espaldas. Comenzó así el proceso que le dio forma a la historia oficial.

Para cuando Adolfo López Mateos dejó el poder el sistema político mexicano había llegado a su cenit, todo se explicaba a través de él: la vida política, la vida social, la economía, la historia, la cultura. Parecía que el país debía continuar por el mismo camino para garantizar su futuro. La sociedad en su mayoría estaba completamente domesticada y aceptaba sin chistar las formas bajo las cuales el sistema había construido el país. Pero pronto aparecieron los vicios ocultos.

Noche de ronda

Hacia finales de la década de 1950 se pusieron de moda los cafés danzantes, sitios que ofrecían a los oficinistas del centro de la Ciudad de México un cómodo horario de 5 a 7 de la tarde para bailar un rato antes de continuar su camino de regreso a casa. Pepe León —uno de los empresarios de espectáculos más importantes de la segunda mitad del siglo XX—, trabajó inicialmente en el Continental, que se ubicaba en la calle de Revillagigedo esquina con Independencia. Hacia 1956 logró hacerse del Atlas, localizado en Niño Perdido —hoy eje Central— esquina con López, local que convirtió en el café danzante denominado El Social, amenizado por una orquesta grande cuyo vocalista era Gualberto Castro.

A las 7 de la noche no cabía un alma en El Social. Dos horas más tarde la gente se había retirado y comenzaba a llegar un público distinto, amante de las desveladas. El Social se convertía en centro nocturno con dos *shows*, el primero comenzaba cerca de las 11 de la noche y el segundo, especial para los trasnochadores, a la 1.30 de la mañana. Por el escenario de El Social pasaron los hermanos Martínez Gil, Los Tres Caballeros de Roberto Cantoral, Los Panchos, entre otros.

Al iniciar la década de 1960 se dio una fuerte competencia entre varios centros nocturnos ubicados cerca del estadio de la Ciudad Deportiva, que surgieron aprovechando la urbanización que se desarrolló sobre la Avenida de los Insurgentes. Para esos momentos, la Colonia del Valle se anunciaba como lo último en residencias para la clase media; la zona se consolidó con la apertura de Liverpool Insurgentes en 1962, y el primer supermercado del país, inaugurado en 1969, en Avenida Universidad y Parroquia.

En 1960 Pepe León adquirió un lugar llamado La Terraza —ubicado en Insurgentes Sur, donde hoy se encuentra el Amapola—, que en poco tiempo cambió su denominación por la de Terraza Casino. Los cafés-danzantes habían quedado atrás y surgían así los centros nocturnos con todo tipo de variedades. El Terraza Casino competía con La Fuente, de Francisco Aguirre, quien también era socio del Capri, localizado en el Hotel Regis, que manejaba conjuntamente con Pedro Vargas, y Los Globos, propiedad de la familia Lozano.

Por el Terraza Casino pasaron artistas de talla internacional como Olga Guillot, Bola de Nieve, la Sonora Matancera, el ballet de Roberto y Mitzuko. De España llegaron Carmen Amaya; de Italia Caterina Valente. También se presentaron el ballet del Lido de París y del Moulin Rouge; Carmen Sevilla, Rocío Dúrcal, Agustín Lara, Trini López, Ricky Nelson, Brenda Lee, Los Platters, la orquesta del extraordinario clarinetista Benny Goodman, Gene Krupa y Marlene Dietrich con su pianista Burt Bacharach.

Estos centros nocturnos rescataron la tradición del teatro de revista y lo adaptaron de acuerdo con las necesidades de la época. El *show* duraba aproximadamente una hora y media y en cada presentación variaban los artistas. En el Terraza Casino en ocasiones era posible ver en una misma noche a Silvia Pinal, Mauricio Garcés, Paco Malgesto, *el Loco* Valdés, y entre cada acto la gente se entretenía con algún mago, un *sketch* cómico o un patinador.

Eran tiempos en que las posibilidades del espectáculo eran ilimitadas. La estabilidad económica, la seguridad que brindaba la Ciudad de México, el tipo de cambio que parecía inamovible, la bonanza económica que se vivía en el país, permitían traer artistas internacionales, y sin importar el día de la semana invariablemente había un *show* cada noche.

Un contrato típico para un artista lo comprometía a presentarse durante diez días seguidos. Cuando terminaba su presentación, el escenario era ocupado por distintas orquestas como la de Chico O'Farril o *el Chamaco* Domínguez. Se cuenta que Marco Antonio Muñiz saltaba del Teatro Blanquita por la tarde, para presentarse en dos *shows* por la noche en el Terraza Casino. La competencia no se hacía esperar y los otros centros nocturnos, por ejemplo, el Señorial, llegó a presentar a Harry James, Sammy Davis Jr. y a Nat King Cole.

Por entonces, la Zona Rosa ya gozaba de un amplio reconocimiento entre la clase media urbana y buena parte de los centros nocturnos se encontraban ahí. Enclavada en medio de la Colonia Juárez —una de las de mayor prestigio durante el porfiriato—, la Zona Rosa comenzó a formarse a partir de la demolición o remodelación de las viejas mansiones porfirianas, aunque sobrevivieron varias, para darles un uso diferente, que se sumó a la construcción de edificios de departamentos, oficinas y locales comerciales.

Desde finales de la década de 1950 se abrieron cafés, galerías de arte, restaurantes, bares, *boutiques* y centros nocturnos. Se construyeron hoteles de lujo como el Presidente, pasajes como el Centro Comercial Jacarandas, y se convirtió en un lugar que frecuentaban artistas e intelectuales como

José Luis Cuevas, Vicente Rojo, Manuel Felguérez, Carlos Monsiváis, Rius, Vicente Leñero —de quien se dice que definió este espacio urbano como Zona Rosa porque era "demasiado tímida para ser roja y demasiado atrevida para ser blanca"—. Entre los centros nocturnos más célebres destacaban, desde la década de 1930 El Patio, en Atenas 10; el Señorial, el salón Jacarandas y el conjunto Marrakesh.

El Patio fue creado por el empresario don Vicente Miranda, quien pretendía dotar a la Ciudad de México de un centro de espectáculos semejante a los que tenían las principales capitales europeas, o parecido al famoso Tropicana de La Habana, que hasta antes del triunfo de la revolución cubana (1959) gozaba de reconocimiento internacional. El éxito de El Patio fue inmediato porque además tenía capacidad para ochocientas personas que podía aumentarse hasta mil.

En El Patio se presentaron estrellas de distintas generaciones: de Pedro Vargas a José José; de Agustín Lara a Juan Gabriel; de María Victoria a Rocío Dúrcal; de Toña *la Negra* a Daniela Romo; de Pedro Infante a Raphael; Jorge Negrete, Tin Tan y su carnal Marcelo, Rosita Quintana, Libertad Lamarque, César Costa, Ray Conniff, Los Panchos, Emmanuel, Yuri, Rafaela Carrà, Olga Breeskin, Alejandra Guzmán, entre muchos otros. Cualquier artista que se preciara de tener fama debía presentarse en El Patio.

Los años sesenta también fueron testigo de la inauguración y éxito del famoso Teatro Blanquita, que continuó con la tradición del teatro de revista que habían dejado la carpa y el Teatro Margo, con artistas como Toña *la Negra*, Dámaso Pérez Prado, Celia Cruz, Clavillazo, Los Tres Diamantes, Luis Arcaraz, entre otros.

El Margo fue demolido en 1958, y sus dueños, Margo Su —tiple, empresaria teatral y escritora— y su marido, Félix Cervantes, construyeron un nuevo foro al que llamaron

Teatro Blanquita, inaugurado el 27 de agosto de 1960 con la presentación de Libertad Lamarque. Como empresaria, Margo Su logró presentar en México a Mercedes Sosa, Enrique Morente, Liza Minnelli, Raquel Welch, Celia Cruz, Sergio Méndez y Tabares, entre otros. De ese modo, la geografía del espectáculo permitía a los artistas recorrer la ciudad de foro en foro: del viejo Centro Histórico a la Zona Rosa, para terminar en los centros nocturnos de la Avenida de los Insurgentes.

Romper cabezas

Los rompecabezas eran su pasatiempo favorito; pero algo de premonitorio había en su afición: cuando llegó al poder, llevaba muchos años dedicado a romper cabezas. Gustavo Díaz Ordaz fue el tapado del presidente Adolfo López Mateos. No podía ser de otro modo: todos los conflictos políticos durante su sexenio fueron resueltos con éxito y a favor del sistema político mexicano por su secretario de Gobernación.

No obstante, el ritual del tapado se repitió. López Mateos hizo creer a varios miembros de su gabinete que serían el elegido. Algunos presidentes solían retirarle el habla a su gallo, lo maltrataban, lo castigaban con el látigo de su desprecio, con su indiferencia. Eso provocaba que la opinión pública dirigiera sus reflectores hacia otros políticos. De pronto venía el anuncio y todas las fuerzas vivas se sumaban a la unción del nuevo candidato y futuro presidente.

Díaz Ordaz ocupó la presidencia el 1 de diciembre de 1964. Se colocó la banda presidencial y se dispuso a gobernar a sus anchas; ya sabía de qué se trataba, lo había hecho desde Gobernación durante los seis años anteriores. Por entonces el poder presidencial era tan amplio que al llegar al cargo tuvo la convicción de que representaba a la Patria; que en la investidura se fundían el gobierno, la nación y la historia. Díaz Ordaz creyó ser el depositario de toda una tradición de poder y su misión era salvaguardarla a cualquier costo.

Dejó la Secretaría de Hacienda en manos de Antonio Ortiz Mena, quien repitió en el cargo. Así que la parte económica estuvo bien cubierta hasta el final del sexenio. De hecho, sin considerar la debacle política que significó la brutal represión en la que incurrió sistemáticamente su gobierno, al terminar el sexenio la economía mexicana seguía gozando del "milagro mexicano": un crecimiento de 6% en promedio; inflación controlada de 2.6% en promedio, y estabilidad en la paridad peso-dólar, 12.50 por dólar. Aunque nadie imaginaba que ya eran los estertores del modelo económico.

El presidente puso en la Secretaría de Gobernación a Luis Echeverría, otro suavecito como él, y desde los primeros meses de su gobierno no dio tregua ni cuartel a nada ni a nadie. Y menos cuando un grupo guerrillero le dio la bienvenida a su administración. El 23 de septiembre de 1965 varios campesinos, estudiantes y maestros intentaron tomar un cuartel del ejército mexicano en la población de Madera, Chihuahua.

Era un grupo que, inspirado en el triunfo del socialismo en Cuba, condenaba el imperialismo yanqui, consideraba el socialismo como la opción para lograr la emancipación económica y la liberación nacional de los pueblos, y combatía el neolatifundismo que había surgido en Chihuahua apoyado por el gobernador y las autoridades locales, que además reprimían a los campesinos de la sierra. El asalto al cuartel fue un fracaso y ocho guerrilleros murieron; sus cuerpos fueron arrojados a una fosa común por órdenes del gobernador. Pero fue el primer movimiento armado que se registraba

LA VIDA SIGUE SU CURSO

En 1965 la gente podía sintonizar el Canal 2 a eso de las 9 de la noche para ver la *Revista Musical Nescafé*, en la que participaban Alfonso Arau y como invitado especial José Luis Cuevas. Por entonces se pusieron de moda los cigarrillos Old Gold con filtro espiral, de la fábrica de cigarros Baloyán, a solo 2.60 la cajetilla. Los cines Latino y Polanco proyectaban *Magia de verano; Mary Poppins* fue un gran éxito ese año y se exhibió en el cine Chapultepec, y *Mi bella dama,* con la hermosa Audrey Hepburn, en el cine Diana. En 1966 el público asistió al cine para ver algo tan extravagante como *La guerra de los güevos*, "comedia para aullar de risa" para mayores de 21 años, o le entró a una propuesta cinematográfica de primer nivel como fue el estreno de *El ángel exterminador,* de Luis Buñuel. Por entonces nadie hablaba de algo así como "el calentamiento global", pero fue un año frío, frío, frío y "como cada vez hace más frío en México" con un calefactor Calorex la gente podía convertir "el invierno en primavera". Para los agripados y mocosos, nada mejor que un Kleenex, que sorteaba mil pesos en bonos del Ahorro Nacional. Los gorditos y gorditas conocieron el último remedio para adelgazar: "Reducto prendas Suzanne Cordier, más que simples prendas de plástico, un sistema completo para adelgazar". Y continuando con los productos de belleza: "Para un admirador de la belleza femenina no hay nada tan desilusionante como ver que existen vellos superfluos. El sistema Schultz termoeléctrico depilador". En ese año, Raúl Astor hizo legendario el eslogan: "Hasta que usé una Manchester me sentí a gusto".

en el país desde la rebelión de Saturnino Cedillo en 1939. Tiempo después, una nueva organización guerrillera tomaría el nombre de Liga Comunista 23 de Septiembre para recordar el asalto insurgente.

Ese mismo año de 1965 estalló un movimiento de médicos del Instituto de Seguridad y Servicios Sociales de los Trabajadores del Estado (ISSSTE), que solicitaban mejores condiciones de trabajo y aumento de sueldos —nada del otro mundo—. Las autoridades, siempre empáticas con la clase trabajadora, no hicieron caso y estalló la huelga. El presidente ordenó la intervención de los hospitales donde se manifestaban los médicos disidentes y muchos fueron aprehendidos.

Al año siguiente alentó un motín de estudiantes en la Universidad Nacional para deshacerse de su rector, el reconocido cardiólogo Ignacio Chávez. Ese mismo año, el presidente no soportó que un extranjero le mostrara al mundo la otra cara del "milagro mexicano": la miseria y la marginación en la que vivían familias del campo que habían emigrado a las ciudad buscando mejorar sus vidas. Gran conmoción causó la publicación de la obra *Los hijos de Sánchez*, de Oscar Lewis, editada por el Fondo de Cultura Económica que dirigía Arnaldo Orfila.

En la cabeza del presidente, de sus secretarios, de la clase política priista y de una parte de la sociedad, ese México de pobreza y marginación no existía; la simulación había distorsionado su propia percepción de la realidad. Finalmente habían transformado en verdad el autoengaño. Y como la verdad del sistema político era la única válida, el presidente ordenó el cese de Arnaldo Orfila por haber publicado un libro que consideraba una ofensa para todos los mexicanos.

Pero no fue todo; en 1966 estudiantes de la Universidad Michoacana de San Nicolás de Hidalgo se manifestaron en

LA NOCHE DE JOSÉ LUIS CUEVAS

El 8 de junio de 1967, a las 18:30 horas, José Luis Cuevas, artista plástico mexicano que gozaba de cierto prestigio por ser la figura más extrovertida de la llamada Generación de la Ruptura, plasmó un "mural" sobre un espectacular publicitario situado en la azotea de un edificio de las calles de Génova y Londres, en la Zona Rosa, el barrio bohemio que reunía a artistas e intelectuales de la época. El mural consistió en un dibujo sobre papel de 24 metros que contenía las figuras de un jugador de futbol americano y un dibujo con temas bélicos sobre el conflicto árabe-israelí de aquellos años. Aquel mural solo permaneció un mes en el lugar ya que un incendio lo destruyó casi en su totalidad. Solo se lograron rescatar dos piezas que Cuevas obsequió al periodista Jacobo Zabludovsky. Con el efímero mural José Luis Cuevas, apodado por la prensa "el niño terrible", quiso criticar, contrariar, oponerse y escandalizar a los muralistas quienes, según él, "tan soberbios, buscan la eternidad". El Mural Efímero fue reconstruido y volvió a ser montado en 1968 en Ciudad Universitaria, como muestra de apoyo al movimiento estudiantil de ese año en la Ciudad de México.

contra del aumento a las cuotas del transporte y las protestas terminaron con un muerto. Los estudiantes se enardecieron y la respuesta del gobierno fue la ocupación militar del campus universitario.

En 1967 se prendieron en Los Pinos focos rojos debido a los informes de que una guerrilla encabezada por Lucio Cabañas había surgido en la sierra guerrerense. Al año siguiente se le unió Genaro Vázquez —ambos líderes eran egresados de la Escuela Normal Rural de Ayotzinapa— y se levantaron en armas en respuesta a la represión y los asesinatos cometidos por las autoridades confabuladas con los caciques del estado en contra de campesinos guerrerenses. La guerrilla además cuestionaba el fracaso de la reforma agraria y denunciaba la miseria en que vivía la población rural.

El movimiento del 68

Al comenzar el cuarto año de gobierno, el sistema político mexicano se mostraba escalofriantemente sólido. El presidente no había dejado pasar una sola. No creía en la conciliación ni en la negociación ni en el diálogo. Nada por encima de su gobierno. Nada que pusiera en riesgo la seguridad del Estado. El monolito en el que se había convertido el sistema no tenía un resquicio para la democracia. Díaz Ordaz ni siquiera apoyó una serie de reformas que intentó implantar Carlos A. Madrazo para modernizar y democratizar al PRI.

Y como ya era costumbre, gran parte de la sociedad permanecía ajena a la situación política. Los indicadores económicos resultaban más seductores que las causas sociales. Hasta mediados de 1968 el gobierno había logrado la menor tasa de inflación desde 1930, 2.7% anual; la tasa de crecimiento llegaba a 3.3%, la mayor desde 1921. La gente percibía cierto bienestar, y además esperaba con emoción, sobre todo en la Ciudad de México, el inicio de los Juegos Olímpicos el 12 de octubre.

Eran tiempos de cambio para todo el mundo menos para el gobierno mexicano, que se había atrincherado en una idea vieja y conservadora sobre el orden y la disciplina social. Pero eran años explosivos. En distintas partes del mundo los jóvenes asumieron una actitud contestataria frente a la autoridad; el socialismo era la utopía del momento; las mujeres reivindicaban sus derechos al grito de "Arriba las minifaldas", y comenzaba la revolución sexual con el uso de la píldora anticonceptiva. La juventud estadounidense se oponía a ir a Vietnam. "Hagamos el amor no la guerra", repetía. Las drogas como la mariguana y los hongos alucinógenos se pusieron de moda. La radio no dejaba de tocar a Los Beatles o a Los Rolling Stones.

Los jóvenes mexicanos no fueron ajenos a los cambios mundiales y el ánimo disidente estaba a flor de piel. Cualquier hecho podía encender la mecha, que se prendió el 22 de julio con una pelea entre estudiantes de la Vocacional 2 y de la preparatoria Isaac Ochoterena por un juego de *tochito*. La bronca no terminó ahí; al día siguiente se volvieron a enfrentar; las autoridades enviaron granaderos a poner orden, lo hicieron con lujo de violencia y repitieron la dosis en una manifestación organizada el 26 de julio para conmemorar la Revolución cubana.

Lo que había comenzado como una riña sin importancia fue creciendo. El 27 de julio los estudiantes tomaron las Prepas 1, 2 y 3 para protestar por la represión, y el gobierno dijo: "Son agitadores dispuestos a boicotear los Juegos Olímpicos, así que contra ellos". El 29 de julio al ejército se le hizo fácil volar con un bazucazo la puerta barroca de la Preparatoria 1 (antiguo Colegio de San Ildefonso) para sacar a punta de bayoneta a los estudiantes que se encontraban atrincherados ahí.

Para protestar, la UNAM y el Instituto Politécnico Nacional (IPN) suspendieron clases y el rector Javier Barros Sierra izó la bandera a media asta por lo ocurrido. Para el 31 de julio se sumaron a la suspensión de clases la Normal Superior, la Escuela Nacional de Agricultura de Chapingo, la Ibero, La Salle, el Colegio de México y otras instituciones. El 1 de agosto apareció el presidente y en un discurso pronunciado en Guadalajara ofreció su mano, pero la respuesta fue tajante: "Que le hagan la prueba de la parafina".

El 2 de agosto se creó el Consejo Nacional de Huelga (CNH) formado por estudiantes y maestros de la UNAM, el IPN y del resto de las instituciones que se sumaron al movimiento. De inmediato redactaron y dieron a conocer un pliego petitorio que a la distancia parece un documento ingenuo e inocente, pero que para el gobierno de Díaz Ordaz era casi un plan revolucionario, una declaratoria de guerra, un abierto desafío.

Los estudiantes exigían la libertad de los presos políticos; la derogación del delito de disolución social del Código Penal Federal; la desaparición del cuerpo de Granaderos por represor; la destitución de los jefes policiacos que se habían pasado de lanzas; la indemnización a los familiares de los muertos y heridos que habían caído desde el inicio del conflicto y el deslindamiento de responsabilidades de los funcionarios culpables de los hechos sangrientos.

No había nada que no hubiera podido cumplir el gobierno, pero no estaba dispuesto a ceder un ápice ni a mostrar debilidad. No tenía vocación democrática porque nunca lo había sido. En un gesto que parecía más una simulación, ofreció diálogo a los estudiantes, pero el CNH lo condicionó a que fuera público y en presencia de la prensa, la radio y la televisión. El gobierno, desde luego, no aceptó.

Los siguientes días se realizaron varias manifestaciones multitudinarias —con más de cien mil participantes—. Pero la que sacó de sus casillas al gobierno fue la del 27 de agosto: los estudiantes marcharon al Zócalo y se les ocurrió izar una bandera rojinegra en la Plaza Mayor. Horas después el ejército entró al Zócalo y al día siguiente el gobierno organizó

Digan lo que digan...

Como una broma cruel para México, 1968 fue declarado el Año Internacional de los Derechos Humanos. Ese año, Cantinflas presentó una de sus películas cuyo título, dados los acontecimientos, parecía políticamente incorrecto: *Por mis pistolas.* En 1967 Telesistema Mexicano estrenó la primera telenovela histórica, *La tormenta,* de Miguel Sabido, protagonizada por Ignacio López Tarso, Columba Domínguez y Amparo Rivelles. La producción, que abarcaba desde la guerra de Reforma hasta la Revolución mexicana, fue un éxito y abrió el camino para que en 1968 fuera estrenada *Los caudillos,* con Silvia Pinal y Enrique Lizalde, telenovela que contaba la historia de la guerra de independencia. Pero nada fue tan exitoso como "el concurso de los amas de casa" en *Pesos por palabra* del Canal 2. Hacia el mes de septiembre, Ciudad Universitaria y el Auditorio Nacional estaban totalmente acondicionados para la justa deportiva. Los boletos para todos los eventos ya estaban a la venta. Asistir al box costaba tres pesos general; la final de gimnasia era un poco más cara: el boleto costaba 150 pesos. La Ciudad de México se vistió de luces para recibir a Duke Ellington y su orquesta de 18 músicos, quien se presentó en el Hotel Aristos. Pero mayor expectación causó la visita de la princesa de Mónaco, Grace Kelly, quien fue llevada a la Villa Olímpica y recibió como obsequio un rebozo de bolita en colores rojo y blanco. Por esos días se estrenó la película más esperada del año, estelarizada por Raphael, "la voz que emociona al público de tres continentes", *Digan lo que digan.*

una marcha de burócratas acarreados para desagraviar a la bandera y protestar por la terrible afrenta cometida por los estudiantes.

El 1 de septiembre, en su cuarto informe de gobierno Díaz Ordaz dijo, palabras más, palabras menos, que ya era suficiente. "Hemos sido tolerantes hasta excesos criticados, pero todo tiene un límite y no podemos permitir que se siga quebrantando el orden jurídico, como a los ojos de todos ha venido sucediendo". Pero la tolerancia a la que se refería el presidente siempre había sido a bayoneta calada.

En septiembre el CNH ratificó su deseo de un diálogo público, pero el gobierno dijo que no aceptaría ningún exhibicionismo. Transcurrieron más de diez días entre dimes y diretes. El 15 de septiembre, el ingeniero Heberto Castillo, político y activista, dio el "Grito" en Ciudad Universitaria y la clase política se sintió agraviada, así que el 18 el ejército ocupó Ciudad Universitaria, aprehendió a decenas de estudiantes, incluyendo a Heberto, que fue acusado de "usurpación de funciones" por haber dado el grito. Días después, el ejército ocupó el Casco de Santo Tomás, campus principal del Poli, luego de varias horas de enfrentamientos.

Los días transcurrieron hasta que el CNH convocó un mitin en la Plaza de las Tres Culturas, en Tlatelolco, para el 2 de octubre. Al gobierno no le alarmó el anuncio de una nueva manifestación; lo verdaderamente preocupante era que ya solo faltaban diez días para la inauguración de los Juegos Olímpicos. La prensa extranjera y las primeras delegaciones deportivas comenzaban a llegar y no se vislumbraba la solución del conflicto.

Bajo la lógica del sistema, el gobierno no podía darse el lujo de mostrar un país caótico; había llegado el momento de ponerle un alto al movimiento estudiantil. Además, corrió el rumor de que agentes comunistas se habían infiltrado en el movimiento para desestabilizar al país y boicotear los Juegos Olímpicos.

La tarde del 2 de octubre los estudiantes abarrotaron la Plaza de Tlatelolco; el ejército vigilaba, como lo había hecho en las manifestaciones anteriores, para intervenir en caso de un alboroto. Nadie se percató en ese momento de que varios civiles con un guante blanco en la mano izquierda se mezclaban entre la gente y llegaban al Edificio Chihuahua, en donde hablarían los oradores del CNH.

Los infiltrados eran miembros del Batallón Olimpia, agrupación organizada supuestamente para garantizar la seguridad durante los Juegos Olímpicos, pero lo cierto es que fueron enviados para tomar presos a los líderes estudiantiles. Nadie advirtió tampoco que en las alturas había francotiradores apuntando hacia la multitud.

Cerca de las seis de la tarde, casi finalizado el mitin, un helicóptero sobrevoló la plaza y dejo caer varias bengalas. Fue la señal para que los miembros del Batallón Olimpia arremetieran contra los oradores y los francotiradores dispararan sobre los manifestantes y soldados que se encontraban en la plaza.

El ejército respondió creyendo que los estudiantes habían iniciado el tiroteo y de pronto los manifestantes se encontraron a fuego cruzado. Reinó el caos, la gente corría despavorida intentando salir de la plaza; las puertas de la iglesia nunca se abrieron para dar refugio a los manifestantes; algunos estudiantes se escondieron en los departamentos de los edificios de Tlatelolco, pero horas más tarde policías judiciales sin ninguna orden catearon vivienda por vivienda y se llevaron a los estudiantes que encontraron.

Durante años el ejército fue señalado como único responsable de la masacre de Tlatelolco. Sin embargo, documentos desclasificados permiten señalar que el Estado Mayor Presidencial organizó el golpe y fueron sus francotiradores los que dispararon contra el ejército y los manifestantes, todo con el conocimiento del presidente Díaz Ordaz y de su secretario de Gobernación, Luis Echeverría. El gobierno se salió con la suya. El movimiento estudiantil fue liquidado y sus miembros perseguidos. Muchos optaron por luchar desde la clandestinidad y se sumaron a las guerrillas que surgieron en los años posteriores.

Al año siguiente, en su quinto informe de gobierno Díaz Ordaz expresó: "Asumo íntegramente la responsabilidad personal, ética, jurídica, política e histórica por las decisiones del gobierno en relación con los suceso del año pasado". Y en 1977, cuando fue enviado a España como embajador, un reportero se atrevió a preguntarle sobre el movimiento del 68 y su respuesta fue fulminante:

No estoy de acuerdo con usted en que hay un país antes de Tlatelolco y otro país después de Tlatelolco. Ese es un incidente remoto [...]. Va a España un mexicano limpio, que no tiene las manos manchadas de sangre [...]. Pero de lo que estoy más orgulloso de esos seis años de mi gobierno es del año de 1968, porque me permitió servir y salvar al país, les guste o no les guste, con algo más que horas de trabajo burocrático, poniéndolo todo, vida, integridad física, peligros, la vida de mi familia, mi honor y el paso de mi nombre a la historia. Todo se puso en la balanza, salimos adelante, y si no hubiera sido por eso, usted no tendría la oportunidad, muchachito, de estar aquí preguntando.

Guerra de cifras

Hasta la fecha no es posible dar una cifra exacta sobre los muertos del 2 de octubre. El CNH afirmó que habían sido más de 150 civiles y 40 militares. La Presidencia de la República, a través de la prensa afirmó que eran 26 los muertos. El jefe del Departamento del Distrito Federal, el general Alfonso Corona del Rosal, en intercambio epistolar con el general Marcelino García Barragán, por entonces secretario de la Defensa Nacional, señaló que habían sido 38 civiles muertos, un niño de 12 años encontrado en un departamento del Edificio Chihuahua y cuatro soldados. Elena Poniatowska recogió el testimonio de una madre que buscaba a su hijo y que contó 65 cadáveres en un solo lugar. Octavio Paz, en su obra *Posdata* dio por buena la cifra de 325 víctimas.

El otro México

Y como si nada hubiera pasado, el 12 de octubre de 1968 el presidente Díaz Ordaz inauguró los Juegos Olímpicos en el Estadio Olímpico de Ciudad Universitaria. Luego comenzaron a caer las medallas de oro para los mexicanos y en pocos días Tlatelolco quedó en el olvido. La gente prefirió entregarse con desenfado a las justas deportivas abarrotando estadios, buscando boletos para ingresar a los diversos eventos o reuniéndose con amigos y familiares para verlos por televisión.

La gimnasia olímpica desató particular expectación. La gente se arremolinó en las afueras de las taquillas del Auditorio Nacional para conseguir un boleto y presenciar esa actividad considerada "algo más que celestial". Conforme pasaban los días, el público mexicano se entregó al carisma, ejecución y perfección de la checa Vera Cáslavská, que derrotó a las soviéticas y fue severamente criticada por las propias autoridades de su país por haber volteado la cabeza al escuchar el himno de la Unión Soviética. No era para menos. Dos meses antes las tropas soviéticas habían entrado en Checoslovaquia, en lo que se conoció como la Primavera de Praga.

Quince mil asistentes reunidos en el Auditorio Nacional entregaron su corazón a Vera, "la novia de México", cuando en el ejercicio de manos libres utilizó de fondo musical el *Jarabe tapatío*: "La rubia gimnasta voló con soltura, gracia, agilidad y maestría por todo el pódium, apenas si daba tiempo de apreciar algún movimiento cuando lo cambiaba por el siguiente, con perfecta y correcta ilación. Sería imposible narrar lo que realizó, la gama de movimientos y de posiciones. Baste con indicar que la segunda parte continuada de su intervención fue con música de *Allá en el Rancho Grande* y el final fue estrepitoso. La gente se le entregó como pocas veces hemos visto hacerlo con deportista alguno. El público, puesto en pie, la ovacionó largamente. Hubo necesidad de que la checoslovaca retornara para agradecer el entusiasmo sincero".

Por si fuera poco, una vez que terminó la competencia de gimnasia, Vera y otro deportista de su delegación acudieron a la Catedral Metropolitana y contrajeron matrimonio. Miles de personas se reunieron en la Plaza de la Constitución para presenciar la boda de la mujer que se apropió del corazón de los mexicanos.

México inició el año de 1969 con una gran cruda por lo sucedido el año anterior. Pero varios acontecimientos atrajeron la atención de los mexicanos. En junio, la sociedad mexicana lamentó la muerte de Carlos A. Madrazo, presidente del PRI que había intentado democratizar su partido

Edecanes

Una de las aportaciones de México al mundo de los espectáculos deportivos fue el concepto de "edecanes". Eran jóvenes comisionadas para auxiliar a las delegaciones de los países participantes. Fueron escogidas escrupulosamente con base en su cultura, los idiomas que hablaban, y desde luego su belleza. Las elegidas recibieron sus uniformes respectivos con el diseño olímpico y el nombre "México 68" que se veía en la parte frontal de los vestidos, pero tuvieron algunos problemas con ellos: estaban de moda las minifaldas y aún no estaban de moda las pantimedias, por lo que usaban liguero y cualquier movimiento en falso ponía a las jóvenes en una situación comprometida que las ruborizaba. Cuando terminaron los Juegos Olímpicos, las jóvenes pensaron que su carrera había concluido, pero no, fueron invitadas a trabajar en el VII Gran Premio de México y a asistir a las escuderías de la F1.

sin éxito, en un accidente aéreo en el que también perdió la vida el famoso tenista Rafael *el Pelón* Osuna.

El 20 de julio de 1969 el hombre llegó a la Luna. En gran parte del mundo fue posible ver a Neil Armstrong, uno de los tripulantes del *Apollo 11*, descender por la escalinata del módulo y al pisar la superficie lunar decir: "Este es un pequeño paso para el hombre, pero un gran salto para la humanidad".

La televisión mexicana transmitió aquel extraordinario acontecimiento, comparable al descubrimiento de América por la revolución tecnológica que trajo consigo. En México, Jacobo Zabludovsky tuvo a su cargo narrar el momento en que fue lanzado el *Saturno V* y preguntó al aire, parafraseando al poeta Amado Nervo: "¿Quién será, en un futuro no lejano, el Cristóbal Colón de algún planeta?". Y el 20 de julio, visiblemente emocionado, refirió el momento en que Neil Armstrong pisó por vez primera la superficie lunar en nombre de la humanidad, luego de que el extinto presidente Kennedy lo hubiera prometido al comenzar la década de 1960.

Meses después, los tres astronautas del *Apollo 11*, Edwin Aldrin, Michael Collins y Neil Armstrong recorrieron 24 países y 27 ciudades en 45 días, en lo que fue llamado el "Tour de buena voluntad". Desde luego, México estaba incluido en el itinerario de los astronautas, quienes llegaron con todo y esposas en la última semana de septiembre de 1969.

La recepción fue apoteósica; decenas de miles de personas salieron a las calles para saludarlos en el recorrido que hicieron para ser recibidos por el presidente Gustavo Díaz Ordaz en la residencia oficial de Los Pinos. Confeti, gritos de alegría y grandes ovaciones resonaron en la Ciudad de México; parecía que los tres hombres acababan de llegar del espacio y habían viajado directamente a tierras mexicanas sin escalas. Pero si el recibimiento había sido extraordinario en esa caravana que recorrió la ciudad, su presencia en el Zócalo, el 23 de septiembre, rebasó lo inimaginable; los astronautas fueron cargados en hombros, la gente les regaló jorongos y sombreros de charro y hasta se escucharon sones de mariachi en lo que fue una gran verbena.

En septiembre, México entró al selecto grupo de países que contaba con Metro. Durante la segunda mitad del siglo xx la Ciudad de México comenzó a sufrir graves problemas de congestionamiento vial, particularmente en la zona centro de la ciudad. En 1958 el ingeniero Bernardo Quintana —uno de los fundadores de Ingenieros Civiles Asociados (ICA)— presentó el proyecto del Metro a las autoridades del Distrito Federal, pero fue rechazado por lo elevado de su costo. Al iniciar el sexenio de Gustavo Díaz Ordaz el proyecto fue presentado de nuevo y fue aprobado gracias a que se obtuvo un crédito del gobierno francés; las obras se iniciaron en junio de 1967.

El 4 de septiembre de 1969 el presidente Gustavo Díaz Ordaz y el regente del Distrito Federal, Alfonso Corona del Rosal, inauguraron formalmente el servicio del Sistema de Transporte Colectivo Metro —llamado así por hacer referencia al término Tren Metropolitano—. El presidente condujo un convoy desde la estación Insurgentes. La primera línea corría de Chapultepec a Zaragoza.

A pesar de los visos de normalidad con que se desenvolvía la vida cotidiana, la situación no era del todo tranquila para la sociedad. El 17 de septiembre cuatro bombas caseras estallaron en la Secretaría de Gobernación, Televicentro, el periódico *El Sol de México* y en la Procuraduría del Distrito Federal; una más explotó al día siguiente en el periódico *Excélsior* dejando daños por un millón de pesos.

El año de 1970 se fue entre la sucesión presidencial que estaba cantada a favor de Luis Echeverría, quien fue destapado en noviembre de 1969, y los preparativos finales para que se jugara la Copa del Mundo de Futbol en nuestro país. Aunque el Estadio Azteca había sido inaugurado desde 1966, era el foro ideal para la inauguración y la gran final.

El presidente Díaz Ordaz se presentó el 31 de mayo en el Coloso de Santa Úrsula para inaugurar la Copa del Mundo; se llevó una sonora rechifla, pero no se inmutó, ya había pasado lo peor y a unos meses de dejar la presidencia no podía sentirse más satisfecho por su obra. El campeonato se extendió hasta el 21 de junio y los mexicanos vieron consagrarse al rey Pelé en canchas nacionales, quien encaminó a Brasil a coronarse campeón del torneo.

El Estadio Azteca

Diseñado por los arquitectos Pedro Ramírez Vázquez y Rafael Mijares Alcérreca, el Estadio Azteca fue inaugurado el 29 de mayo de 1966 por el presidente Gustavo Díaz Ordaz, acompañado por el regente del DF, Ernesto P. Uruchurtu y Stanley Rous, presidente de la FIFA en ese año. Aunque la Ciudad de México ya contaba con el Estadio Olímpico, el Azteca fue construido para recibir la novena edición de la Copa Mundial de Futbol de 1970. Para la elección del nombre los aficionados mandaron sus propuestas, que fueron votadas. "Azteca" fue idea de Antonio Vázquez Torres, originario de León, Guanajuato. Se le conoce también como el Coloso de Santa Úrsula debido a que fue construido sobre un terreno ejidal con el mismo nombre. El primer gol de la historia del estadio fue a los diez minutos del partido inaugural. Se enfrentaban el Club América contra el club italiano Torino y Arlindo Dos Santos disparó desde fuera del área causando la ovación de los 105,000 aficionados presentes. El partido finalizó con un empate a 2.

Las elecciones no representaron problema para el PRI: ganó Echeverría por paliza. Pero la soberbia presidencial había llegado a tal grado que al presidente electo le pareció insuficiente el recinto de Donceles, donde se encontraba la Cámara de Diputados, para tomar el poder; también Bellas Artes se le hacía muy modesto aunque ahí hubieran protestado desde Alemán hasta Díaz Ordaz, así que movió todo para hacerlo en el recinto más grande de México.

En octubre de 1970 el Congreso declaró recinto oficial el Auditorio Nacional para la toma de posesión de Luis

Echeverría Álvarez. El lugar fue elegido por su gran capacidad y se hicieron las modificaciones pertinentes para la ceremonia. En el escenario se colocó el presídium, y al fondo se situaron dos banderas nacionales a cuyos lados se colgaron los nombres de los héroes de la Patria que estaban escritos con letras de oro en el recinto de la calle de Donceles. Todo estaba listo para que Díaz Ordaz dejara el poder y Luis Echeverría se colocara la banda presidencial. Solo tendrían que esperar hasta el 1 de diciembre de 1970.

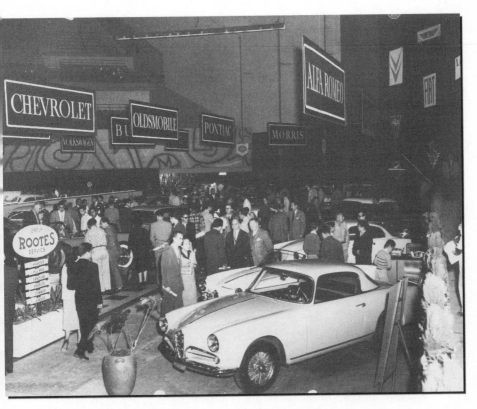

Segundo Salón Internacional del Automóvil de México, enero de 1957.
Anónimo. Archivo fotográfico del Auditorio Nacional.

Oficinas de Televisa destruidas por el terremoto, 19 de septiembre de 1985. Hermanos Mayo. Fondo Hermanos Mayo, Sección Cronológica, sobre 1464. Archivo General de la Nación.

Capítulo 8

❦

La época de la crisis
1970-2000

Entre guayaberas y agüita de jamaica

Al concluir el gobierno de Gustavo Díaz Ordaz, el país atravesaba, en apariencia, por una época de estabilidad. La realidad era que la sociedad y la economía mexicanas resentían los efectos de los problemas acumulados. La represión de 1968 estaba presente y la participación en ella del nuevo presidente, Luis Echeverría Álvarez, no pasaba inadvertida.

El mentado desarrollo estabilizador que había anunciado al mundo el "milagro mexicano" empezaba a agotarse mostrando sus debilidades: desempleo y subempleo, excesiva concentración de la riqueza y aumento del déficit comercial. Lo único que parecía intacto eran los excesos del presidencialismo mexicano y sus arraigados mecanismos de control: represión y autoritarismo.

El 1 de diciembre de 1970 Luis Echeverría protestó como presidente constitucional, y desde ese mismo día quiso mostrar a México —al mundo y de ser posible a todas las galaxias del universo—, que era diferente de los "emisarios del pasado", como él mismo llamaba a sus antecesores. Una vez instalado en la residencia oficial de Los Pinos puso manos a la obra, y el primer paso fue redecorarla al más puro estilo mexicano para rescatar el nacionalismo de la época de Lázaro Cárdenas, quien había fallecido en octubre del mismo año.

A partir de ese momento los vinos y licores extranjeros fueron sustituidos por agüitas frescas en todos los eventos, a los que el presidente asistía con finísimas y elegantes guayaberas, y María Esther Zuno, su esposa, con vistosos trajes de tehuana. Gran parte de los funcionarios y sus parejas aplicaron la máxima de "adonde fueres haz lo que vieres" y rápidamente adoptaron el nuevo código de vestimenta.

Echeverría quiso contener el aún latente reclamo estudiantil, "pintar su raya" con Díaz Ordaz y con los trágicos acontecimientos de octubre de 1968, colocando a jóvenes en puestos de gobierno, otorgando becas, aumentando el presupuesto destinado a las universidades y con ello el sueldo a los maestros. El 10 de junio de 1971, jueves de Corpus, una manifestación de estudiantes se presentó como verdadera oportunidad para demostrar que era distinto a Díaz Ordaz; sin embargo, los estudiantes fuera agredidos salvajemente por un grupo paramilitar denominado "Halcones".

La supuesta "apertura" de Echeverría no evitó la agitación estudiantil ni la formación de guerrillas urbanas opositoras al régimen que trataban de ejercer presión por medio de secuestros y asaltos bancarios. A final de cuentas, el autoritarismo presidencial había quedado intacto y durante su sexenio la represión y la tortura siguieron siendo el instrumento para mantener la supuesta paz social. Durante su sexenio se desató la llamada "guerra sucia" contra los opositores al régimen y hubo decenas de desaparecidos.

El halconazo

El 10 de junio de 1971, jueves de Corpus, organizaciones estudiantiles de la Ciudad de México marcharon del Casco de Santo Tomás con dirección a la Escuela Nacional de Maestros, en apoyo a los estudiantes de la Universidad de Nuevo León que se oponían a la reforma del plan de estudios. En el trayecto, jóvenes armados con varas de bambú y palos de kendo se abalanzaron sobre el contingente atacándolo salvajemente. De nada sirvió que los estudiantes trataran de defenderse con los palos de las pancartas que llevaban. El ataque fue perpetrado por un grupo paramilitar conocido como "Halcones", creado y adiestrado para reprimir los disturbios estudiantiles de 1968. Los agresores, no conformes con la violencia empleada durante la manifestación, entraron al hospital Rubén Leñero y a la Cruz Verde para rematar a los estudiantes heridos que ahí se encontraban. Esa misma noche el presidente Echeverría apareció en televisión declarando enérgicamente que ordenaría una inmediata investigación de los hechos, y acusó a "otras fuerzas" de querer desestabilizar al gobierno y su autoridad. La investigación nunca llegó; tampoco se conoció la cifra exacta de muertos y heridos durante "el halconazo" y mucho menos hubo castigo para los responsables.

LOS HOYOS FONQUIS

El rock mexicano original —no el de los *covers*— surgió en la semiclandestinidad. Desde lo ocurrido en 68 y 71, las autoridades prohibieron las concentraciones de jóvenes, y cualquier evento de este tipo les ponía los pelos de punta. Los nuevos grupos se las ingeniaron para hacer llegar su música y organizaron tocadas en los hoyos fonquis, como se conocía a locales abandonados, bodegas, viejos cines que carecían de iluminación, seguridad y equipo. Así surgieron grupos musicales urbanos y contestatarios que no tenían aceptación en las disqueras, radiodifusoras y mucho menos en la televisión, como Three Souls In My Mind —que luego sería el Tri—, Paco Gruexxo, Enigma, Botellita de Jerez, La Maldita Vecindad, Los Ángeles del Infierno y Desorden Público, que luego encontraron buena acogida en El Chopo —espacio recuperado por la UNAM en 1975—, que se convirtió en un lugar de cultura alternativa, convivencia y comunión, pues la gente, recurriendo al milenario "trueque", podía intercambiar discos, casetes, parafernalia roquera, estampas y revistas todo en torno al rock, lo que derivó en el famoso Tianguis del Chopo.

"Ni nos beneficia ni nos perjudica, sino todo lo contrario"

La sociedad mexicana tenía la esperanza de que el proceder del nuevo presidente estuviera basado en la prudencia, la reflexión y la mesura, pero gran sorpresa resultó descubrirlo hiperactivo, impulsivo y con una infinita capacidad para hablar, hablar y hablar. Cualquier momento era buen momento para un discurso, no importaba la hora ni la ocasión ni si sus declaraciones eran vagas y contradictorias.

Echeverría pontificaba y sometía al resto del mundo a escucharlo —nada más en su último informe de gobierno le tomó casi seis horas pontificar ante la nación—. No solo hablaba; como buen hiperactivo trabajaba durante largas jornadas y obligaba a sus colaboradores a hacer lo mismo. Para Echeverría era necesario "forzar la marcha" y "descansar trabajando". Además, solía recurrir a frases que parecían contener mensajes ocultos o que se prestaban a cualquier interpretación, las cuales ponían a parir chayotes a sus colaboradores y a los analistas, como cuando declaró: "La relación con Estados Unidos ni nos beneficia ni nos perjudica, sino todo lo contrario".

Ser diferente no solo era cuestión de imagen y forma de trabajo. En las últimas décadas la iniciativa privada había tomado fuerza y eso despertaba temor dentro de la burocracia gubernamental, no fuera a ser que un día los empresarios le pusieran límites al gobierno, así que Echeverría decidió hacer a un lado la política económica del "desarrollo estabilizador" para dar paso al "desarrollo compartido", que no fue más que puro y llano populismo.

Bajo este esquema, el nuevo presidente se pronunciaba constantemente a favor de que la iniciativa privada "velara por los intereses patrios", promoviendo la intervención del Estado en las actividades empresariales. En otras palabras, los empresarios debían ser compartidos, no más beneficios para los "riquillos", para acabar con la injusta distribución de la riqueza.

Así fue como el Estado mexicano adquirió un gran número de empresas, muchas de ellas en quiebra, para que de esa manera las utilidades se emplearan en beneficio de los más necesitados, o al menos esa era la justificación para eliminar a los inversionistas privados de Teléfonos de México, por mencionar un ejemplo, y engrosar descaradamente el número de burócratas que ocuparon puestos en las empresas estatales, paraestatales, fideicomisos y comisiones que le permitieran llevar a cabo sus "proyectos".

No pasó mucho tiempo para que la corrupción empezara a acabar con ellas, el déficit se cubriera con el dinero de los contribuyentes, e incluso operaran con pérdidas, como fue el caso de Pemex. No había dinero que alcanzara para cubrir el nivel de gastos del Estado, así que se recurrió al endeudamiento externo y a la emisión de billetes. El resultado: inflación y devaluación del peso mexicano.

Esta política "populista", y su cercanía con regímenes de izquierda, como el de Salvador Allende, en Chile, le provocó un severo distanciamiento con la iniciativa privada, que lo tachaba de izquierdoso. Estaba tan fascinado con Allende, que Daniel Cosío Villegas, crítico del régimen, llegó a decir que Echeverría era el agente de relaciones públicas de Allende. El conflicto con los empresarios fue especialmente marcado contra Grupo Monterrey, propiedad de Eugenio Garza Sada, con quien se ensañó porque el empresario regiomontano no estaba dispuesto a ceder ante las presiones presidenciales.

Don Eugenio fue asesinado en septiembre de 1973 en un intento de secuestro. Él sabía que se había convertido en blanco de los grupos de ultraizquierda responsables de una ola de asaltos bancarios y secuestros de funcionarios y empresarios con fines políticos. Otra víctima de estas guerrillas urbanas fue el suegro del presidente, José Guadalupe Zuno, liberado una semana después de su secuestro.

EL SECUESTRO DEL CACIQUE

Lo que empezó como una reunión terminó como secuestro. El 31 de mayo de 1974 Rubén Figueroa, candidato del PRI al gobierno de Guerrero, y un grupo de colaboradores se adentraron en la sierra guerrerense para reunirse con Lucio Cabañas, bajo el pretexto de solucionar el conflicto social que vivía el estado. Después de varias horas de camino se toparon con Sabás o Sixto Huerta, "hombre de las confianzas del profesor Cabañas" y encargado de llevarlos ante Lucio. Las pláticas de pacificación —como las llamó Figueroa—, se extendieron varios días sin resultados hasta que el cacique se dio cuenta de que había sido secuestrado por el guerrillero. Después de tres meses de que Figueroa se había internado en la sierra, el gobierno de Echeverría consideró que igual y sí lo habían secuestrado, así que comenzó a buscarlo. El 8 de septiembre, mientras se desplazaban de un lugar a otro, guerrilleros y secuestrados escucharon un bazucazo y el grupo se dispersó. Se habían topado con el ejército. Ante la confusión, se escucharon gritos ordenándole a Sabás que liquidara a los prisioneros. Los soldados se encontraron con el grupo cuando el lugarteniente de Cabañas se disponía a matar a una de sus prisioneras y lo abatieron. Figueroa y demás acompañantes fueron rescatados por el ejército. En su trayecto hacia el campamento, el cacique gritaba: "Viva Luis Echeverría, gusanos hijos de la chingada", al tiempo que exigía un arma para batir a los enemigos. Figueroa ganó las elecciones y continuó la represión contra los campesinos en el estado.

Caudillo del Tercer Mundo

Con todo y los desplantes demagógicos y populistas de Echeverría, la política exterior fue coherente con la tradición de autonomía e independencia relativa frente a Estados Unidos. Los buenos términos en la relación entre México y el vecino del norte —cooperación, inversiones y préstamos— fue llamada por los especialistas como "relación especial", pero como ninguna relación es para siempre, en 1971, con la llamada "crisis del dólar", Estados Unidos aplicó un 10% adicional a los productos que importaba.

El gobierno mexicano solicitó que sus productos fueran eximidos de ese cargo, apelando a la mentada "relación especial", pero el presidente Richard Nixon no aceptó. El buen momento terminó, y si Estados Unidos había decidido gravar la importación de los productos mexicanos, había que buscar nuevos mercados en el resto del mundo.

Las nuevas naciones africanas, surgidas de los movimientos independentistas de los años sesenta vivían en condiciones deplorables. América Latina no estaba mejor; varios países estaban gobernados por dictaduras militares y la pobreza y el subdesarrollo dominaba el panorama. Era un buen momento para hacer una cruzada a favor del desarrollo.

A través de la *Carta de Derechos y Deberes Económicos de los Estados*, Echeverría enarboló la defensa de la economía de los países del Tercer Mundo y organizó una serie de pintorescas giras presidenciales —nomás 12 en 36 países—, a las que se hacía acompañar de mariachis y cocineras para que él, su séquito de funcionarios, amigos, periodistas y jefes de Estado de otros países gozaran del folclor y las delicias de la gastronomía mexicana.

El papel de "caudillo del Tercer Mundo" daba prestigio a su imagen y afianzaba lazos para beneficiar la exportación de productos mexicanos a otras naciones. Los países en desarrollo sin duda lo apoyaron, la Carta fue aprobada por la Asamblea General de la Naciones Unidas, pero los países desarrollados no estaban dispuestos a hacer concesiones.

Las giras presidenciales eran demasiado costosas y aparatosas para resultados tan escasos, acuerdos tan limitados e intervenciones en algunas ocasiones bastante desafortunadas. En 1975 Echeverría se creyó capaz de solucionar los problemas entre árabes y judíos emitiendo un voto a favor de una iniciativa de los países árabes en la ONU que calificaba el sionismo como una forma de discriminación. Casi de inmediato organizaciones judías e importantes banqueros de Estados Unidos decretaron un boicot turístico en contra de México.

También ese año solicitó ante Naciones Unidas que le fueran retirados a España sus derechos y privilegios de Estado miembro como represalia por la ejecución de varios opositores del régimen franquista. Su solicitud no prosperó y el gobierno español lo fulminó al responder que el presidente Echeverría carecía "de la estatura moral necesaria para lanzar acusaciones contra ningún gobierno".

Pero ni el populismo ni la demagogia de Echeverría impidieron que estallara la crisis. Su sexenio había sido un fracaso: el peso se desplomó de 12.50 a casi 25 pesos por dólar; la deuda externa se triplicó, elevándose de ocho mil millones de dólares a veintiséis mil millones; el salario real cayó a la mitad y la democracia continuaba siendo un término inexistente en el lenguaje del sistema político mexicano. El país se iniciaba en el largo y cíclico camino de las crisis sexenales.

Avándaro y los jipitecas

Durante los días 11 y 12 de septiembre de 1971, en Valle de Bravo, a tan solo un par de horas de la Ciudad de México, se llevó a cabo la primera muestra generalizada de la contracultura en nuestro país: el Festival de Rock y Ruedas dentro del Club de Golf Avándaro. Lo que en un principio se planeó como una carrera de automóviles amenizada con algunas bandas de rock, se convirtió en un hito en la historia del rock mexicano y un espacio de tolerancia sin precedentes para la juventud mexicana. Diversas bandas tocaron al aire libre, frente a una audiencia conformada por más de cien mil personas, bajo una intensa lluvia. En esa espectacular noche se presentaron, entre otros, Los Dug Dug's, Peace & Love, El Ritual y Three Souls in My Mind —banda liderada por Alex Lora—. Los grupos más conservadores de la sociedad no tardaron en considerar inaceptable esta apertura cuando empezaron a circular fotografías de gran cantidad de "jipitecas" —mexicanización del término *hippie*— encuerados y consumiendo mariguana.

El regreso de Quetzalcóatl

El sexenio de Luis Echeverría había dejado al país sumido en una profunda crisis económica y política: la inflación por las nubes, el peso por los suelos, delincuencia, impunidad y corrupción; pero nada de eso impidió que en las elecciones de 1976 el PRI ganara de manera unánime por falta de oposición.

DON Q

Que el gobierno hubiera bautizado a los dos aviones presidenciales con el nombre de Quetzalcóatl I y II no era una ocurrencia. La mítica figura le provocaba una extraña fascinación a López Portillo. Años atrás había escrito una breve obra titulada *Don Q*, y en su casa del Pedregal, antes de hacerse de la famosa Colina del Perro, mandó esculpir una larga serpiente policromada en honor a Quetzalcóatl. En su escrito se percibe que López Portillo, con esos aires de grandeza y linaje que lo caracterizaban, se veía a sí mismo como el nuevo Quetzalcóatl que volvía a ocupar el trono tras haber sido desterrado por unos pecadillos que cometió cuando gobernaba Tula. Era la representación del bien, de la sabiduría, del conocimiento que regresaba para anunciar una era de luz y prosperidad.

José López Portillo y Pacheco tomó posesión como presidente de la República en medio del caos, y muchos se conmovieron al escucharlo pedir perdón a los desposeídos y marginados "por no haber acertado todavía a sacarlos de su postración". No tenía más alternativa que reconocer la magnitud de la crisis y ofrecer a los mexicanos su sacrificio para salir adelante.

El nuevo presidente tenía un carisma natural, y como buen orador, sus palabras sonaron no solo elocuentes sino honestas: "Hagamos una tregua inteligente para recuperar la serenidad y no perder el rumbo. Tregua que no sea renuncia o claudicación, sino oportunidad de reencuentro y reconciliación. Jamás olvidemos que aquí existieron nuestros

LOS EJES VIALES

Hacia mediados de la década de 1970 el tránsito en la ciudad se había vuelto complicado. Las grandes avenidas como el Viaducto, el Periférico, Insurgentes, División del Norte o Revolución ya eran insuficientes. Y al grito de a grandes males grandes remedios, en 1978 el regente del Distrito Federal, Carlos Hank González, lanzó un ambicioso proyecto: la construcción de ejes viajes, que no eran otra cosa que amplias avenidas de un solo sentido que cruzaban la ciudad de norte a sur y de este a oeste. El gobierno lo anunció y se abocó a realizar la empresa. Miles de ciudadanos vieron expropiadas sus viviendas de la noche a la mañana "por causa de utilidad pública", y todo mundo se tuvo que cuadrar. Las obras comenzaron en abril y pocas semanas después la ciudad parecía una metrópoli bombardeada: casas demolidas, zanjas de gran tamaño, árboles por los suelos; la tierra y el polvo impregnaron el ambiente, y además se volvió intransitable. Los congestionamientos estaban a la orden del día, la contaminación se elevó y los transeúntes respiraban el polvo y la tierra que se acumulaba día con día. La irritación de la sociedad capitalina no podía ser mayor. La *vox pópuli* rebautizó al regente con el mote de Gengis Hank, porque recordaba al conquistador mongol que arrasaba con las ciudades que encontraba a su paso. "Al hacer los ejes viales la ciudadanía se encrespó —recordaría Hank González en una entrevista a *La Jornada*, el 26 de junio de 1999—. Me aborrecía, odiaba e insultaba a Hank González... y a su mamá. ¡Fue terrible!, pero había que hacerlos, y la gente tenía razón en quejarse [...]. Materialmente tuve que destruir la ciudad para que después me permitieran reconstruirla, como se hizo. Me acuerdo que fue la época de los chistes: que ya no era Hank González sino

'Zanjas Viales'; muchos insultos, muchas ofensas [...].
Es el precio que tienes que pagar por el honor de que
un pueblo te permita gobernarlo; y hay que pagarlo con
sonrisas". El 23 de junio de 1979 se inauguraron los primeros 15 ejes viales que abarcaban 133 kilómetros.

padres, estamos nosotros y vivirán nuestros hijos. Que no
nos podemos ir, si acaso unos cuantos ricos, exportadores
de capital, y unos cuantos pobres, exportadores de trabajo.
Los demás nos quedamos y podemos hacer de nuestra patria
o un infierno o un país donde la vida sea buena. En nuestras
manos está". La tarea sería titánica.

Los primeros dos años del sexenio estarían dedicados a
tomar medidas emergentes a fin de crear entre los empresarios, los inversionistas y la comunidad internacional un
ambiente de confianza en el gobierno mexicano. El gobierno había firmado con el Fondo Monetario Internacional el
compromiso de no contratar una deuda mayor a tres mil millones de dólares anuales, controlar el déficit presupuestal,
recortar el gasto público y restringir las políticas salariales.
El costo lo asumiría, desde luego y como siempre, la población mexicana.

Al poco tiempo de entrar en funciones se comenzó a decir que detrás de él estaba operando Echeverría —en el gobierno aún quedaban algunos de sus elementos— y que su
sexenio sería otro "maximato". El expresidente hacía declaraciones y emitía opiniones que incomodaban a López Portillo, y para evitar que su amigo Luis se convirtiera en un
obstáculo, decidió enviarlo a unos cuantos miles de kilómetros de distancia: lo nombró embajador concurrente en Fiyi,
con sede en Australia.

¡Tenemos petróleo!

El ánimo humilde y sereno con el que López Portillo comenzó su administración pronto se convirtió en triunfalismo. La austeridad y disciplina económica que demandaba la crisis las guardó en un cajón y el presidente gritó a los cuatro vientos: "¡Tenemos petróleo!".

Desde 1974 se sabía que México poseía una importante reserva petrolífera, pero Echeverría decidió no considerarla un factor en su proyecto de gobierno por su pudoroso nacionalismo revolucionario. No fue sino hasta 1977 cuando se abrió claramente la posibilidad de explotarla a gran escala para venderla al exterior. Como era de esperarse, esto se convirtió en un tema espinoso, que gracias al autoritarismo presidencial imperante en México prosperó sin mayores obstáculos, limites o restricciones. Cuando López Portillo dijo "El petróleo es nuestro", lo que verdaderamente quiso decir fue que era de él.

Las relaciones entre México e Israel habían mejorado considerablemente y el gobierno aprovechó la coyuntura política en el Medio Oriente. Cuando Irán decidió suspender el abastecimiento de petróleo a Israel como represalia por tomar medidas extremas contra los palestinos, México apareció como el principal abastecedor de petróleo e Israel se convirtió en el tercer comprador de importancia para el gobierno mexicano. La comunidad judía estadounidense respondió favorablemente, y a través de Henry Kissinger otorgó su apoyo al gobierno de López Portillo ante el Congreso de Estados Unidos en ciertos asuntos vinculados con la relación bilateral.

López Portillo estaba pleno de optimismo y se dedicó a pregonar la futura y promisoria autodeterminación

UNA MINA DE ORO... NEGRO

Nadie lo peló, o al menos a nadie le importó que el pescador Rudecindo Cantarell divisara en la sonda de Campeche una mancha de aceite que producía varias burbujas de color negro en pleno mar. Era 1958 —hay versiones que señalan que fue en 1961— y como el "milagro mexicano" estaba de moda, nadie pensaba en el oro negro. Rudecindo olvidó su hallazgo y años después, mientras entregaba una tonelada de huachinango que había pescado, recordó aquel descubrimiento. Sus compañeros lo convencieron de que fuera con las autoridades. Así lo hizo, pero a nadie le corrió prisa. No fue sino hasta 1971 cuando el gobierno envió a dos ingenieros para que Rudecindo les mostrara el lugar; hicieron los estudios correspondientes y se dieron cuenta de que era un yacimiento petrolero increíblemente grande. Cuando López Portillo ocupó la presidencia y se enteró del as bajo la manga que guardaba el país, decidió ir por todas las canicas y así comenzó formalmente la explotación del pozo al que bautizaron con el nombre de Cantarell. Desde el inicio de su explotación, el yacimiento ha producido trece mil cuatrocientos millones de barriles.

financiera del país: previó un crecimiento por arriba del 5% para 1978; los mexicanos solo tendrían que aprender a "administrar la abundancia", dijo muy ufano. En el mundo se mencionaban los yacimientos mexicanos y los precios del petróleo subían. Ya nadie hablaba de catástrofes económicas; lo peor había pasado y el país se encontraba frente a una oportunidad histórica sin precedentes: crecimiento económico y una nueva relación bilateral con Estados Unidos en términos justos y equitativos gracias al petróleo.

Sin embargo, desde 1977 comenzaron los problemas. Petróleos Mexicanos (Pemex) había logrado un acuerdo con seis compañías estadounidenses para abastecerlas de gas natural y el presidente aprobó la construcción de un gasoducto de 1,350 kilómetros desde Chiapas hasta Reynosa, en Tamaulipas; en diciembre de ese mismo año, con el proyecto en marcha, el presidente de Estados Unidos, Jimmy Carter, ordenó cancelar el contrato a menos de que México bajara su precio. México prefirió no vender nada a Estados Unidos; el gobierno consideró que su riqueza petrolera le concedía ese derecho.

Sin duda, el petróleo abrió un nuevo horizonte ante la crisis: se presentó como la oportunidad real y efectiva para el crecimiento y el desarrollo del país. De 1976 a 1982 los yacimientos colocaron a México en el cuarto lugar mundial de producción petrolera, solo por debajo de la entonces Unión Soviética, Arabia Saudita y Estados Unidos.

Con la garantía del oro negro, los organismos financieros internacionales se ofrecieron de inmediato a prestar los dólares necesarios para apoyar proyectos del gobierno, grandes obras públicas y para sostener al monstruoso aparato burocrático que no dejó de crecer durante el sexenio. A medida que la economía comenzaba a reactivarse, el endeudamiento se volvió atroz. El presidente no midió los riesgos de apostar el destino del país al petróleo, y el futuro se tornó tan oscuro como el crudo.

Descubrimiento del Templo Mayor

La madrugada del 21 de febrero de 1978 un grupo de trabajadores de la Compañía de Luz y Fuerza del Centro realizaba trabajos de excavación para colocar cableado subterráneo en la esquina de las calles de Guatemala y Argentina, en el Centro Histórico de la Ciudad de México. Al bajar el nivel del piso, uno de los trabajadores golpeó una piedra circular con relieves. El Departamento de Rescate Arqueológico del Instituto Nacional de Antropología e Historia (INAH), recibió el aviso del ingeniero a cargo de dirigir las obras de cableado, Felipe Curcó Bellet. La tarea de verificación del hallazgo fue asignada por el entonces director del INAH, Gastón García Cantú, al arqueólogo Eduardo Matos Moctezuma.

Los arqueólogos Ángel García Cook y Raúl Martín Arana dirigieron los trabajos de rescate de la pieza. El rescate de la Coyolxauhqui implicó siete semanas de trabajo, durante las que también se recuperaron múltiples ofrendas, como la Mayahuel de piedra verde.

Fue el arqueólogo Felipe Solís quien después de observar detenidamente la escultura una vez liberada de la tierra que la cubría, se percató de que se trataba de una representación de la diosa de la luna, Coyolxauhqui. Las excavaciones posteriores rescataron gran parte del templo y el recinto ceremonial que lo rodeaba. La excavación principal que rescató el Templo Mayor y algunos edificios aledaños tardó cinco años. El hallazgo de la Coyolxauhqui y el rescate arqueológico del Templo Mayor fueron determinantes para la declaratoria del Centro Histórico de la Ciudad de México como Patrimonio de la Humanidad por parte de la UNESCO en 1987.

Administrar la abundancia

La imagen de México hacia el exterior era de aparente solidez, pero la política interna era "más de lo mismo": autoritarismo presidencial y corrupción. El presidente estaba obnubilado y el círculo del poder no lo ayudó a abrir los ojos. López Portillo se había deshecho de los hombres que pudieron poner freno a sus excesos, como Jesús Reyes Heroles y Carlos Tello, y se acercó a otros que posteriormente estarían relacionados con la corrupción durante su sexenio:

El Negro, Arturo Durazo, jefe de la policía capitalina, y Carlos Hank, jefe del Departamento del Distrito Federal, quien solía decir que un político pobre era un pobre político. Además, su principal consejero era su hijo José Ramón López Portillo, "orgullo de su nepotismo", como él mismo le decía.

La falta de diversificación de la planta productiva del país representaba sin duda un grave peligro, pero López Portillo no estaba dispuesto a escuchar las críticas, a las que calificaba de fatalistas y autodestructivas: a "la incapacidad de los mexicanos de sentirnos prósperos". Desde 1978 abandonó la austeridad y la mesura económica, los bancos extranjeros estaban dispuestos a prestar y el gobierno prescindió del Fondo Monetario Internacional.

Un buen número de bancos extranjeros pusieron oficinas en México atraídos por el espejismo del auge. Se aumentó la planta de empleados del gobierno y sus sueldos, al igual que el gasto público. Todos los esfuerzos y recursos estaban destinados a la producción petrolera, mientras que la producción agrícola disminuía hasta el punto de necesitar importar alimentos. Esto provocó que para 1980 la inflación se elevara hasta en 29.8%. Mientras, los mexicanos seguían esperando la llegada de las utilidades

EL PAPA EN MÉXICO

Cuando Jesús Reyes Heroles, secretario de Gobernación le dijo al presidente López Portillo que la visita del papa Juan Pablo II, programada para enero de 1979, era una violación a la ley porque no había relaciones diplomáticas con el Vaticano y México era un Estado laico, la respuesta del presidente fue: "Yo pago la multa". López Portillo recibió al Papa con mucho gusto pero se refirió a él de una manera peculiar: ni como jefe de Estado ni como cabeza de la religión católica, sino simplemente como "distinguido visitante". La sociedad se entregó por completo al Papa: lo acompañó en sus recorridos, lo vitoreó, le cantó y lo despidió con miles de espejos dirigidos al avión de Aeroméxico en el que se regresó a Roma en los primeros días de febrero. Todavía hizo sus recorridos a bordo de un automóvil descapotado y sin protección. Juan Pablo II visitó cuatro veces más el país; del 6 al 14 de mayo de 1990 lo recibió el presidente Carlos Salinas de Gortari. Ya hubo papamóvil blindado de por medio debido al atentado que había sufrido años atrás, y vino particularmente a beatificar a Juan Diego. En un gesto ajeno a la fe, el Papa devolvió al gobierno mexicano el Códice de la Cruz-Badiano, que se encontraba en la Biblioteca del Vaticano. La tercera visita fue de pisa y corre a Yucatán, en agosto de 1993; duró 24 horas. Fue la primera visita de Juan Pablo II como jefe de Estado pues México restableció relaciones diplomáticas con el Vaticano en 1992 y fue la primera vez que el presidente de México se refirió a él como Su Santidad. Le correspondió al presidente Ernesto Zedillo recibir al Papa en su cuarta visita, del 22 al 26 de enero de 1999. Tuvo eventos masivos en el Autódromo Hermanos Rodríguez y en el Estadio Azteca, donde dijo: "Ya me puedo sentir mexicano", y el público enloqueció. La quinta y última visita de Juan Pablo II fue en agosto de 2002 y vino para oficiar la misa de canonización de Juan Diego, en la Basílica de Guadalupe. La nota la dio el presidente Vicente Fox, quien al recibir al Papa en el aeropuerto se inclinó ante él y le besó el anillo. La sexta visita de un Papa a México, y primera de Benedicto XVI, se realizó en marzo de 2012 y fue una gira por el Bajío. Lo recibió el presidente Felipe Calderón. La visita del papa Francisco, en febrero de 2016, es la más reciente y tuvo la peculiaridad de que fue recibido por vez primera en Palacio Nacional.

producto de la "petrolización", para entonces sí "administrar la abundancia".

Las cifras respaldaban el optimismo del gobierno: la producción mexicana pasó de seis mil millones de barriles en 1976 a setenta y dos mil millones en 1981. La producción de petróleo había crecido desmesuradamente, pero para lograrlo se contrajo deuda por arriba de los diecinueve mil millones de dólares, y los costos de producción de petróleo estaban muy por arriba de lo calculado por los "expertos", reflejo de una evidente ineficiencia y corrupción.

El aumento en la producción de petróleo no fue privativo de México; en el mundo entero la producción se elevaba, lo obligaba a que los mercados redujeran los precios. Entonces el panorama se tornó aterrador: el precio del petróleo comenzó a caer estrepitosamente. La devaluación del peso se veía venir y empezó la fuga de capitales. López Portillo se comprometió una vez más a sacrificarse por el pueblo mexicano y prometió defender "el peso como un perro".

AL ESTILO PERISUR

Fueron años en que había mucho dinero y se gastaba a manos llenas. Como las fronteras estaban cerradas a los productos extranjeros, la gente iba con frecuencia a los primeros *malls* que ya eran reconocidos: Plaza Universidad —construida en 1969— y Plaza Satélite —inaugurada el 13 de octubre de 1971—. Las principales tiendas departamentales le daban vida a los *malls*: Palacio de Hierro, Liverpool, Sears, París-Londres. Pero como el sur de la ciudad no podía quedarse atrás, en 1980 se construyó un nuevo y más lujoso centro comercial que se conoció como Perisur. En él se reflejó la bonanza económica que vivía el país a la sombra del petróleo.

Pero pues no lo defendió muy bien; al terminar el sexenio la moneda naufragó: el peso se devaluó de 22 a 70 pesos por dólar.

López Portillo dejó el país sumido en una crisis más profunda que cuando lo tomó. La deuda había crecido de veintiséis mil millones de dólares a ochenta mil millones de dólares. México se declaró incapacitado para seguir cumpliendo con el pago de sus deudas e inició negociaciones para reestructurarlas. El gobierno asumió el control cambiario y culpó a los banqueros de la fuga de capitales: "Ya nos saquearon. México no se ha acabado. ¡No nos volverán a saquear!", dijo con rabia López Portillo en su último informe de gobierno el 1 de septiembre de 1982, entonces anunció la nacionalización de la banca y luego se puso a llorar.

QUEEN EN MÉXICO

Desde lo ocurrido en 1968 —Tlatelolco— y en 1971 —el halconazo—, las autoridades se volvieron paranoicas con las concentraciones juveniles. El festival musical de Avándaro demostró la facilidad con que la juventud podía reunirse en decenas de miles, así que a partir de 1971 el gobierno otorgó a cuentagotas los permisos para conciertos masivos. En 1981 se presentó en México el famoso grupo inglés, Queen, que se encontraba en la apoteosis de su carrera musical. No le permitieron presentarse en la Ciudad de México, solo en Puebla y en Monterrey. Durante los días que estuvieron de paso en el Distrito Federal se hospedaron en un hotel de la Zona Rosa. Una noche, los miembros del grupo se fueron a uno de los bares cercanos. Freddie Mercury vio que había un piano y se la pasó tocando y cantando para todos los presentes. Sus conciertos en México fueron memorables para los asistentes, pero no para el cuarteto inglés. Al término de su gira, Roger Taylor declaró: "Estoy contento de haber regresado de México. Tuvimos dificultades hasta decir basta; autoridades nefastas, policía corrupta, comida venenosa, peligro constante de muerte". Taylor había puesto el dedo en la llaga: más que un momento de diversión y entretenimiento, los empresarios de espectáculos y los artistas debían sortear la corrupción mexicana, el deterioro de las instalaciones, los trámites burocráticos y las mordidas. Y el público padecía por la desorganización que imperaba en los eventos de esa naturaleza.

El Chichonal

Había caído la noche del 28 de marzo de 1982 cuando se registró un ligero sismo acompañado de una erupción que arrojó ceniza y rocas: el volcán Chichonal, en Chiapas, estaba despierto. La gente dijo que desde finales del año anterior temblaba en la región, se escuchaba como si la tierra rugiera, olía azufre y el agua se había calentado. Comenzó el éxodo de miles de personas, pero muchas también decidieron permanecer en sus comunidades de origen. Seis días más tarde el volcán estalló con furia; la erupción comenzó a las 7:35 de la noche del 3 de abril y duró media hora; en los días siguientes se repitieron las erupciones. La región se oscureció por completo; la columna de humo alcanzó 35 kilómetros y era tan densa que el 5 de abril en San Cristóbal de las Casas no amaneció. Las cenizas llegaron hasta los estados de Tabasco, Campeche, Oaxaca, Veracruz y Puebla. Durante varios días fue necesario cerrar caminos y aeropuertos cercanos. Aunque el ejército intervino para evacuar a las poblaciones cercanas, la comunidad zoque fue la que más padeció. EL Chichonal sepultó catorce poblados zoques y murieron cerca de dos mil personas, según refieren los propios lugareños que fueron desplazados.

La vida en gris

El 1 de diciembre de 1982 Miguel de la Madrid Hurtado recibió la banda presidencial y al país en "una situación de emergencia", como dijo en su discurso de toma de protesta. El nuevo presidente no tenía alternativas la economía estaba en ruinas y debía disciplinarse ante el Fondo Monetario Internacional y el Banco Mundial e implementar una serie de programas para reducir la inflación, proteger el empleo y tratar de impulsar la planta productiva.

Así llegó el famoso "pacto de solidaridad económica" en el que el gobierno pidió a los sectores productivos y económicos del país mantener una política de austeridad. Los obreros se comprometieron "voluntariamente" —la voz era la de Fidel Velázquez— a no solicitar aumentos salariales y los productores a no subir los precios.

Adelgazar el aparato burocrático para contrarrestar el gasto público era una tarea que implicaba eliminar puestos superfluos y acabar con el enriquecimiento "inexplicable" de políticos y amigos de políticos. Más fácil resultaba colocar los cimientos para la apertura económica y transitar hacia el neoliberalismo disminuyendo las barreras proteccionistas y privatizar las industrias paraestatales. Durante el sexenio de Miguel de la Madrid, en 1986 el país ingresó al Acuerdo General de Aranceles y Comercio (GATT); Estados Unidos se convirtió en su primer socio comercial y también en su principal acreedor.

Miguel de la Madrid había basado su campaña electoral en "la renovación moral de la sociedad", pero ya en funciones la voluntad de erradicar la corrupción solo le alcanzó para aprehender a Jorge Díaz Serrano, exdirector general de Pemex por un supuesto fraude, y al exjefe de la policía del Distrito Federal, Arturo *el Negro* Durazo, un gánster producto de la impunidad solapada por López Portillo, a quien se le procesó solo por la posesión ilegal de armas, cuando era sabido que estaba involucrado en actividades de narcotráfico. Su aprehensión significó la ruptura del "pacto" con la delincuencia, por lo que se agravaron los robos, los asaltos violentos y el secuestro. El presidente nunca responsabilizó ni señaló a nadie por la corrupción que evidentemente había sumido al país en una profunda crisis.

ALFONSO GARCÍA ROBLES. PREMIO NOBEL DE LA PAZ

Inició su carrera diplomática en 1939; llegó a ser embajador en Suecia, secretario de Relaciones Exteriores y embajador ante Naciones Unidas. Fue el artífice de la Comisión Preparatoria para la Desnuclearización de América Latina en 1964 y del Tratado de Tlatelolco en 1967, que prohibió las armas nucleares en América Latina. Desde 1977 hasta 1981 fue Representante Permanente de México ante el Comité para el Desarme en las oficinas de Ginebra de la ONU. El 13 de octubre de 1982 el mexicano Alfonso García Robles fue distinguido con el Premio Nobel de la Paz, por su destacada actividad a favor del pacifismo y por su trabajo para evitar la proliferación nuclear en América Latina, compartiendo el galardón con la politóloga y diplomática sueca Alva Myrdal, quien también se desempeñó en labores similares a favor del desarme mundial desde Suecia.

Otras catástrofes

En víspera de la celebración de la Revolución mexicana, la mañana del 20 de noviembre de 1984 la planta de almacenamiento de Pemex de San Juan Ixhuatepec, en Tlanepantla, explotó provocando un incendio al que le siguieron múltiples explosiones más.

El resplandor de las explosiones pudo verse hasta el sur de la ciudad, y fue tal su magnitud que la mayoría de las víctimas murieron calcinadas en el instante. Más de 500 personas fallecieron y hubo cerca de dos mil heridos. Acusaciones contra Pemex no faltaron, pero nunca hubo responsables y Miguel de la Madrid no intervino para que se llevaran a cabo las investigaciones correspondientes.

La sociedad mexicana señaló la tibieza del presidente, acusándolo de omiso. Un año después la naturaleza le dio la oportunidad de demostrar que era capaz de despertar de su letargo y tampoco lo hizo.

El 19 de septiembre de 1985 un terremoto destruyó buena parte de la Ciudad de México, dejando aproximadamente diez mil víctimas y más de treinta mil afectados. Casi inmediatamente después de conocer la magnitud de los hechos, la comunidad internacional ofreció su ayuda. Miguel de la Madrid hizo sus primeras declaraciones con la ciudad devastada a sus espaldas: "Estamos preparados para atender esta situación y no necesitamos recurrir a la ayuda externa. Agradecemos las buenas intenciones, pero somos autosuficientes". Le tomó veinticuatro horas darse cuenta que con el país en bancarrota no estaba en posibilidades de despreciar la ayuda. Días después llegó el auxilio internacional.

La tragedia evidenció varios horrores: la incapacidad del gobierno para tomar medidas rápidas y eficaces, la falta

Un día en el cine

Todavía era la época de las grandes salas cinematográficas; en la que se podía fumar en el vestíbulo de los cines; las películas tenían intermedio y en los grandes estrenos había que llegar unas horas antes porque los asientos no estaban numerados y mucho menos se reclinaban. En 1985 el Plaza Satélite 70 registró un lleno absoluto con el estreno de *Rocky IV.* El cine hollywoodense no pudo escapar a la tentación de llevar a la pantalla grande el enfrentamiento entre el capitalismo y el comunismo que estaba por concluir y qué mejor que a través de los guantes del "semental italiano" y el temible ruso Iván Drago. El cine se convirtió en arena de box; para la pelea final la gente había olvidado que se trataba de una película y estaba de pie coreando: "¡Rocky! ¡Rocky!", y aplaudiendo cada golpe que el boxeador de Filadelfia le tiraba a Drago: *jabs*, *uppercuts*, ganchos al hígado. Y cuando se alzó con la victoria, estalló la ovación en todo el cine. Entonces, las luces se encendieron.

de protocolos de seguridad en una ciudad edificada en una zona sísmica y la corrupción infiltrada en los contratos de construcción del Distrito Federal. Pero también hizo patente que la sociedad civil mexicana era capaz de organizarse para prestar auxilio. A partir de 1985 surgió un gran número de organizaciones no gubernamentales, sociales y altruistas.

Al año siguiente, en el verano de 1986, durante la inauguración del Mundial de futbol, los mexicanos recibieron al presidente con una rechifla que hizo retumbar el Estadio Azteca.

LA CHIQUITIBUM

Ni la crisis ni el terremoto de 1985 impidieron que en 1986 se llevara a cabo la Copa del Mundo de futbol en tierras mexicanas. Fue el mundial de *Pique* —un chile verde con sombrero charro y grandes bigotes, mascota del torneo—; de "la mano de Dios", como llamó el propio Maradona al gol que le metió a los ingleses con la mano; de uno de los goles más famosos de la historia del futbol, cuando Maradona burló a todos los contrarios y hasta al árbitro para anotar en la portería inglesa; fue el Mundial en que cayó sobre México la maldición de los penales luego de perder en cuartos de final con Alemania, habiendo fallado todo lo que podía fallar el equipo mexicano. Pero si en el futbol la copa se la llevó Argentina, el trofeo de la fama se lo ganó una modelo de notorios atributos físicos, llamada Mar Castro, que apareció tres segundos, con una playera entallada y recortada bailando cadenciosamente en un comercial de cerveza Carta Blanca. Esos tres segundos fueron suficientes para que el país entero la llamara "la Chiquitibum" —porque la música del comercial era la célebre porra cantada— y acaparara la atención de los medios durante las siguientes semanas.

Estados Unidos no tiene amigos

Durante el sexenio de Miguel de la Madrid el gobierno cumplió cabalmente con los lineamientos del Fondo Monetario Internacional y pagó religiosamente la deuda con Estados Unidos. Ante el deterioro de la economía nacional no había alternativa, "el horno no estaba para bollos", y en ese sentido la relación marchó sin mayor problema. Tres asuntos marcaron la agenda bilateral: Centroamérica, el narcotráfico y los migrantes.

México siempre se había mantenido al margen ante el conflicto entre el bloque socialista y el capitalista; la política exterior respetaba celosamente la no intervención y la autodeterminación de las naciones, pero para Estados Unidos, particularmente para Ronald Reagan, era "negligencia" no enfrentarse y oponerse a la amenaza comunista en Centroamérica con el triunfo de la revolución sandinista en Nicaragua. La posición del gobierno estadounidense se endureció frente a los acontecimientos latinoamericanos.

El problema del narcotráfico tenía más relevancia para México que la paranoia anticomunista de Estados Unidos, y se convirtió en tema prioritario en la relación bilateral desde entonces. Con el brutal asesinato del agente de la Drug Enforcement Agency (DEA), Enrique Camarena, ocurrido en Guadalajara en 1985, Estados Unidos presionó a México para enfrentar el problema con mayor decisión, al tiempo que una serie de televisión titulada *La guerra de las drogas*, que mostraba la crudeza y sordidez del narcotráfico, se transmitió en el territorio estadounidense, dejando entrever la participación de importantes funcionarios del gobierno mexicano en el lavado de dinero y la protección de narcotraficantes. Para México, el gobierno del vecino país no podía lanzar la primera piedra si no cambiaba sus patrones de consumo de drogas.

El asunto de la inmigración fue utilizado por Estados Unidos —y lo sigue siendo— como bandera política para conseguir el apoyo de electores antiinmigrantes. En 1982 y 1985 la ley Simpson-Mazzoli proponía detener el ingreso de mexicanos sancionando a quienes los contrataran, y aunque

"Ahora despierta la mujer que en mí dormía..."

Durante el sexenio de Miguel de la Madrid, particularmente entre 1986 y 1988, el mundo del espectáculo tuvo varias campanadas; la gente hizo famosa a Lola *la Trailera* y su saga cinematográfica; el ya entonces llamado Canal de las Estrellas acaparó los reflectores con la malvada Catalina Creel en *Cuna de lobos*. La programación del canal también incluía *La carabina de Ambrosio,* conducida por Paco Stanley, y *Topo Gigio,* con Raúl Astor. Al grito de "Todos queremos ver a Olga", la sensual *vedette* Olga Breeskin se presentaba en La Madelon para mostrar que se podía tocar el violín en bikini. Por entonces, los cigarros Marlboro 14 costaban 700 pesos la cajetilla; Jacobo Zabludovsky mandaba por las noches con su noticiero *24 Horas* —"una tradición que es noticia"—. En la radio sonaban Mecano y Flans. En 1987 la telenovela de mayor éxito fue *Quinceañera* y uno de los programas favoritos del público fue la serie *Tres generaciones,* con Angélica María, Carmen Montejo y Sasha, mientras el entretenimiento para adultos estaba en manos de Ricardo Rocha y su programa *Para gente grande.*

fue rechazada en 1986, otra ley similar, la Simpson-Rodino, sí fue aprobada por el Congreso de Estados Unidos. Las deportaciones masivas y las sanciones nunca se llevaron a cabo pero sí hubo un sinnúmero de violaciones a los derechos humanos de los migrantes.

México en el espacio

Desde finales de los años setenta el gobierno mexicano entró en negociaciones con la Unión Internacional de Telecomunicaciones (UIT), con sede en Ginebra, Suiza, para lograr que los satélites *Morelos* pudieran entrar en órbitas que les permitieran cubrir la totalidad del territorio nacional. En octubre de 1982 el gobierno mexicano adquirió su primer sistema de satélites: el Sistema Morelos. El 17 de junio de 1985 el transbordador *Discovery* de la NASA puso en órbita el satélite *Morelos I*, y el 26 de noviembre del mismo año el *Morelos II* fue puesto en órbita por el transbordador *Atlantis,* en el que viajaba como miembro de la tripulación el doctor Rodolfo Neri Vela, primer mexicano en el espacio. Neri Vela se entrenó durante seis meses en el Centro Espacial Lyndon B. Johnson en Houston, Texas, junto con otros dos mexicanos, Ricardo Peralta y Fabi y Carlos Mendieta Jiménez, que fueron seleccionados como sustitutos. El 3 de junio de 1985 el presidente Miguel de la Madrid Hurtado inauguró el Centro de Control Espacial Walter C. Buchanan, que desde la tierra controlaría el Sistema Morelos de satélites, lo que permitiría la recepción y retransmisión de señales de televisión, telefonía, télex y facsímil a todo el territorio nacional.

Se nos cayó el sistema

En el último trimestre de 1987 se acercaba la fecha de la sucesión presidencial. A lo largo del sexenio había quedado demostrado que la apertura política tendría todavía que esperar. El fraude electoral contra el Partido Acción Nacional en la elecciones en Chihuahua en 1986 dejaba claro que aún estaban en vigor mecanismos como la urna embarazada, el ratón loco y la violencia en las casillas electorales. Ante el triunfo ilegítimo del PRI en el estado, la sociedad, que ya no era la misma, recurrió a la resistencia civil; y el gobierno, que sí seguía siendo el mismo, al uso de la fuerza. La oposición estaba enardecida, pero el fraude mayor, el fraude de fraudes, estaba por venir.

En octubre de 1987, ante la mirada atónita de los viejos priistas, Miguel de la Madrid designó a Carlos Salinas de Gortari —su secretario de Programación y Presupuesto— como candidato oficial. Salinas representaba a los jóvenes políticos con doctorados en economía o finanzas, procedentes de las universidades estadounidenses más prestigiadas y dispuestos a poner en práctica todos sus conocimientos en teoría económica. Se abría paso a la generación de los tecnócratas. La vieja guardia del PRI se opuso a la tecnocracia, pero al final, casi todos acataron la decisión presidencial. Cuauhtémoc Cárdenas y Porfirio Muñoz Ledo se quejaron de la falta de procedimientos democráticos dentro del partido y salieron a engrosar la oposición.

Las campañas electorales de 1988 agitaron el panorama político del país. Se vislumbraba una cerrada competencia entre Cuauhtémoc Cárdenas como candidato de una izquierda unificada, Manuel J. Clouthier por el Partido Acción Nacional y el poco carismático candidato del PRI, Carlos

McDonald's en México

Las garnachas, los tacos, las fritangas son parte fundamental de la dieta de los capitalinos; una especie de *fast food* nacionalista. Sin embargo, la hamburguesa encontró buena acogida en el México de los años setenta. En el país tuvieron su momento de éxito dos restaurantes que buscaron poner de moda las malteadas, las hamburguesas y las papas fritas: Burger Boy, con su Brontodoble y Dinotriple (con dos o tres carnes, según el voraz apetito del comensal), y Tomboy, "la casa del chamacón". Pero a mediados de los años ochenta se les acabó el negocio con una revolución de la *fast food* en México. El 29 de octubre de 1985 abrió sus puertas el primer McDonald's, localizado en Periférico Sur, a la altura del Pedregal. Su llegada causó furor y expectación y durante días las colas fueron apocalípticas. Cientos de personas estuvieron dispuestas a formarse durante horas —en el Auto-Mac— para probar una *Big Mac*, una *Quarter Pounder*, las papas fritas y los pays, además de verle la cara a Ronald McDonald. Quienes habían probado esas hamburguesas en Estados Unidos sostenían que sabían exactamente igual. Poco tiempo después comenzó su expansión por la ciudad y el resto del país.

Salinas de Gortari. La fuerza de la oposición había despertado a la conciencia ciudadana y parecía que el cardenismo estaba destinado al triunfo.

Los ciudadanos salieron a votar el 6 de julio. Unas horas después de iniciado el conteo de votos, Manuel Bartlett —secretario de Gobernación— anunció a los medios de comunicación que el sistema de conteo se había caído y la información de los resultados se suspendería hasta la diez de la noche. Esas horas de espera representaron votos a favor del PRI. El lunes 7 de julio se anunció que Carlos Salinas de Gortari sería el nuevo presidente. Nunca se pudo comprobar si realmente Cuauhtémoc Cárdenas había ganado las elecciones de 1988, pero hasta antes de la "caída del sistema" en varias regiones del país llevaba la delantera.

Miguel de la Madrid dejó al país con la inflación más alta de la historia, "y otras marcas históricas —como escribió Gabriel Zaid—: crecimiento cero, narcotráfico en el poder, fraudes electorales tan escandalosos que provocaron situaciones nunca vistas: mexicanos que enfrentaban golpizas por defender su voto, grandes priistas rebeldes a la presidencia, reflexiones que hacían pensable el fin del PRI".

La mentira del Primer Mundo

No era novedad, el nuevo gobernante recibía el gobierno con el país sumido en crisis, solo que esta vez el presidente llegaba con el rechazo de la oposición que convocaba a la resistencia civil y el de la vieja guardia del PRI, que se sentía en peligro de ser desplazada por los jóvenes tecnócratas.

Carlos Salinas de Gortari fue el primer presidente mexicano con título de economista, había realizado estudios de posgrado en Harvard, y de acuerdo con las tendencias de la época, estaba fuertemente influenciado por las teorías neoliberales: disminución del déficit fiscal, adelgazamiento del Estado a través de la privatización de empresas en poder del gobierno, reducción del gasto público, combate a la inflación y libre comercio.

El mundo había cambiado: cayó el comunismo, concluyó la Guerra Fría, el Muro de Berlín fue demolido, Alemania se reunificó y la Unión Soviética se desintegró. México debía adaptarse a la transformación política más grande del mundo durante la segunda mitad del siglo xx. Las decisiones de gobierno serían tomadas a la luz de la economía; atrás habían quedado los tiempos de gobernar con sentido político.

Gracias a la "caída del sistema" de 1988, Salinas debía legitimar su gobierno demostrando que tenía la capacidad, y los pantalones, para gobernar. En enero de 1989, a cuarenta días de haberse colocado la banda presidencial, enfrentó a Joaquín Hernández Galicia, *la Quina*, cacique del sindicato petrolero. Militares y elementos de la PGR fueron enviados a Ciudad Madero, Tamaulipas, y tomaron por asalto el edificio donde se encontraba la Quina. El operativo fue muy eficiente y la opinión pública recibió con agrado la audacia del presidente. El mensaje parecía decir: "Ya no hay intocables"; parecía.

Después de haber dado unos cuantos "manotazos", se dedicó a otro asunto urgente: mover a un país estancado. Mandó a su secretario de Hacienda, Pedro Aspe, a renegociar la deuda; redujo las tasas de interés internas gracias al ingreso de nuevas inversiones; vendió empresas paraestatales y clausuró aquellas que no eran capaces de sobrevivir con recursos propios; combatió la evasión de impuestos reduciendo el ISR del 50 al 35% y el IVA del 15 al 10%, y alentó la competencia empresarial con la apertura a las importaciones. Con la puesta en marcha de estas medidas económicas parecía que Salinas recuperaría el respeto de la investidura presidencial, el apoyo de la opinión pública y la legitimidad que no fue capaz de obtener en las urnas; parecía.

Hacia el Primer Mundo

El país comenzó una vertiginosa modernización una vez que Salinas se acomodó. Nuevos centros comerciales y zonas residenciales —como Santa Fe o Interlomas— al más puro estilo Primer Mundo se desarrollaban apresuradamente; en la Ciudad de México comenzaron los trabajos de la línea 8 del Metro, y entre bombos y platillos el 6 de septiembre de 1991 se reinauguró el Auditorio Nacional con capacidad para diez mil personas. En la radio se escuchaban Flans y Pandora; Thalía, Alejandra Guzmán y Gloria Trevi se disputaban el aplauso del público; Magneto sonaba tremendo; Timbiriche seguía en el gusto de los jóvenes, y Muñecos de Papel alcanzó fama luego del éxito de *Alcanzar una estrella 2*, que compitió con otro jitazo: *Muchachitas,* con Tiaré Scanda y Kate del Castillo. La piratería por entonces era con casetes de cinta magnética, cuando apenas comenzaban los tiempos del *compact disc*.

"Pero te peinas, *cuñao*"

Durante el sexenio de Salinas de Gortari se hicieron reformas en materia electoral, impulsadas en primera instancia por la presión de los grupos de oposición. Evidentemente, apostar por la democratización del país como factor indispensable para su desarrollo no era prioritario para el partido en el poder, pero sabían que para poner en marcha el proyecto económico era necesario allanar el camino político, aunque esto implicara negociar con la oposición.

Con este impulso nació en 1990 el IFE (Instituto Federal Electoral) y el proceso de fotocredencialización del padrón electoral, aunque todavía entonces dependía de la Secretaría de Gobernación. También se promulgó un nuevo Código Federal de Procedimientos Electorales, y el Tribunal de lo Contencioso Electoral en 1990 cambió su nombre a Tribunal Federal Electoral.

Ante la desconfianza ciudadana, el 3 de julio de 1992 se creó la credencial de elector con fotografía, y poco después fue considerada como documento oficial de identificación. Famosa se hizo una frase de la campaña publicitaria: "Pero te peinas, *cuñao*", cuando alguien comentaba que iba a "sacarse la foto".

En general, los conflictos poselectorales se resolvían por la intercesión presidencial, saltándose los procesos de los órganos correspondientes. Así removió a decenas de gobernadores, incluso desconociendo triunfos del PRI y reconociendo los de la oposición. La primera gubernatura ganada por un partido de oposición fue la de Baja California en 1989, con Ernesto Ruffo. Esta actitud era bien recibida por la opinión pública y eso abonaría al éxito del proyecto neoliberal.

Gracias a las famosas "concertacesiones" con el Partido Acción Nacional, el presidente obtenía la mayoría en el Congreso y con ello la seguridad de que sus proyectos se aprobaran, como fue el caso de dos artículos constitucionales que parecían intocables: el 27, logrando finalmente que los campesinos adquirieran la propiedad sobre la tierra trabajada, y el 130, con el que se reconoció la personalidad jurídica de las iglesias y agrupaciones religiosas, lo cual permitió también el restablecimiento de relaciones diplomáticas con el Vaticano.

Un día sin auto

"Será temporal", decían; "ayudará a mejorar la calidad del aire", decían; "solo se aplicará en el invierno", decían, y así, en noviembre de 1989, los habitantes de la Ciudad de México conocieron el programa "Hoy no circula" y el apocalíptico significado de "verificación vehicular". Lo detestaron, lo repudiaron, gritaron, patalearon, y aprendieron a vivir con él. El problema de la contaminación venía en aumento desde principios de los años ochenta. En 1982 se diseñó el Índice Metropolitano de la Calidad del Aire (Imeca) para medir la concentración de contaminantes en el aire que respiraba la sociedad capitalina, y a partir de 1986 y con su mención en los medios, la gente comenzó a pensar en Imecas y a hablar de inversiones térmicas, al tiempo que el gobierno desarrollaba planes para combatir la contingencia ambiental. Pero todos los esfuerzos parecían insuficientes y los primeros resultados del día sin auto fueron desconcertantes: la calidad del aire no había mejorado, pero el tránsito sí —lo cual no era nada despreciable—, y el consumo de gasolina había disminuido —lo cual sí era despreciable, pues afectaba a las arcas del gobierno—. Pero meses más tarde se agravó el problema de la contaminación, y a partir de 1990 el gobierno del Distrito Federal estableció que el programa "Hoy no circula" se aplicaría todo el año y hasta la consumación de los tiempos. La gente, poco acostumbrada a comprometerse, se hizo de un auto más para los días en que los otros no circularan, y en poco tiempo reinó de nuevo el caos, la corrupción en los verificentros, la contaminación y la precontingencia ambiental.

"La pobreza es un mito genial"

En los primeros años de gobierno de Salinas de Gortari llegaron los capitales extranjeros, y con ellos la modernidad que transformó el paisaje del país. La economía se reactivó y se construyeron nuevos y modernos centros financieros, residenciales y comerciales que lucían la moda internacional en sus aparadores.

Los autos de las marcas más prestigiadas del mundo comenzaron a circular otra vez . Se otorgaron créditos para todo: casa, coche, pequeña empresa. Cualquiera podía obtener una tarjeta de crédito, y empezó a circular el dinero de plástico que permitió que los mexicanos se endeudaran a largo plazo y con intereses; pero esas eran nimiedades, el presidente repetía sin cesar las palabras: progreso, modernización, crecimiento, Primer Mundo.

NUEVOS PESOS

Para cuando Salinas asumió el poder, el peso mexicano se había devaluado tantas veces y la inflación se había salido de control las mismas, que las denominaciones de los billetes eran altísimas y absurdas. Un libro podía costar ciento cincuenta mil pesos y un auto convencional, millones. El gobierno decidió quitarle tres ceros a la moneda anterior y llamarla "nuevo peso". El fin era facilitar las transacciones y la comprensión de las cantidades. Los nuevos pesos entraron en vigor el 1 de enero de 1993 y en 1996 dejaron de usarse para volver a la denominación tradicional de "pesos".

Mientras la clase media se regocijaba con los mentados beneficios de las reformas económicas salinistas, endeudándose hasta el cuello, el grupo de tecnócratas que rodeaba al presidente confiaba en que los programas destinados al desarrollo social se encargarían eficazmente de erradicar la pobreza. Así llegó el publicitado Programa Nacional de Solidaridad (Pronasol), a través del cual la sociedad y el gobierno unirían fuerzas para construir y mejorar la infraestructura de las comunidades sumidas en la extrema pobreza. Eso de "apretarse el cinturón" sería cosa del pasado. Parecía.

En una de las tantas puntadas de la insensible clase política salinista, el secretario de Hacienda, Pedro Aspe, se aventuró a decir que la pobreza en México era "un mito genial".

La modernidad y el progreso descansaban sobre un capital dedicado a la especulación; solo una mínima parte de la inversión extranjera se destinaba a crear infraestructura, fuentes de empleo y a generar reinversión. El sueño de pertenecer al Primer Mundo pendía de un hilo: un movimiento en falso y los miles de millones de dólares fugados harían que el sueño se esfumara. Sin embargo, nada de eso detendría al presidente para llevar a cabo su gran proyecto: el Tratado de Libre Comercio con Estados Unidos y Canadá.

El gobierno mexicano había estado a rigurosa dieta, el flujo de inversión extranjera se mantenía constante y los organismos financieros internacionales alababan la disciplina y orden con los que México realizaba sus pagos. La mesa estaba puesta para que Salinas de Gortari, con el apoyo del sumiso Congreso de la Unión, el gabinete y el partido oficial, pusiera en marcha las negociaciones del TLC, con el que llevaría a los mexicanos directo y sin escalas al Primer Mundo.

La noche en pleno día

La expectación por el eclipse comenzó a tomar fuerza un mes antes del suceso. El gobierno mexicano formó la Comisión Intersecretarial para el Eclipse 1991 para informar a la población mexicana sobre las formas de observarlo sin peligro para los ojos. Las diversas instituciones de ciencia, de salud y la Secretaría de Educación Pública distribuyeron diferentes trípticos explicando a la población el fenómeno natural. Durante los días anteriores al suceso, todo quería explicarse a través del eclipse. Había gente que hablaba del fin del mundo; otros advertían de lo peligroso que podía ser para las mujeres embarazadas. Algunos más señalaban el advenimiento de una nueva era. Todo sin fundamento científico. La expectación llegó a todos los rincones del país. Las autoridades distribuyeron protectores solares para observar el eclipse sin riesgo. Algunos se vendían en mil quinientos pesos (de los viejos), otros se regalaban; en algunos casos las revistas especializadas proporcionaban instrucciones para hacer protectores solares en casa. Y el 11 de julio de 1991 finalmente se hizo la noche en pleno día por más de seis minutos: la sombra originada por la Luna comenzó por las islas de Hawái, cruzó parte del Pacífico, entró a territorio mexicano por Baja California Sur a las 11:44 y literalmente dividió al país en dos partes.

Confusión

Jamás un obispo mexicano guardó tanto parecido con un narcotraficante, como el cardenal Juan Jesús Posadas Ocampo con Joaquín *el Chapo* Guzmán. O al menos esa fue una de las hipótesis del gobierno mexicano, luego de investigar el asesinato del cardenal, ocurrido el 24 de mayo de 1993 en el aeropuerto de Guadalajara. Fue una noticia bomba: uno de los más altos miembros de la jerarquía católica fue acribillado y cayó junto con su chofer. Las exhaustivas investigaciones de la PGR no llegaron a conclusión alguna. La primera hipótesis que fue muy apresurada señaló que Posadas Ocampo cayó muerto al encontrarse en fuego cruzado cuando se enfrentaban hombres del Cártel de Tijuana —de los Arellano Félix— y sicarios del *Chapo* Guzmán, del Cártel de Sinaloa. Sin embargo, cuando los peritos se percataron de que el automóvil tenía 57 disparos, el gobierno cambió la hipótesis: el Cártel de Tijuana disparó contra el cardenal creyendo que era *el Chapo* Guzmán. A 23 años del crimen, la investigación sigue abierta. El asesinato del cardenal fue el inicio de un periodo de violencia política —cuya consecuencia fue la fuga de capitales y la crisis económica de diciembre de 1994—, que incluyó los asesinatos de Colosio y de Ruiz Massieu, y el levantamiento armado del Ejército Zapatista de Liberación Nacional (EZLN).

La administración de George Bush también se mostraba complacida con el proyecto, hasta que apareció Bill Clinton ganando las elecciones de noviembre de 1992, quien no demostraba tanta devoción por el tratado. Después de dos acuerdos adicionales, uno sobre medio ambiente y otro

Escándalo

Las localidades se agotaron en cuestión de horas. Todo México quería estar presente en el primer concierto que Madonna, la reina del pop, daría en la capital del país en noviembre de 1993. Su gira venía precedida por la polémica que había levantado su *show* en otros países. El *tour* de la cantante, llamado *Girlie Show*, se basaba en su disco *Erotica*, y aunque Madonna definió su espectáculo como "una mezcla de un concierto de rock, un desfile de modas, una presentación de circo, un acto de cabaret y un espectáculo de burlesque", en la capital del país corrieron rumores, sin fundamento alguno, de que la cantante se masturbaba en el escenario con un crucifijo. Las buenas conciencias se santiguaron, rezaron, pidieron justicia divina e iniciaron una virulenta campaña contra Madonna con el fin de cancelar sus presentaciones. Incluso, el diputado priista Fernando Lerdo de Tejada subió a la tribuna del Congreso a promover un punto de acuerdo para que no se le permitiera la entrada a México. Todo un drama que no encontró respuesta. Al final, las autoridades del Distrito Federal se fajaron y permitieron la realización de los conciertos, a los cuales, por cierto, asistieron los hijos de muchos altos funcionarios del gobierno de Salinas de Gortari.

sobre condiciones laborales, se firmó el Tratado de Libre Comercio (TLC) entre México, Estados Unidos y Canadá, en septiembre de 1993.

La gran obsesión de Salinas de Gortari se había cumplido. Su tratado entraría en vigor el 1 de enero de 1994. Lo sacó por sus pistolas, porque así lo quiso, sin consenso, sin discutirlo con la oposición, sin que nadie en México le quitara una coma o un punto. El Congreso se lo aprobó porque seguía sumiso y dócil a la voluntad de su amo.

De cómo fue que volaron los capitales golondrinos

Desde finales de 1993 el panorama empezaba a enturbiar el éxito alcanzado con la firma del TLC. En noviembre, Carlos Salinas de Gortari había elegido a su secretario de Desarrollo Social, Luis Donaldo Colosio, como su sucesor, y eso había provocado más de un berrinche dentro del PRI, sobre todo el de Manuel Camacho Solís, que ya se veía colocándose la banda presidencial.

Camacho se negó a felicitar públicamente a Colosio, como lo demandaba la tradición, y renunció a su cargo como Jefe del Departamento del Distrito Federal para ser nombrado secretario de Relaciones Exteriores, cargo en el que duró muy poco tiempo, ya que cuando recién se estrenaba el año de 1994 el Ejército Zapatista de Liberación Nacional (EZLN) le declaró la guerra al gobierno mexicano —y lo hizo el mismo día que entraba en vigor el TLC—. Las fuerzas armadas fueron enviadas a Chiapas, y tras unos días de violencia el presidente decretó el alto al fuego y designó a Camacho Solís como coordinador para el Diálogo y la Reconciliación en Chiapas.

Todo México tenía los ojos puestos en el EZLN, en las negociaciones de paz y en el subcomandante Marcos quien, con el rostro cubierto por un pasamontañas, ganaba admiradores declarándose a favor de la reivindicación de los indígenas. Y esto fue solo el comienzo de una serie de eventos que llevó a México a la peor crisis económica de su historia. El 23 de

El debate de 1994

El anuncio de que los tres principales candidatos a la presidencia debatirían públicamente y de que el encuentro sería transmitido por televisión, causó gran expectación en la sociedad mexicana. Era un hecho inédito. Bajo el autoritarismo de otros tiempos hubiera sido imposible que el candidato del PRI se sentara junto con dos opositores, pero los tiempos habían cambiado y era una exigencia ciudadana. El debate se realizó en mayo de 1994 en el Museo Tecnológico, en la Ciudad de México, y duró 98 minutos. A pesar del formato rígido, acartonado y muy controlado, con su elocuencia y contundencia, Diego Fernández de Cevallos (PAN) se comió vivos a Cuauhtémoc Cárdenas (PRD) y a Ernesto Zedillo (PRI). Cada intervención del panista parecía un regaño a sus rivales. Dos frases del *Jefe* Diego quedaron para el recuerdo. A Zedillo le dijo que su candidatura era producto de dos tragedias, la muerte de Colosio y el dedazo presidencial: "La primera lo rebasa, no tiene usted ninguna culpa, pero la segunda lo descalifica, por lo menos si hablamos de democracia". Y a Cárdenas le dijo: "Si tenemos que creerle los mexicanos a usted que es una opción democrática, tendríamos que creerle a Aburto [asesino de Colosio] que es pacifista".

marzo de 1994 Luis Donaldo Colosio fue asesinado; según la versión oficial, el crimen fue ejecutado por un asesino solitario, Mario Aburto Martínez.

Todavía con el país sumido en la consternación, Salinas nombró candidato a Ernesto Zedillo, entonces coordinador de campaña de Colosio, y meses más tarde, en septiembre, el cuñado del presidente y miembro prominente del partido oficial, Francisco Ruiz Massieu, fue muerto a balazos. Daniel Aguilar Treviño, el autor material del asesinato fue detenido a las pocas horas y en su declaración inculpó como autor intelectual al diputado Manuel Muñoz Rocha, quien hasta ahora se encuentra desaparecido.

Como era de esperarse, la "sólida" economía mexicana se desmoronó; era un espejismo que se desvaneció por la situación política interna. Y así como llegaron así se fueron las inversiones en la bolsa; los capitales "volaron" del país y las grandes reformas económicas establecidas por Salinas pronto mostraron su lado oscuro: la reprivatización de la banca, y de otras empresas, estaban tocadas por la corrupción y el autoritarismo. El presidente había enriquecido a toda su corte, a sus amigos y a su hermano Raúl.

Salinas logró terminar su sexenio sin que le estallara la crisis en las manos pero dejó al país inmerso en la incertidumbre y la zozobra. La bomba de tiempo ya estaba en manos del presidente electo, Ernesto Zedillo.

Adiós al PRI

Formaba parte de los tecnócratas que llegaron al poder durante el sexenio de Carlos Salinas de Gortari. Ernesto Zedillo Ponce de León era economista doctorado en Yale. Había ocupado el puesto de secretario de Programación y Presupuesto durante cuatro años, y el de Educación Pública a partir de 1992, cargo al que renunció para fungir como coordinador de la campaña de Luis Donaldo Colosio. El haber renunciado a un cargo público seis meses antes del trágico asesinato del

Una vidente al servicio de la ley: *La Paca*

"¿Por qué no conseguimos una vidente y resolvemos el caso más rápido?" —dijo el fiscal Jorge Chapa Bezanilla—. "Va" —respondieron sus hombres—. En 1996, al procurador Antonio Lozano Gracia se le hizo buena idea nombrar a Jorge Chapa Bezanilla fiscal especial para resolver el caso del homicidio de José Francisco Ruiz Massieu ocurrido en 1994. En octubre de 1996 Raúl Salinas de Gortari fue detenido, acusado de ser el autor intelectual del asesinato, y además de haber matado a batazos al diputado Francisco Muñoz Rocha, también involucrado en el crimen, quien desapareció desde el 30 de septiembre de 1994 y nunca más se le volvió a ver. Corrió el rumor de que los restos de Muñoz Rocha se encontraban enterrados en una finca rural llamada El Encanto, propiedad de Raúl Salinas. Para no tener que buscar en tantas hectáreas de la propiedad, al brillantísimo fiscal se le ocurrió que una vidente podía ahorrarle tiempo, dinero y esfuerzo, así que contrató a Francisca Zetina, mejor conocida como *la Paca*. Su currículum era notable: leía las cartas, la mano, predecía el futuro, sanaba almas, eliminaba el mal de ojo y hacía todo tipo de remedios contra hechizos. En octubre de 1996, la Paca, Chapa Bezanilla y varios trabajadores más se presentaron en El Encanto con maquinaria para excavar. La Paca recorrió el terreno y de pronto dijo algo así como: "Siento las vibras del más allá… aquí es". Y cuál no sería la sorpresa de los presentes que, en efecto, cavaron y apareció una osamenta. Pocos días después, tras los análisis correspondientes, se anunció que los restos no eran de Muñoz Rocha, sino del papá de la Paca. La notable vidente fue a dar a la cárcel y Chapa Bezanilla huyó, lo aprendieron, lo extraditaron, lo juzgaron y por último lo exoneraron.

candidato lo hacía cumplir el requisito constitucional para ser designado el nuevo candidato del PRI a la presidencia.

Con unas elecciones aceptablemente limpias —se acusó de falta de equidad en la distribución de recursos— Ernesto Zedillo ganó con poco más de 50% de los votos a Diego Fernández de Cevallos y a Cuauhtémoc Cárdenas. Los observadores extranjeros, e incluso los partidos de oposición, reconocieron su victoria.

El año de 1994 había sido nefasto para la economía nacional: la irrupción del EZLN y los asesinatos de Colosio y Ruiz Massieu propiciaron fugas masivas de capitales. A unas semanas de la toma de protesta ocurrió el llamado "error de diciembre".

El peso, que había logrado sostenerse en 3.50 pesos por dólar, rebasó los 7.00 y vino la crisis, otra, y quizá la peor. Las deudas crecieron geométricamente, los créditos se hicieron impagables, los bancos quebraron llevándose entre las patas a los deudores, las familias perdieron sus propiedades, los negocios cerraron, se perdieron empleos, y la pobreza, esa que era "un mito", emergió brutalmente. El sueño que Salinas había construido sobre arenas movedizas se derrumbó y se convirtió en una pesadilla.

Poco tiempo después, al expresidente se le vio en televisión: solicitaba asilo a una humilde familia de Agualeguas, Nuevo León, para iniciar una huelga de hambre porque estaba indignado por la persecución que el nuevo presidente había iniciado contra su familia. Raúl Salinas había sido capturado y confinado a la prisión de alta seguridad de Almoloya de Juárez, acusado del asesinato de Ruiz Massieu. Nunca antes se había visto tras las rejas a un familiar de un expresidente. Carlos Salinas se fue el exilio y a falta de explicaciones y justicia, el pueblo mexicano reprodujo su rostro en máscaras y lo condenó al escarnio público.

El Chupacabras

Durante algunas semanas de 1996, uno de los principales temas que llenaban las conversaciones fue la aparición del temible Chupacabras. Extraña criatura que drenaba la sangre de cabras, gallinas y otros animales pequeños. Fue visto por primera vez en Puerto Rico en 1992, pero su fama y sus avistamientos se propagaron por todo el continente americano. En México, el primer reporte llegó de Puebla durante la primavera de 1996, en donde 30 borregos fueron muertos y su sangre drenada por el monstruo. Cundió entonces una epidemia de chupacabras; los supuestos ataques se repitieron en Jalisco, Sinaloa y Baja California Norte y en otros lugares de la República Mexicana. La criatura alcanzó tal fama que pronto en la radio se escuchó la canción del Chupacabras. No faltaron las teorías de la conspiración que señalaron que era una cortina de humo del gobierno para que la sociedad distrajera su atención de la severa crisis por la que atravesaba el país; incluso llegó a decirse que el verdadero Chupacabras era el expresidente Salinas de Gortari, y en los semáforos se empezaron a vender pequeñas figuras del Chupacabras con el rostro de Salinas.

Para evitar la quiebra definitiva del sistema financiero mexicano, el gobierno echó mano del erario a través del Fondo Bancario de Protección al Ahorro. El rescate bancario fue pagado por la sociedad mediante sus impuestos. La ayuda beneficiaba a todos aquellos que habían obtenido créditos que se volvieron impagables; también estaban incluidos los

Impunidad en Aguas Blancas y Acteal

El miércoles 28 de junio de 1995 decenas de campesinos inconformes con el acoso y la represión del gobierno de Guerrero se trasladaron a Atoyac de Álvarez para manifestarse en contra del gobernador y cacique Rubén Figueroa Alcocer. En Aguas Blancas, un numeroso grupo de policías detuvo la caravana, les ordenó descender de los camiones y sin mediar palabra disparó contra ellos. Como era de esperarse, el gobernador Figueroa salió a los medios a decir que los campesinos habían atacado a los policías. Pero la sociedad mexicana no creyó su versión y diversas organizaciones exigieron una investigación a fondo. El gobierno de Zedillo declaró que el asunto era local y competía a sus autoridades resolverlo. Ocho meses después apareció un video inédito que mostraba claramente que la policía de Guerrero había masacrado a los campesinos. El gobernador Figueroa tuvo que dejar el cargo pero no recibió castigo alguno.

Otro hecho sangriento que marcó al sexenio fue la matanza de Acteal, Chiapas, ocurrida el 22 de diciembre de 1997, en la que un grupo paramilitar ingresó a una iglesia donde se encontraban orando indígenas tzotziles y disparó contra ellos. Cuarenta y cinco personas fueron asesinadas, incluyendo mujeres y niños. El gobierno declaró que la masacre fue resultado de un conflicto entre comunidades, y varios presuntos responsables fueron encarcelados. Sin embargo, hubo indicios de la participación del ejército. Al parecer, la intención era diezmar a grupos indígenas que apoyaban al EZLN.

Desde 2009 la Suprema Corte de Justicia de la Nación ha ordenado la liberación de los indígenas que fueron acusados de ser responsables de la matanza, con el argumento de que la Procuraduría General de la República (PGR) fabricó evidencia para inculparlos.

fraudes, los créditos fantasmas, los autopréstamos y los fondos ilegítimos de muchos, que gracias al "secreto bancario" permanecieron en secreto.

El aumento del desempleo y el incremento de la pobreza propició el paulatino pero constante proceso de descomposición social; se generalizó la inseguridad pública, y los robos, homicidios y secuestros se apropiaron de la cotidianidad del mexicano. La autoridad desapareció, se coludió con la delincuencia, y la aplicación de la justicia rápida y expedita "brilló por su ausencia".

Economía sí, política no

Todos los esfuerzos de Zedillo estuvieron encaminados a rehabilitar la economía mexicana y a contener la crisis. Incluso, los últimos años de su gobierno se registró un crecimiento económico aunque no se vio reflejado en los bolsillos de los ciudadanos. Como político, se condujo con poca sensibilidad y paciencia.

Al inicio de su sexenio continuó el diálogo para la paz en Chiapas, pero en 1995 el ejército ocupó los municipios controlados por los zapatistas para capturar al subcomandante Marcos y dio a conocer su identidad: Rafael Sebastián Guillén. No había tomado en cuenta que la sociedad ya estaba enamorada del "romanticismo" revolucionario y aprehender a Marcos representaba un terrible error político; así que días después liberó a los neozapatistas que habían sido capturados e intentó regresar al diálogo, para después olvidarse del asunto.

Zedillo tenía una constante reticencia para enfrentar los problemas políticos y ejercer su autoridad. Prueba de ello fue el conflicto en la Universidad Nacional Autónoma de

Diez meses de obstinación

El pliego petitorio del Consejo General de Huelga (CGH) contenía seis puntos, entre los cuales se encontraba la derogación del Reglamento General de Pagos y la suspensión de los procesos judiciales contra sus miembros, acusados de usar la fuerza en los eventos previos al cierre de la Universidad. En un principio ni las autoridades universitarias ni la administración del presidente Ernesto Zedillo hicieron caso a dichas peticiones. Transcurrieron diez meses y las divergencias internas entre los grupos estudiantiles comenzaron a manifestarse. El CGH tuvo que lidiar con las pugnas entre los ultras, los moderados y el sindicato de trabajadores, mientras las autoridades discutían sobre negociar o utilizar la fuerza pública.

La prolongación del conflicto significó la renuncia del rector Francisco José Barnés de Castro, y su lugar fue ocupado por Juan Ramón de la Fuente, quien inmediatamente derogó el Reglamento General de Pagos y pactó con el CGH el no uso de la violencia para la solución del conflicto. Además, De la Fuente presentó un plan que prácticamente resolvía todas las peticiones del CGH, incluso prometió la celebración de un Congreso Universitario en el que se planteara una reforma universitaria completa.

El movimiento había triunfado, pero sus elementos más radicales, encabezados por Alejandro Echavarría *el Mosh*, se opusieron terminantemente a levantar la huelga. A partir de ese momento perdieron legitimidad, credibilidad y apoyo.

El rector propuso entonces la realización de un plebiscito para conocer la opinión de la comunidad universitaria. El 20 de enero de 2000 cerca de ciento ochenta mil estudiantes, maestros e investigadores acudieron a votar y expresaron su deseo de regresar a clases. El CGH hizo caso omiso de la voluntad de la mayoría y permaneció acuartelado en las instalaciones universitarias.

La administración zedillista decidió intervenir hasta el 6 de febrero de 2000, cuando la Policía Federal Preventiva recuperó pacíficamente el campus universitario, 732 miembros del CGH fueron consignados y una semana después, el 14 de febrero, la comunidad universitaria pudo regresar a las aulas. Sin embargo, nada pudo reponer los diez meses perdidos entre la demagogia y la obstinación.

México. En abril de 1999, ante la posibilidad de un aumento en las cuotas se desató una huelga encabezada por grupos universitarios que defendían la gratuidad de la educación. Zedillo tardó diez meses para decidirse a intervenir y recuperar las instalaciones con la ayuda de la Policía Federal Preventiva, que llevó a cabo un operativo sin violencia.

¡Ahí viene la ola... democrática!

Aunque sus logros políticos fueron pocos, durante su administración el presidente Zedillo tuvo aciertos que fueron fundamentales para la transición democrática. A principios de 1995 la oposición empezó a ocupar varias gubernaturas de la República: Jalisco, Guanajuato, Nuevo León y Querétaro, con el PAN, y Zacatecas con el PRD. En todos los casos Zedillo fue respetuoso de sus triunfos. En 1997 el gobierno otorgó plena autonomía al Instituto Federal Electoral,

La creación del IFE

Durante la segunda mitad del siglo XX, el gobierno en turno, es decir, el PRI, se encargó de todo lo referente a las elecciones, desde su organización hasta la calificación final. En 1946 se creó la Comisión Federal de Vigilancia Electoral, la cual estaba conformada por el secretario de Gobernación, un miembro del gabinete, un diputado, un senador y dos representantes de los partidos políticos de mayor relevancia. Bajo este esquema, el partido oficial siempre tuvo mayoría dentro de la Comisión y todas las de ganar durante las elecciones. Así fue, con distintos nombres, hasta 1990.

La movilización ciudadana, la oposición y una conciencia cívica de la sociedad cada vez mayor, impulsaron en 1990 la creación del Instituto Federal Electoral, pero no fue sino hasta 1996 cuando se desligó por completo del poder ejecutivo y fue entregado a la ciudadanía a través de consejeros ciudadanos con el fin de dar credibilidad, certeza y legalidad a los procesos electorales. En 2014 el Instituto Federal Electoral se transformó en el Instituto Nacional Electoral, convirtiéndose en una autoridad de carácter nacional para organizar los procesos electorales tanto federales como locales.

poniéndolo en manos de la ciudadanía. Por fin dejaba de ser juez y parte en las elecciones. No más "caídas del sistema".

Tras las elecciones intermedias de 1997, Zedillo fue el primer presidente mexicano en gobernar con un congreso de oposición y un jefe de Gobierno del Distrito Federal elegido democráticamente, Cuauhtémoc Cárdenas.

Los noventa

Junto a los grandes acontecimientos que sacudían a los mexicanos, en los años noventa la vida cotidiana se llenó de pequeños sucesos que marcaron a toda una generación. Se pusieron de moda los videoclubes; pero aún sin la presencia de los Blockbuster, los Videocentros eran los más socorridos; el formato VHS sustituyó al Beta; los únicos mensajes de texto que se conocían eran a través del Viper —"tírame un vipazo"—; todavía se usaba el fax; comenzaba la telefonía celular con los primeros teléfonos que eran conocidos como "tabiques", y la conexión al incipiente internet era a través de la línea telefónica. "El pilón, la costumbre que alegra el corazón" —antecedente de lo que luego serían los "puntos gana" de las tarjetas de crédito— inundó la pantalla chica. También a principios de los noventa inició la cruzada contra el cigarro; en abril de 1990 se erradicó el tabaco de las unidades de salud, y en agosto en el DF la prohibición del cigarro se extendió "a cines, teatros, bibliotecas, restaurantes, salones de clase, así como vehículos de transporte colectivo urbano". Pepsilindros (1992) y Tazos (1994) se ganaron el gusto de los niños. La primera colección fue de los personajes de Looney Tunes; le siguieron Tiny Toons, Caballeros del Zodiaco y Pokémon. Para conseguir un pepsilindro tenías que perseguir al camión repartidor y te lo entregaban a cambio de diez corcholatas —todavía no eran taparroscas— y 3,500 pesos (de los viejos). Gran polémica provocó en 1991 el calendario de Gloria Trevi en el que posó desnuda y sufrió censura porque no lo quisieron vender en muchos lados. A principios de los años noventa el cine se anotó grandes éxitos como *Ghost*, *Buenos muchachos*, *La Sirenita* y la serie *Mi pobre angelito*. El nuevo cine mexicano comenzó con *Como agua para chocolate*

(1991) y *Solo con tu pareja* —que abordó el tema, casi tabú, del sida—. En 1997 *Titanic* arrasó en el mundo, pero como se filmó en Baja California, muchos mexicanos aparecieron como extras en la millonaria cinta. Varios programas televisivos hicieron época: *La movida,* con Verónica Castro; *La caravana,* con Víctor Trujillo y Ausencio Cruz y el famoso Güiri Güiri; además de *Alf* y *Los años maravillosos. Los Simpson* debutaron en México en 1990 a través del Canal 5. Por entonces, *antro* era un sitio de mala muerte y no el lugar de moda para beber y bailar; todavía se les llamaba *disco*, y las más conocidas en la Ciudad de México eran News, Magic Circus, Quetzal, Jubilee, Bandasha, Danzetería y Rock Stock, entre otras.

En noviembre de 1999, siguiendo el impulso de la ola democrática, ocurrió un hecho sin precedentes: Ernesto Zedillo se negó a recurrir al "dedazo". De esta manera, Francisco Labastida Ochoa, Roberto Madrazo Pintado, Manuel Bartlett y Humberto Roque Villanueva —"los Cuatro Fantásticos"—, tuvieron que disputarse la candidatura del PRI en una elección interna. Labastida Ochoa resultó triunfador y no faltaron priistas que tacharon a Zedillo de traidor.

Parecía que la campaña electoral del año 2000 transcurriría en paz; de alguna manera así fue, salvo por los insultos, burlas y descalificaciones entre Labastida, Fox y Cárdenas; en contraste con lo ocurrido en 1994, resultaba cosa de risa. Se desató la guerra de las encuestas; se descalificaban las cifras de unos y otros, reconociéndose como válidas solo las que convenían a tal o cual candidato. El resultado de las encuestas de la semana anterior a las elecciones señalaban un empate técnico entre el PRI y el PAN; el PRD ya no tenía oportunidad de aspirar a la victoria.

El 2 de julio de 2000 las elecciones transcurrieron sin contratiempos. Llegada la noche la noticia corrió: Fox era el virtual vencedor. Esa misma noche, Ernesto Zedillo anunció al pueblo de México el triunfo de la oposición. La gente tomó las plazas y las calles al grito de "¡No nos falles!" y celebró con euforia la caída del PRI.

Habían concluido 71 años de hegemonía del partido oficial, era el momento de la alternancia presidencial.

Urnas electorales, julio de 2000. Malena Díaz. Agencia fotográfica Cuartoscuro.

Capítulo 9

El fracaso de la alternancia 2000-2012

Lo que el cambio se llevó

Nunca tantos políticos juntos se rasgaron las vestiduras en el mismo evento, al mismo tiempo, como lo hicieron priistas, perredistas y gran parte de la clase política que estuvo presente en el recinto del Congreso en San Lázaro, para presenciar la toma de posesión de Vicente Fox, el 1 de diciembre de 2000.

El mosaico de estados de ánimo era impresionante; a los priistas no los calentaba ni el sol. De hecho, no los calentaba desde la noche del 2 de julio anterior, cuando el presidente Zedillo anunció que el PRI se iba de los Pinos. Estaban desencajados y encabronados —ni molestos ni enojados ni fúricos, *encabronados* es el término preciso—. Salvo los diputados y senadores que tenían asegurado su futuro los siguientes tres y seis años y varios gobernadores, los priistas lucían sumamente preocupados: tendrían que vivir fuera del presupuesto.

A los perredistas y demás miembros de la izquierda se les notaba la envidia a leguas. Creían que el dicho "la tercera es la vencida" se cumplía con la precisión de una ley física, y que se llevarían el 1-2 en las elecciones, pero al menos en el caso de Cuauhtémoc Cárdenas y su tercera elección presidencial no fue así. Se les escapó la grande pero obtuvieron el segundo cargo de elección popular más importante: el gobierno de la Ciudad de México que ganó Andrés Manuel López Obrador, así que ocuparon sus lugares en el recinto legislativo, aunque no sin cierta incomodidad.

Los panistas tenían una sonrisa de oreja a oreja que hasta molestaba. Durante 61 años fueron oposición y finalmente les tocaba la otra cara de la moneda, serían gobierno. Estaban felices, confiados y satisfechos, nada les preocupaba. Y al menos ese día no podía ser de otro modo, demostraron que "no hay PRI que dure cien años ni pueblo que lo aguante".

Ese primero de diciembre Ernesto Zedillo fue muy feliz —aunque permaneció serio durante toda la ceremonia—. Tenía motivos: recuperó la estabilidad económica del país, respetó la sucesión presidencial, reconoció el triunfo de Acción Nacional y aunque sus compañeros de partido lo seguían considerando traidor por haber cumplido la ley, se retiraba por la puerta grande sin deberla ni temerla.

Cualquiera hubiera pensado que Vicente Fox era el hombre más feliz de México, pero es difícil saberlo. A lo largo de su sexenio siempre se le vio igual que ese día: quitado de la pena, desparpajado, insolente, dicharachero, bromista, ocurrente, boquiflojo, cínico, sin límites. Ese primero de diciembre Fox rompió todas las formas de la toma de posesión, el protocolo, lo establecido en la ley, todo, como si quisiera marcar un antes y un después, el inicio de un tiempo nuevo, el principio del cambio.

En un hecho sin precedentes, el presidente electo se fue a la Basílica de Guadalupe muy temprano a darle gracias a la virgencita y a pedirle que lo ayudara en el sexenio que estaba por comenzar, ante la sorpresa de no pocos feligreses que andaban en el cerro del Tepeyac atendiendo sus asuntos espirituales. Muchos de ellos le gritaron una vez más "No nos falles". Luego se dio un tiempo para desayunar en Tepito con un grupo de niños de la calle y finalmente se dirigió a su toma de posesión.

Poco antes de las once de la mañana, Fox llegó a San Lázaro, se colocó la banda presidencial y rindió protesta, como señala el artículo 87 constitucional, pero se le hizo fácil agregar a la protesta de ley que "trabajaría por los pobres y los marginados", lo cual calentó a muchos de los asistentes porque alteró el texto constitucional. Pero solo fue el principio: antes de leer su discurso saludó primero a sus hijos y después al "honorable Congreso de la Unión", lo cual para toda la clase política, con excepción del PAN, fue casi una abominación.

Los priistas estaban encabronados. Cada frase del presidente del cambio era una puntilla más a su larga historia de autoritarismo e impunidad. "Soy el depositario del poder ejecutivo, no su propietario". "El presidente propone y el Congreso dispone". "La represión nunca más será medio para resolver diferencias políticas". "Me comprometo con una nueva ética que supere el vicio histórico de una cultura oficial que privilegió el control y la manipulación de la información sobre los asuntos públicos".

Una tras otra, las frases herían la susceptibilidad de los priistas y cuando habló de la educación laica corearon: "¡Juárez, Juárez, Juárez!", como si el invocarlo les permitiera despertar de la pesadilla de haber perdido la presidencia después de 71 años. Pero no era una pesadilla, era la realidad: habían perdido el poder. Fox no se inmutó, y con su ánimo siempre burlón también se sumó al grito de ¡"Juárez, Juárez, Juárez!", y agregó: "Muy bien, jóvenes".

Luego de poco más de una hora terminó la ceremonia de toma de posesión. El nuevo presidente se trasladó al Auditorio Nacional, repleto de panistas y seguidores, territorio amigo por completo. Ahí su hija le entregó un crucifijo que los puristas consideraron una violación al Estado laico, pronunció otro discurso y nombró al "gabinetazo", llamado así porque se suponía que, tras una exhaustiva selección realizada por *head hunters*, se eligieron los mejores hombres y mujeres para dirigir las secretarías de Estado. El tiempo demostró que el proceso de selección falló con todo éxito.

Las condiciones políticas y económicas con las que inició el sexenio eran tan buenas que parecían salidas de un cuento de hadas. Todo estaba a favor del nuevo gobierno. Buena parte de los votos que llevaron a Fox a la presidencia eran de gente que no estaba muy convencida de que fuera el mejor candidato, pero era mayor su deseo de ver al PRI fuera de Los Pinos, así que le dieron su voto —"voto útil" le llamaron—. El candidato panista llegó a la presidencia legitimado por unas elecciones libres y reconocidas por todos los contendientes políticos, sin sombra de fraude, lo cual no se veía desde 1911, cuando Madero arribó a la presidencia. Parecía el triunfo de la democracia, humillada durante tanto tiempo por el viejo PRI.

Fox obtuvo el poder con un nivel de aceptación por encima de cualquiera de sus antecesores. Por si fuera poco, el presidente contaba con un bono extra: era la primera vez desde 1970 que el sexenio no iniciaba con una crisis económica. Era casi un milagro. Todo esto propició que las expectativas de la sociedad y la esperanza del cambio fueran grandes.

La gente estaba dispuesta a pasar por alto que el presidente usara botas, que le valieran una pura y dos con sal el protocolo y las formas cortesanas establecidas por el priismo; que hablara coloquialmente; que tomara medidas que parecían populistas como negarse a vivir en la residencia Miguel Alemán de Los Pinos, transformarla en oficinas y mandar construir unas cabañas para vivir más austeramente —aunque se gastó una lana en construirlas—; que prometiera a los mexicanos cuando menos un vocho y un changarro y que no leyera. Había confianza en el nuevo gobierno.

Obras son amores, pero...

A la distancia, el sexenio de Vicente Fox parece que solo fue una loa a la frivolidad, a los desatinos, a las declaraciones absurdas, a los escándalos políticos y a los pleitos partidistas... y en cierta medida sí lo fue. La clase política en pleno hizo de la forma, fondo, y pasaron casi inadvertidos o quedaron en el olvido logros nada despreciables, aunque insuficientes, para lo que necesitaba la nación al transitar hacia un régimen plenamente democrático después de 71 años de PRI.

En noviembre de 2001 se creó la AFI (Agencia Federal de Investigación) para combatir delitos federales como el secuestro, el narcotráfico y la delincuencia organizada, pero como siempre ha sucedido en nuestro país, cada nuevo gobernante cree que al llegar al poder el país renace y todo está por hacerse, así que la AFI fue desaparecida en 2008, bajo el gobierno de Felipe Calderón.

A mediados del siguiente año entró en vigor la Ley Federal de Transparencia y Acceso a la Información Pública Gubernamental a partir de la cual se creó el Instituto Federal de Acceso a la Información (IFAI). Fue un avance muy importante. Durante la época del PRI todo era opacidad, simulación o mentira. La sociedad sabía lo que el gobierno quería que supiera: prácticamente nada y a eso se acostumbró.

El país se construyó con base en "versiones oficiales" y "verdades históricas".

Con el IFAI la ciudadanía se encontró por vez primera con una institución a través de la cual podía solicitar información de toda la administración pública: gastos, contratos, dineros, cuentas, manejo de recursos, licitaciones. En un principio, muchas instituciones demostraron que padecían la inercia del viejo sistema y se hicieron ojo de hormiga: se

SEGUNDOS PISOS

Nunca antes se había realizado un plebiscito en la Ciudad de México. Era el 22 de septiembre de 2002, y ante la intención del jefe de Gobierno del DF de construirle un segundo piso al Periférico, se invitó a los ciudadanos a votar. Solo 9% del padrón electoral lo hizo. La mayoría estuvo a favor, ignorando las críticas de opositores e ingenieros por igual. La obra completa fue inaugurada el 23 de enero de 2005 —aunque se fue abriendo por secciones— y en todo momento se llevó críticas, ya que se decía que privilegiaba el uso del automóvil en lugar del transporte público, además de la falta de transparencia en el manejo de recursos. Pero mayor polémica causaron los segundos pisos de Marcelo Ebrard porque son de peaje. La crítica no importó y se inauguró una obra inmensa que va desde Cuemanco hasta donde se levantaba el Toreo de Cuatro Caminos para unirse con la parte construida por el gobierno del Estado de México que termina en los alrededores de Cuautitlán. En 2005 también se inauguró el Metrobús como un medio de transporte rápido y efectivo que recorre las principales avenidas de la ciudad.

resistían a dar información, se tardaban demasiado en entregarla o ponían mil pretextos, pero con el paso del tiempo empezaron a acatar la ley, y en esas andamos. A pesar de los avances, en la actualidad hay gobiernos y autoridades que se resisten o buscan recovecos para no entregar la información solicitada.

Con excepción de la sucesión presidencial de 2006, que fue todo un vodevil, las elecciones durante la administración foxista entraron en un periodo de normalidad democrática. El IFE gozaba de gran credibilidad después de las elecciones de 2000, así que contó con la confianza y participación de la ciudadanía.

La sociedad recuperó el valor del voto; cada sufragio contaba. Y aunque en cada elección todos los partidos seguían utilizando viejas prácticas —lo siguen haciendo—: compra de votos, acarreos, violación a los límites de los gastos de campaña y se declaraban vencedores aún a sabiendas de que habían sido derrotados, lo cierto es que siempre se impusieron la organización y el recuento ciudadano en las elecciones, así como la autoridad electoral.

En algunos lugares el PRI recuperó terreno; en otros ganó el PRD. El PAN, por su parte, se fue en caída libre. Daba la impresión de que los panistas habían estado más cómodos siendo oposición que gobierno; que nunca se imaginaron en la presidencia y les había caído de sorpresa. El gobierno avanzaba sin orden y concierto, parecía venado lampareado.

El lema del gobierno para las elecciones intermedias de 2003 fue casi una súplica: "Quítale el freno al cambio", en alusión a que la oposición en el Congreso le hizo la vida de cuadritos al gobierno durante los primeros tres años y era imposible concretar las grandes reformas económicas que necesitaba el país —paradójicamente, las reformas que buscó impulsar el PAN y a las que el PRI se opuso con ánimo revanchista son básicamente las mismas que consiguió el PRI al regresar a Los Pinos en 2012 con el mayoriteo. Con todo, la democracia y el Instituto Federal Electoral parecían consolidarse día a día.

También la Suprema Corte de Justicia de la Nación despertó de su indolente letargo. A diferencia de los regímenes anteriores, en los que la palabra del presidente era ley y nadie la cuestionaba, desde los últimos años del sexenio del presidente Zedillo y durante el gobierno de Fox la Suprema Corte de Justicia de la Nación recuperó su independencia como uno de los poderes de la federación. Por momentos se convirtió en el gran árbitro para dirimir controversias entre el poder legislativo y el ejecutivo. Nunca antes en la historia reciente de México se había visto que alguna decisión presidencial o controversia constitucional presentada por el ejecutivo fuera echada para atrás por el poder judicial. El poder legislativo también se llevó algunos reveses; equilibrio de poderes finalmente.

La sociedad también recibió con beneplácito la creación de la Fiscalía Especial para los Movimientos Sociales y Políticos del Pasado para esclarecer crímenes realizados por gobiernos anteriores. Si bien es cierto que fue imposible llevar a juicio a los posibles responsables de la represión de los años sesenta y de la guerra sucia de los setenta, por cuestiones de procedimiento y no de inocencia, es un hecho que la opinión pública dio su veredicto. Finalmente se pudo señalar a una serie de políticos —Gustavo Díaz Ordaz, Luis Echeverría, Fernando Gutiérrez Barrios, Miguel Nazar Haro—, al abrirse los archivos de la Dirección Federal de Seguridad y los de la guerra sucia. Para un México que estaba acostumbrado a la versión oficial de los acontecimientos y a la impunidad, la Fiscalía fue, en más de un sentido, un ejemplo de los nuevos tiempos.

EL NUEVO MILENIO

El siglo xxi llegó a México en 2001 de la mano de Wi-kipedia, primera enciclopedia libre, y con ella el primer PlayStation; Microsoft abrió la ventana del éxito con su sistema operativo Windows xp y Apple se comió al mundo como si fuera una manzana con el primer iPod; si los audiocasetes ya eran piezas de museo, los cd pronto se convirtieron en vejestorios ante la ofensiva de los reproductores mp3. El mundo se conmovió en septiembre con los atentados terroristas sobre las Torres Gemelas de Nueva York y el gobierno de Fox se tardó dos días en mandar sus condolencias. Los televidentes cayeron rendidos ante la llegada del *reality show* a México: en 2002 *Big Brother* en Televisa y *La Academia* en tv Azteca se robaron la atención de propios y extraños. Hacia 2003 la red social Myspace se ganó la aceptación del público, pero rápidamente se vino abajo ante el avasallador surgimiento de Facebook en 2004. En 2005 llegó la hora del video como testimonio, diversión, prueba y todo lo habido y por haber con la creación de YouTube, y en 2006, con sus 140 caracteres, nació la realidad paralela llamada Twitter. La sucesión presidencial de 2006 dio pie a la creación de una parodia de la vida política nacional, producida por Televisa, titulada *El privilegio de mandar*. Ningún personaje se salvó; desde el presidente hasta los candidatos, pasando por líderes partidistas y demás, desfilaron en atinadas caracterizaciones.

Una de las principales apuestas del gobierno fue en el ámbito social. Hubo un fuerte impulso a la salud pública, a la vivienda, a la lucha contra la pobreza extrema. Si bien es cierto que programas como *Oportunidades, Arranque parejo* o el Seguro popular eran asistencialistas, e incluso podrían ser llamados "populistas" y necesitaban el apoyo de una economía sólida, en crecimiento constante y sumamente productiva —lo cual no ocurrió—, beneficiaron a un gran número de personas en el país.

Pero los logros fueron sepultados por las torpezas, los desaciertos y las imprudentes y constantes declaraciones del presidente; por la actuación de su gabinete, tan inconsistente como él; por el comportamiento de la oposición, que sistemáticamente le dijo no a todo y nunca estuvo a la altura de las circunstancias. En el país terminó prevaleciendo la forma sobre el fondo.

Mal empieza la semana para el que ahorcan en lunes

Cuando al mes y medio del inicio del sexenio se te escapa *el Chapo* Guzmán del penal de "alta seguridad" de Puente Grande, y lo hace por la puerta grande, sin disparar un solo tiro y ayudado por custodios del propio penal, la situación solo puede empeorar. Así empezó su gobierno Vicente Fox.

El primer año era fundamental para el futuro de la primera administración presidencial panista; pero más aún para la consolidación de la democracia y para demostrar que la alternancia presidencial traería grandes beneficios al país. En esos doce meses debían sentarse las bases del famoso "cambio" prometido en campaña. Era el primer año luego de 71 de una forma de hacer política al estilo del otrora partido oficial. Por todas las expectativas que había generado la alternancia presidencial, 2001 era la prueba de fuego.

En los días inmediatos a su triunfo electoral, el presidente electo anunció que un equipo de transición trabajaría con la administración de Zedillo hasta el 30 de noviembre, para tener los pelos de la burra en la mano al iniciar el sexenio. Pero el equipo panista o no entendió bien de qué se trataba o siguió en el festejo o no puso atención a los problemas

REPROBADOS EN HISTORIA

Cuando Vicente Fox decidió retirar el cuadro de Benito Juárez de Palacio Nacional y poner en su lugar el de Francisco I. Madero, el jefe de Gobierno del Distrito Federal, Andrés Manuel López Obrador, y el perredismo en pleno consideraron aquella acción como una atrocidad; era el anuncio definitivo de que la temida reacción se había apoderado de la presidencia y en poco tiempo la memoria de Juárez quedaría sepultada. Con un mínimo de conocimiento histórico y sentido común cualquier voz sensata se hubiera alzado para señalar que ambos personajes fueron defensores del liberalismo político. Podría incluso afirmarse que Madero heredó los principios básicos defendidos por Juárez: respeto a la ley y a las instituciones, seguridad jurídica y justicia, entre otros, y agregó los propios, como el sufragio efectivo y la no reelección. Así, desde inicios del sexenio, las dos figuras históricas manipuladas por la clase política sirvieron para delimitar muy bien los territorios: el PAN estaba con Madero, el PRD con Juárez, y los priistas seguían encabronados con la vida.

nacionales o no supo leer entre líneas, porque en su primer año el gobierno se mostró, por decir lo menos, inconsistente, sin sentido político, avanzaba entre ensayo-error y era señalado por sus ocurrencias.

Fox había prometido que una vez en el poder solucionaría el conflicto de Chiapas en 15 minutos. Desde luego era una fanfarronada, pero en un hecho inédito que colocó al nuevo gobierno en un sitio distinto del de sus antecesores priistas, permitió que el Ejército Zapatista de Liberación Nacional marchara desde Chiapas a la Ciudad de México en febrero y marzo de 2001 con todas las garantías.

Los zapatistas hicieron su entrada a la capital del país el domingo 11 de marzo de 2001. Más de cien mil personas se dieron cita en la Plaza Mayor para recibirlos y escuchar al subcomandante Marcos. La escena parecía rememorar la entrada triunfal de Zapata y Villa en diciembre de 1914. Hasta los críticos más severos tuvieron que reconocer que México vivía otros tiempos. El corolario de la marcha fue la sesión del 28 de marzo en el Congreso, en la cual los zapatistas pudieron exponer las demandas de su lucha.

Sin embargo, la caravana zapatista, los discursos, el famoso "Somos el color de la tierra" —frase que acuñó Marcos en el Zócalo—, quedaron para el anecdotario. El gobierno no pudo solucionar el conflicto, no solo por su propia falta de capacidad para negociar, también debido a la permanente intransigencia del EZLN, que a lo largo de los años le puso "peros" a toda opción de paz. Nada pudo darle gusto, ni siquiera la Ley Indígena aprobada por el Senado fue aceptada por los zapatistas, y la situación volvió a empantanarse con la esperanza de que el tiempo hiciera su trabajo dejando el conflicto en el olvido, como sucedió.

A lo largo del sexenio corrieron versiones que señalaban que entre los secretarios del gabinete foxista había miembros de organizaciones de ultraderecha como El Yunque; que el gobierno no respetaba el Estado laico —la izquierda puso el grito en el cielo cuando Fox retiró un cuadro de Benito Juárez de la oficina presidencial y en su lugar colocó uno de Madero—; que el gobierno era demasiado conservador en detrimento de las libertades públicas. Algunas versiones exageraban, pero de pronto el oscurantismo de algunos miembros del gabinete demostraba que así era.

En marzo de 2001 el secretario del Trabajo, Carlos Abascal, declaró que la "rebelión de las mujeres contra su naturaleza de mujer y su condición de regazo natural del hombre producía desastres morales". Y fue más lejos aún: se

CENSURA LITERARIA

Aura es una novela corta de Carlos Fuentes publicada en 1962, que vio la luz el mismo año junto con otra de sus obras más reconocidas: *La muerte de Artemio Cruz*. *Aura* es una mezcla de realismo mágico y sutil erotismo que alcanzó el éxito y el reconocimiento universal. Uno de los párrafos que provocó la censura de Carlos Abascal fue: "Felipe cae sobre el cuerpo desnudo de Aura, sobre sus brazos abiertos, extendidos de un extremo al otro de la cama, igual que el Cristo Negro que cuelga del muro de su faldón de seda escarlata, sus rodillas abiertas, su costado herido, su Corona de brezos montada sobre la peluca negra, enmarañada, entreverada con lentejuela de plata. Aura se abrirá como un altar. Murmuras el nombre de Aura al oído de Aura, sientes los brazos llenos de la mujer contra tu espalda. Escuchas su voz tibia en tu oreja: ¿Me querrás siempre?".

indignó porque a su hija, que cursaba el tercer año de secundaria, le dejaron leer *Aura*, de Carlos Fuentes, obra que en algunas partes contenía cierto erotismo que, a su juicio, era inapropiado para el corto entendimiento, mejor dicho, los castos ojos de su hija adolescente. La profesora que propuso semejante lectura tardaría en quemarse en el infierno, pero por lo pronto fue cesada del colegio Félix de Jesús Rougier por la presión que ejerció el secretario.

En su primer año de gobierno Vicente Fox realizó dieciséis giras internacionales; con excepción de febrero y diciembre, el resto de los meses salió cuando menos una vez. Resultó demasiado para propios y extraños; pasaba demasiado tiempo fuera del país cuando había asuntos urgentes que resolver en la República en aras de consolidar la alternancia presidencial. Las primeras giras evidenciaron que tenía un problema con su lengua ya que invariablemente se iba de la boca: en su visita a Corea del Sur se ofreció como mediador para buscar la reunificación de las dos Coreas sin que nadie se lo pidiera; y en la apertura del II Congreso Internacional de la Lengua Española, en España, se refirió a Jorge Luis Borges como *José Luis Borgues*.

Pero la nota del año se la llevó el amor. Cupido llegó a Los Pinos y el 2 de julio de 2001, al cumplirse un año del triunfo de Fox en las urnas, el presidente se casó por lo civil con su vocera, Marta Sahagún. Unos meses después, en uno más de sus viajes internacionales, esta vez a Roma, Fox y Martita sellaron su amor con un quicorete que se dieron frente a la Basílica de San Pedro.

Y como el amor es una cosa esplendorosa, a partir de ese momento la figura presidencial se fue desdibujando ante el pernicioso protagonismo de Martita. Fox la dejaba hacer y deshacer, la apoyaba en todo; sin empacho llegó a declarar que compartían decisiones y trabajaban en equipo, y acuñó un término que logró, una vez más, que la clase política se rasgara las vestiduras: "la pareja presidencial".

Entre dimes y diretes la nueva señora Fox creó una fundación, Vamos México, para recaudar fondos y apoyar causas sociales, ejerciendo cierta presión a empresarios y políticos para que se cayeran con la lana. Uno de los eventos que organizó fue una cena de pipa y guante en el Castillo de Chapultepec, amenizada no por un trío ni por un mariachi, tampoco por un cuarteto de cuerdas sino por Elton John. Cada boleto costó cien mil pesos, y Vamos México los vendió todos.

A lo largo del sexenio la señora Fox dio muestras de que deseaba suceder a su esposo en Los Pinos, pero la creciente oposición, las críticas a su persona y las acusaciones de tráfico de influencias y de corrupción que cayeron sobre sus hijos, lo impidieron. Los escándalos de los hermanos Bribiesca, así como el *toallagate* —toallas para las cabañas de la familia Fox que costaron cuatro mil pesos— y otros escándalos, pusieron en entredicho la honestidad del primer gobierno democrático que parecía ser igualito a los gobiernos priistas.

El amigo americano

Como todo debía estar amparado por la bandera del cambio, el nuevo gobierno consideró que había llegado el momento de plantear una nueva era en la relación con Estados Unidos, una política más proactiva para tratar de resolver el problema migratorio y hacer un frente común contra el narcotráfico. Así que cuando se confirmó la visita del presidente George W. Bush al rancho San Cristóbal en Guanajuato, propiedad de Fox, para el mes de febrero de 2001, el gobierno mexicano echó las campanas al vuelo; se organizaron los preparativos, se le dio una manita de gato al rancho, se echaron tortillas al comal y le pusieron más agua a los frijoles.

Era el primer país que visitaba George W. Bush —había tomado posesión de la presidencia en enero de 2001—, y el primer encuentro del gobierno de la alternancia con un presidente de Estados Unidos. Fox no cabía de gozo y todos estaban bien emocionados. Pero la visita fue un fracaso y los anfitriones se llevaron un chasco porque a Bush le pareció buena idea ordenar un bombardeo sobre Iraq, el mismo día que llegó a México, mientras se encontraba en el rancho San Cristóbal.

Bush se disculpó con el clásico "No eres tú, soy yo", y expresó que nada afectaría la relación bilateral, pero como era previsible, la visita y los asuntos a tratar pasaron a segundo plano; la prensa internacional se enfocó en los pormenores del ataque aéreo de Estados Unidos, y la nacional hizo énfasis en que había sido una descortesía del gringo, un desaire, un mensaje de "no me importa México" y que el gobierno de Fox no era una prioridad en la agenda estadounidense.

Pero el gobierno mexicano no quitó el dedo del renglón e insistió. Trató de acercarse a los gringos con más ahínco y reconoció lo que las anteriores administraciones se habían negado a reconocer públicamente y que era una obviedad: que Estados Unidos era el primer socio comercial —y que lo sería hasta la consumación de los tiempos— y que había que orientar los esfuerzos diplomáticos a obtener mayores beneficios de esa relación. Dejó de lado el viejo discurso de la soberanía nacional y toda la retórica priista que simulaba una falsa independencia, cuando la dependencia era cierta y oprobiosa. Por supuesto, Fox fue acusado de entreguista.

Dentro de la lógica de "seamos carnales del tío Sam", la añeja relación con Cuba era un obstáculo. Durante años el régimen priista había tenido una excelente relación con la isla y ambos países se volvieron cómplices. A México, el apoyo otorgado a Cuba en diversos foros internacionales le resultaba conveniente porque era una forma de demostrar cierta independencia frente a Estados Unidos. A Cuba le convenía la relación con México porque encontraba recursos, suministros y apoyo frente al bloqueo estadounidense. Había un reconocimiento tácito de ambos gobiernos: el sistema político priista sabía que Cuba padecía una dictadura; el gobierno de Castro sabía que en México imperaba un sistema autoritario y antidemocrático. Ambos regímenes callaron por años.

El gobierno foxista renunció a la complicidad con Cuba, y en distintos foros denunció y votó en contra del régimen castrista por su sistemática violación a los derechos humanos. Esto provocó el enojo de Castro y la absoluta indignación de un sector de la izquierda mexicana que había convertido la relación con Cuba en un dogma de fe, sin importar que los cubanos estuvieran gobernados por una dictadura. Incluso, en una visita a México, en 2000, el gobierno del DF le entregó las llaves de la ciudad al dictador y lo nombró huésped distinguido de la Ciudad de México. Aquella famosa y escandalosa frase que Fox le dijo a Fidel Castro durante la Cumbre en Monterrey, "Comes y te vas", fue tan solo el reflejo de que México había optado abiertamente por Estados Unidos dejando atrás su relación con Cuba.

Pero el alejamiento de Cuba no abonó en una mejor relación bilateral con Estados Unidos; factores externos terminaron por enfriarla de manera definitiva. El más importante fue el atentado en Nueva York en septiembre de 2001. Con la paranoia antiterrorista desatada por Washington, México

"Fidel, comes y te vas"

En los primeros meses de 2002 los presidentes de las naciones del continente americano se reunieron en una Cumbre Mundial sobre el Desarrollo Sostenible en Monterrey. Por entonces, las relaciones entre Estados Unidos y Cuba se habían endurecido por la política exterior de Bush, sobre todo a raíz de los atentados del World Trade Center del 11 de septiembre de 2001. Como era previsible, la reunión tendría su dosis de tensión pues se verían las caras Castro y Bush. El comandante llegó muy campante y con su colmillo bien retorcido a México, pronunció su discurso y súbitamente, sin decir "agua va", anunció su retiro de la Cumbre señalando: "Les ruego me excusen de que no pueda continuar acompañándolos, debido a una situación especial creada por mi participación en esta Cumbre, y me vea obligado a regresar de inmediato a mi país". Corrieron todo tipo de rumores: que si los gringos habían pedido al gobierno mexicano que no invitara a Castro; que el gobierno había hecho algo para que Bush y Castro no se encontraran; que como Fox era un "cachorro del imperio" no quería que el presidente Bush se sintiera incómodo y Castro le fuera arruinar el *show*. El gobierno mexicano negó todo, incluso que hubiera presionado a Castro para que se retirara. Esa fue su declaración una y otra vez. Un mes después, Fidel convocó a una conferencia de prensa en La Habana y puso en evidencia al gobierno mexicano a través de la grabación de una llamada telefónica entre el propio Castro y Vicente Fox, en la que el presidente mexicano le pedía al dictador cubano que para no arruinarle la cumbre, viajara a México, pronunciara su discurso, almorzara con todos los jefes de Estado —incluso le ofreció sentarlo a su lado— y luego se retirara. Así quedó grabado para la historia el famoso "Comes y te vas" de Fox. Castro expuso al presidente mexicano, lo chamaqueó, y quedó demostrado que el gobierno mexicano podía mentir y además que prefería a Estados Unidos sobre Cuba.

se fue alejando de las prioridades estadounidenses y dejó de ser parte de su agenda. Por si fuera poco, la inclusión de México en el Consejo de Seguridad de la ONU y el voto contra la invasión a Iraq terminó por desdibujar lo que quedaba de la nueva relación con Estados Unidos. Los acuerdos migratorios quedaron para mejores tiempos.

De buenas intenciones…

La mayoría de los fracasos del sexenio foxista no fueron pecados de acción sino de omisión. Por momentos, el presidente se durmió en sus laureles, dejó hacer y dejó pasar, o temió ejercer la autoridad de que estaba investido legítimamente. Tal fue el caso de la construcción del nuevo aeropuerto, asunto que desde su inicio fue manejado terriblemente mal pues a los campesinos les ofrecieron una miseria por sus tierras. Los habitantes de San Salvador Atenco, donde se pensaba construir, se opusieron con machete en mano, y Fox prefirió ceder antes que aplicar la ley, con lo cual violentó el Estado de Derecho.

Famosa se hizo la frase del presidente: "¿Y yo por qué?", cuando se le preguntó por qué el gobierno no resolvía el conflicto entre CNI Canal 40 y Televisión Azteca, luego de que la televisora se apoderara, ilegalmente y con violencia, de las instalaciones de CNI en el Cerro del Chiquihuite.

A esto se sumaron otras acciones que evidenciaron que los grandes capitales y monopolios podían actuar con impunidad ante el "dejar hacer, dejar pasar" del gobierno.

La sociedad esperaba que al nuevo gobierno no le temblara la mano y ajustara cuentas con la larguísima historia de impunidad, corrupción y autoritarismo del PRI; que

CARRERA DE BICICLETAS

En realidad no existía un censo que determinara el número de ciclistas que había en la Ciudad de México al comenzar el siglo XXI. Pero la administración de Andrés Manuel López Obrador pensaba con optimismo que una ciclovía sería un éxito; era 2003. No todos estuvieron de acuerdo, especialmente los vecinos que se sentían invadidos por las construcciones. Las obras empezaron a principios de ese año y estaban programadas para inaugurarse en noviembre. Pero los problemas con los vecinos, el uso de terrenos que eran propiedad de Ferrocarriles Nacionales y la tardanza para construir puentes seguros hizo que primero llegara el 2004. Fue el 25 de enero cuando se inauguró la primera etapa. El jefe de Gobierno, Andrés Manuel López Obrador, junto con la ciclista Nancy Contreras cortaron el listón. Obrador montó una bicicleta prestada y pedaleó apenas unos 50 metros. Se salvó de subir o bajar los puentes. O de intentarlo, como hicieron decenas de ciclistas, que al ver lo empinados que estaban preferían hacerlo a pie empujando la bicicleta. Así empezó la historia de las ciclopistas, que se han multiplicado en las principales colonias de la Ciudad de México.

comenzara a desmantelar toda la red de intereses creados fuera de la ley por el sistema político priista a lo largo de 71 años; que sacara a la luz pública sus componendas, sus arreglos con el crimen organizado; que persiguiera a los políticos corruptos, a los líderes charros que se habían enriquecido a la sombra del poder sindical y a costa de los trabajadores y que democratizara los sindicatos. Pero no sucedió así. Con el paso de los días Vicente Fox se percató de que no era lo mismo ser candidato que ser presidente y no pudo matar ni tepocatas ni víboras prietas y la euforia inicial por la promesa del cambio se convirtió, de manera paulatina, en decepción, frustración y enojo. El gobierno prometió que iría por los peces gordos y no pudo pescar ni siquiera un charal.

Por si fuera poco, si bien la estabilidad económica fue un sello del sexenio, el magro crecimiento económico, tan lejos del 7% prometido en campaña, fue insuficiente para combatir el rezago y la pobreza.

La falta de sensibilidad política, reflejada en desafortunadas declaraciones de Fox tanto a nivel nacional como internacional, propició un enfrentamiento permanente con los grupos opositores y con los gobiernos de Cuba y Venezuela, entre otros. La perniciosa intromisión de Marta Sahagún en la política interna, la súbita renuncia de sus hombres cercanos, la división del *gabinetazo*, los escándalos de sus colaboradores —como el embajador Dormimundo, Carlos Flores Alcocer, que se gastó 161,000 pesos en colchones y almohadas para una nueva sede de la embajada que ocupó—, y el constante enfrentamiento con el jefe de gobierno del otrora Distrito Federal, Andrés Manuel López Obrador, fueron hechos que debilitaron en gran medida a la institución presidencial.

Mezquinos

Pero el fracaso del gobierno del cambio no fue solo responsabilidad del poder ejecutivo. La clase política en general no supo estar a la altura de las circunstancias. A la incapacidad de negociación del poder ejecutivo se sumó la mezquindad de los partidos de oposición, reflejada en un Congreso irresponsable, cuyas fracciones quisieron apostar al fracaso del gobierno foxista para mejorar sus propias posiciones. Toda la clase política, sin excepción, quedó por debajo de las exigencias del país en un momento tan frágil para la democracia.

Los miembros de la LIX Legislatura (2003-2006) tendrán que responder ante la sociedad en algún momento. La independencia del poder legislativo, alcanzada apenas en 1997, no fue suficiente para hacer reflexionar a diputados y senadores, para persuadir a los legisladores a comportarse a la altura de las circunstancias, con patriotismo, con ética política y en favor del interés nacional.

Las grandes reformas estructurales que esperaba la nación fueron rechazadas de manera sistemática por la oposición, sin posibilidad siquiera de negociar; grillas, traiciones, albazos, acusaciones sin fundamento, madruguetes, aprobación de leyes al vapor o sin haberlas leído siquiera, como la reforma de la Ley de Radio y Televisión; de todo se vio en el Congreso. Llegó a tal grado su enfrentamiento con el presidente que los legisladores le negaron la autorización para salir del país a otra gira internacional —hecho nunca antes visto—, y los diputados del PRD y PT le prohibieron la entrada al recinto de San Lázaro, el 1 de septiembre de 2006, para dar su último informe de gobierno, por lo que dejó el texto y se retiró a Los Pinos.

Pero quizás el momento más grave del sexenio, el que puso al borde del caos al país entero, fue el proceso de desafuero en contra de Andrés Manuel López Obrador, en el año 2005, orquestado por el gobierno federal y apoyado por diputados del PAN y del PRI que, enarbolando un supuesto respeto a la ley, hicieron todo lo posible para que López Obrador perdiera sus derechos políticos y no pudiera presentarse en las elecciones presidenciales de 2006, por haber violado una disposición judicial de no continuar la construcción de una calle.

Priistas y panistas se lanzaron con furia contra el jefe de gobierno a través del proceso de desafuero. Sin embargo, el PRI nunca quiso desaforar al corrupto líder del sindicato petrolero, Carlos Romero Deschamps, a pesar de su comprobada participación en el *Pemexgate*, y mucho menos alzó la voz para denunciar al tristemente célebre "Góber precioso" de Puebla, Mario Marín, por abuso de autoridad y violación de los derechos humanos en contra de la periodista Lidia Cacho, y presuntos vínculos con la trata de personas.

El PAN también tuvo lo suyo: no quiso ir a fondo en las indagaciones contra los hermanos Bribiesca, hijos de la primera dama, Marta Sahagún. Ni sucedió nada con las investigaciones sobre los Amigos de Fox, grupo que se había formado para obtener recursos económicos con los que impulsaron la campaña electoral de Fox en el 2000. Muy a la usanza del antiguo régimen, ambos partidos buscaron aplicar la ley de manera discrecional o según el célebre dicho mexicano: "Aplíquese la ley pero en los bueyes de mi compadre".

El perredismo no se salvó; también fue responsable en la polarización del país. Durante cinco años, Andrés Manuel López Obrador desarrolló una sutil campaña desde la jefatura de gobierno del entonces DF con miras a lanzar su candidatura por la presidencia en 2006, al opinar sobre los asuntos nacionales, incorporándose a la agenda nacional y criticando de manera severa al gobierno federal.

Con un discurso que si bien reivindicaba a los pobres y enarbolaba la lucha contra la injusticia, contra el abuso del poder, contra los privilegios y monopolios de unos cuantos, apoyando un cambio de rumbo económico para la nación, enconaba a la sociedad con una retórica maniquea, al más puro estilo del antiguo régimen: "conmigo o contra mí". Desde su polarizada visión, los pobres eran los buenos y los ricos los malos; los empresarios eran presentados como enemigos de la nación y la clase media era manipulable. En todo momento el perredismo sostuvo que había cualquier cantidad de conspiraciones contra López Obrador.

Desde una posición en la que asomaba su soberbia, el jefe de gobierno del DF fue incapaz de reconocer errores dentro de su administración. Quiso hacer las cosas a su capricho y tensó la relación entre el gobierno de la ciudad y el gobierno federal. Incluso llegó a envalentonarse en varias ocasiones, como la vez que dijo que el DF no acataría el horario de verano y tendría su propio huso horario.

Y cuando estallaron casos de corrupción dentro de su gobierno, de colaboradores cercanos, se hizo el que la virgen le hablaba. Dijo desconocer lo que hacía su secretario de Finanzas cuando fue descubierto gastando a manos llenas en Las Vegas, con recursos de procedencia ilícita. Tampoco pudo explicar los dudosos manejos de René Bejarano —su gran operador político—, que pasó a la historia por un video donde flagrantemente se embolsaba una importante cantidad de dinero —con todo y ligas—. Le dio mil vueltas al *Nicogate*, al ser cuestionado por el hecho de que su chofer, Nicolás Mollinedo, ganaba casi 63,000 pesos, y lo justificó diciendo que no solo era chofer sino también su jefe de

Logística, y acusó a los medios de darle al tema la misma importancia que la guerra de Iraq.

Rechazó la ley de transparencia de la información; se mofó de la magna movilización ciudadana, de más de un millón de personas que se manifestaron en 2004 en contra de la inseguridad a las que calificó de "pirrurris", asegurando que habían sido manipuladas y que la mala percepción del combate a la inseguridad se debía al amarillismo de los medios; menospreció la ley si no estaba a favor de sus aspiraciones o de su proyecto, al señalar que debía ser el pueblo quien decidiera si era justa o no. Cualquier crítica hecha al gobierno perredista del DF se resumía en una palabra: complot.

Frente al júbilo desbordante y a la percepción generalizada de que con el gobierno del cambio principiaba una nueva era, nadie hizo notar ni tomó en consideración que toda la clase política —en cuyas manos recayó la responsabilidad de consolidar la transición democrática— se había formado a imagen y semejanza del PRI durante sus 71 años de gobierno; que se había educado en la cultura de la mentira, del fraude, de las trampas, del rumor, de la sospecha y que aprendió a hacer política del mismo modo. Más temprano que tarde afloró esa herencia.

A pesar de la urgente necesidad de erradicar la cadena de vicios arraigados en el país por más de setenta años; de reconstruir en términos económicos y sociales a la nación; de restaurar el Estado de Derecho en la República; de eliminar de manera definitiva el autoritarismo presidencial; de combatir la impunidad, la corrupción y el tráfico de influencias, no tardaron en aparecer los vicios ocultos. Fieles a una tradición malsana, los actores políticos se empecinaron, una vez más, en llevar al límite al país durante el primer sexenio de la alternancia y lograron dividir a la sociedad y ponerla contra sí misma.

0.56%

Al acercarse la sucesión presidencial, la clase política podía sentirse muy satisfecha de haber polarizado al país. La popularidad de López Obrador estaba por las nubes gracias a la campaña en su contra emprendida por el gobierno que culminó con el fallido desafuero, y López Obrador, experto en victimización y martirologio, le sacó provecho.

Una parte de la sociedad veía al jefe de gobierno como una opción real ante la creciente desigualdad y el aumento de la pobreza, pero sobre todo frente al fracaso del gobierno foxista en su lucha contra la corrupción del viejo régimen. Pronto prendió su discurso polarizador en el que los ricos, los empresarios y el resto de los partidos políticos formaban parte de la "mafia en el poder"; a su juicio, PAN y PRI eran uno mismo. Y frente a esa mafia se levantaba el pueblo: pobre, pero virtuoso; pobre, pero sabio; pobre, pero honesto; pobre pero justo; y como él era igual al pueblo, sabía lo que necesitaba el pueblo, así que lanzó su candidatura bajo el lema "Por el bien de todos, primero los pobres".

El panismo estaba dividido desde mediados del sexenio; una parte apoyaba a Fox, hiciera lo que hiciera, y la otra buscó regresar a los principios originales de Acción Nacional a través de Felipe Calderón —hijo de uno de los fundadores—, quien le renunció a Fox —era secretario de Energía— luego de que el presidente lo regañara públicamente y lo acusara de imprudente por haber participado en 2004 en una reunión en la cual anunció que buscaría la candidatura del PAN a la presidencia en 2006. Llegado el momento, Calderón se impuso al favorito de Fox, Santiago Creel, y se lanzó por la presidencia sin la bendición del presidente, que fue lo mejor que le pudo haber pasado, porque lo que tocaba Fox lo echaba a perder.

El PRI seguía perdido, y al acercarse la sucesión presidencial se disparó solo. Como los priistas ya no tenían su propio presidente de la República para elegir sucesor por dedazo, ni para jugar al tapado como en los viejos tiempos, organizaron una elección interna y ganó uno de los personajes más corruptos del priismo de entonces y más repudiado por la sociedad: Roberto Madrazo Pintado. Nada más empezaron las campañas presidenciales, el candidato priista se fue a pique.

Nadie tuvo la cordura, la sensatez y el sentido común para evitar que el ambiente electoral se pusiera color de hormiga conforme avanzaban las campañas electorales. La falta de sensibilidad de los actores políticos puso en riesgo la credibilidad y la consolidación de las instituciones democráticas que tanto trabajo había costado construir. Algunos meses antes de la elección los perredistas pusieron en duda la credibilidad e independencia del IFE, no obstante que era la misma institución, con el mismo marco legal y reconocida ampliamente en la sucesión presidencial de 2000, la que estaría a cargo de dar certeza y validar las elecciones de 2006.

Las acusaciones del perredismo eran explicables. Si la primera generación de consejeros del IFE salió con un alto reconocimiento público por lo realizado en 2000, la segunda fue ampliamente cuestionada porque en la elección de los nuevos consejeros operó el clásico mayoriteo; esta vez ya no solo del PRI, como solía hacerlo en el siglo XX. En la nueva era democrática el mayoriteo también se democratizó y así aparecieron juntos PRI y PAN excluyendo al PRD. Entonces los perredistas se la pasaron gritando "árbitro vendido", mucho antes de que se jugara el partido.

A los legisladores les importó un pepino consolidar la transición democrática por medio de leyes, no obstante que el marco legal electoral tenía ocho millones de cabos sueltos en los que nadie pensó o quiso atender. El mayor y más riesgoso era que la elección presidencial en México, de acuerdo con la ley, podía ganarse con un solo voto de diferencia, sin importar lo debilitado que quedara el ganador frente a sus rivales.

Cuando hay casi tres millones de sufragios entre el primero y segundo lugar, nadie pone en duda la legalidad y legitimidad de la elección, como ocurrió en 2000, pero si la diferencia es dramáticamente pequeña, se abre el espacio para la suspicacia, la incertidumbre y las acusaciones de fraude. "Eso no pasa", dijeron los diputados mientras se echaban la siesta en sus curules o se rascaban la barriga, y no quisieron reformar la ley electoral para incluir figuras como la segunda vuelta, que habría servido para hacer frente a casos de esa naturaleza si llegaban a ocurrir, como sucedió en 2006.

Panistas y perredistas se dieron con todo en la campaña electoral. A la inconsistencia del presidente Fox y su caprichosa intervención para eliminar de la contienda política a López Obrador desde 2005 se unieron el discurso polarizador que lo acusaba de ser un "peligro para México" y la arbitraria campaña de desprestigio orquestada por los sectores más conservadores del país, apoyados por grupos empresariales. Sumado a lo anterior, el perredismo no fue menos responsable de la polarización del país.

López Obrador se mantuvo al frente de las encuestas la mayor parte de la campaña, pero su ventaja inicial fue disminuyendo hasta llegar a un empate técnico con Felipe Calderón unos días antes de la elección presidencial. Y no es que el candidato panista hubiera ascendido por su carisma o por su preclaro proyecto de gobierno; fueron los arranques de soberbia, la actitud de perdonavidas y el discurso mesiánico de López Obrador los que lo alejaron de los indecisos que definieron la elección.

Una de las frases que acuñó para la historia fue el "Cállate chachalaca" que le dijo al presidente tras acusarlo de estar interviniendo en el proceso electoral. López Obrador no se cansaba de denunciar que había un *compló* en su contra y que *el innombrable*, Carlos Salinas de Gortari, estaba detrás de toda la conjura. Todo mundo era corrompible menos él; era intolerante a la crítica y la soberbia comenzó a dominarlo: "Solo debatiré sobre los temas que yo quiera". "Si gano bien, si no, arrebato". Y confiado en que llevaba amplia ventaja sobre Felipe Calderón, miró con desdén el segundo debate presidencial y no participó.

El proceso electoral se convirtió en un polvorín. El 2 de julio de 2006 se llevaron a cabo las elecciones presidenciales. A pesar del encono, la sociedad se comportó de manera ejemplar, incluso por encima de los actores políticos; con civismo y responsabilidad los ciudadanos salieron a las urnas y ejercieron su derecho. La gente participó en una jornada histórica depositando su voto con la convicción de que era un proceso organizado y vigilado por la propia ciudadanía y reconocieron su legitimidad. Fue una gran fiesta cívica, seguida de una terrible cruda.

Fueron las elecciones más competidas y peleadas de la historia democrática mexicana. Con resultados tan cerrados, al IFE y a su presidente se les hizo bolas el engrudo la noche de la elección, y cuando Luis Carlos Ugalde se presentó ante los medios, tuvo la torpeza de declarar que la diferencia de votos era tan estrecha que el IFE no podía proclamar un ganador y que habría que esperar unas horas para tener todas las actas computadas.

Eso fue suficiente para sembrar dudas y sospechas porque, para variar, ambos candidatos ya se hacían ganadores y querían que el triunfo lo ratificara la máxima autoridad del IFE esa misma noche. Pero lo cierto es que la diferencia era tan pequeña que era necesario esperar hasta que estuviera computado casi el cien por ciento de las casillas. La gente siguió minuto a minuto los resultados que podían verse en todos lados a través del PREP (Programa de Resultados Electorales Preliminares), y en un final de fotografía los cómputos favorecieron a Felipe Calderón con una diferencia de 0.56% —poco menos de 250,000 votos.

El fraude del fraude

Apenas se confirmó que los cómputos le daban la victoria a Calderón, la coalición "Por el bien de todos" que agrupó al Partido del Trabajo y a Convergencia alrededor del PRD, denunció fraude. Ni López Obrador ni sus más cercanos colaboradores podían creerlo. Lo cierto es que como en el futbol, no había ganado Calderón, había perdido López Obrador. Sus desplantes de las últimas semanas terminaron por restarle votos. La izquierda se había quedado en la orilla, demasiado cerca de la Presidencia de la República.

Inició entonces una campaña perredista para sembrar en el imaginario social que se había cometido un fraude monumental. Afloró la vieja cultura del rumor, de las trampas, de la suspicacia y quedó demostrado que los distintos grupos que conformaban la clase política eran proclives a la mentira cuando los resultados no los favorecían; que los partidos no estaban dispuestos a jugar con las reglas de la democracia aunque hubieran sido creadas, discutidas y aceptadas por los propios participantes; que podían cuestionar los procesos electorales, señalar fraudes y poner en tela de juicio la legitimidad de las instituciones sin importar las consecuencias.

No hubo declaración de miembro alguno de la izquierda que no mencionara el fraude. Marchas, manifestaciones y plantones se sucedieron en los siguientes días; la frase "Voto por voto, casilla por casilla", se convirtió en grito de guerra; los perredistas querían que se volvieran a contar todos los sufragios, pero de acuerdo con la ley solo se autorizó que se abriera una muestra estadística que permitiría ratificar o desestimar los resultados. Luego de este ejercicio quedó ratificado que el vencedor era Calderón. El 26 de julio, López Obrador declaró ante los medios: "Yo soy el presidente de México por la voluntad de la mayoría". Semanas después, la radicalización de su discurso llegó a su punto máximo.

En el Zócalo, frente a una multitud que abarrotó la plaza mayor, López Obrador mandó al diablo a las instituciones: "Todo el andamiaje que se fue creando para sostener al poder está en crisis, en ruina, no sirve para nada [...] ya no nos importa lo que hagan, no tenemos ningún respeto por sus instituciones, porque no son las instituciones del pueblo, nosotros vamos a crear nuestras instituciones, las del pueblo de conformidad con el artículo 39 constitucional". Y acto seguido ordenó un bloqueo indefinido en el Paseo de la Reforma, desde la Fuente de Petróleos hasta la Plaza Mayor de la Ciudad de México.

El PRD trató de convencer a la sociedad de que había sido víctima de un escandaloso fraude sosteniendo verdades a medias, mentiras completas, rumores o acusaciones sin pruebas. Si fue fraude, su grado de sofisticación merecía un reconocimiento mundial: en las elecciones del 2 de julio de 2006 el PRD ganó más posiciones políticas que en ningún otro momento de su historia: 127 diputaciones, 26 senadurías y dos gubernaturas, incluyendo la más importante del país después de la presidencia: la Ciudad de México.

Las ganaron en la misma jornada electoral, con los mismos funcionarios de casilla, con el mismo recuento de votos y fueron reconocidas por la misma autoridad electoral que en el caso de la disputa por la presidencia era acusada de haber perpetrado el fraude, un fraude "cibernético". No cabe duda de que el proceso electoral tuvo irregularidades —como las tuvo la elección de 2000—, pero nada parecido a los fraudes denunciados y documentados a lo largo del siglo XX.

Los últimos meses del sexenio fueron una pelea de perros y gatos, protestas y enfrentamientos —el bloqueo del Paseo de la Reforma se levantó en vísperas del inicio de la de la celebración de la Independencia—. La ceremonia del Grito se convirtió en la manzana de la discordia; desde días antes los perredistas anunciaron que tomarían el Zócalo para dar su propio grito, lo cual era un boicot al que tradicionalmente daba el presidente de la República.

Sin embargo, de manera increíble, en esa ocasión cupo la cordura en el gobierno federal y Fox decidió dejar la plaza y viajar al pueblo de Dolores, en Guanajuato, a dar el Grito como lo hizo Hidalgo en 1810. Durante la ceremonia el presidente lanzó la arenga tradicional a los héroes de la patria, pero le agregó de su cosecha, lanzando vivas con dedicatoria a López Obrador y su movimiento opositor: "¡Viva nuestra democracia! ¡Vivan nuestras instituciones! ¡Viva la unidad de las y los mexicanos!". Luego declaró que "la presidencia de la República jamás sería motivo de discordia y de la división de los mexicanos", aunque ya era demasiado tarde, había hecho lo contrario desde 2005.

En la Ciudad de México el Grito estuvo a cargo del jefe de Gobierno, Alejandro Encinas, acompañado por el secretario de Gobernación, Carlos Abascal, que pagó los platos rotos de la crisis política y se llevó una sonora rechifla y gritos de "culero, culero", "fuera, fuera" y "fuera fecal". Encinas lanzó la arenga tradicional desde el Palacio del Ayuntamiento, pero le agregó un grito solidario con la coalición de López Obrador, de la que formaba parte: "¡Viva la soberanía popular!". De esa forma todo mundo quedó feliz con su grito y la vida siguió su curso. Por cierto, es la única ocasión en que la campana de Dolores, que se encuentra en Palacio Nacional, no se tocó en la noche del Grito.

El 20 de noviembre, en una ceremonia simbólica, López Obrador asumió la presidencia simbólica, nombró un gabinete simbólico, y se colocó una banda presidencial simbólica. Él era el presidente legítimo —en sus propias palabras— y finalmente había llegado al poder. Además, el perredismo anunció que le haría la vida imposible a Calderón hasta el final de los tiempos e impediría su toma de posesión el 1 de diciembre.

Terminaba así el sexenio, con un país polarizado, sin crisis económica pero también sin crecimiento sustancial; con la misma desigualdad y un creciente desempleo. A lo largo de seis años Fox había construido en su imaginario una realidad paralela, donde México estaba "a todo dar", y por eso dejó la presidencia satisfecho. Pero lo cierto es que no había gobernado México, sino el paraíso de la inconsciencia, llamado popularmente Foxilandia.

Mexicanos al grito de guerra

Nunca antes el Congreso —o una parte de él— había tratado de impedir que un presidente electo protestara constitucionalmente en el recinto legislativo. A lo más que había llegado era a negarle la entrada al presidente para dar su informe de gobierno, y eso había ocurrido unos meses atrás.

La historia guarda registro de casos extremos en la relación entre el poder ejecutivo y el poder legislativo, como la disolución del Congreso, la cancelación de elecciones, diputados encarcelados por órdenes del presidente, mayoriteos, legislación al vapor, complicidad en los fraudes electorales cuando calificaban la elección, de todo como en botica, pero al menos desde la fundación del partido oficial, en 1929, la ceremonia de toma de posesión siempre se llevó a cabo con una solemnidad absoluta y transcurría como marcaba la ley y señalaba el protocolo.

Ni siquiera hubo problemas cuando otros recintos fueron declarados oficiales y acondicionados para la toma de posesión presidencial, como el Estadio Nacional, Bellas Artes o el Auditorio Nacional. En todo momento se guardaron las formas, y lo más que había ocurrido en dicha ceremonia, sobre todo a raíz del fraude de 1988, eran algunos gritos aislados de legisladores inconformes con el nuevo presidente.

Como nadie sabía qué rumbo tomarían los acontecimientos en San Lázaro, por si las moscas, un minuto antes de las cero horas del 1 de diciembre, el gobierno de Vicente Fox, de acuerdo con Felipe Calderón y su equipo, inventaron una ceremonia en el salón Adolfo López Mateos de Los Pinos—que nunca se había realizado—, durante la cual el presidente se retiró la banda presidencial en señal de la conclusión de su mandato y acto seguido Felipe Calderón asumió el poder.

La ceremonia fue justificada bajo el argumento de que había algunas secretarías cuyas funciones no podían interrumpirse y era necesario nombrar a sus titulares desde el primer minuto del 1 de diciembre, lo cual le correspondía al nuevo presidente. Calderón se curó en salud, pues si llegaba a impedirse su entrada en San Lázaro para que protestara como marcaba la ley, de cualquier forma ya había asumido el poder al ejercer una de las facultades contempladas en el artículo 89 constitucional: nombrar a su gabinete.

La toma de posesión de Felipe Calderón fue todo un *show*: hubo circo, maroma y teatro en el recinto de San Lázaro. Los diputados perredistas seguían enardecidos y en pie de guerra; desde días antes tomaron la tribuna de la Cámara de Diputados e incluso acamparon ahí un par de noches. La consigna era impedir que "el espurio", como lo nombró López Obrador, protestara como presidente constitucional.

Para evitar que alguna manifestación llegara hasta el Congreso y complicara aún más la situación, las fuerzas de seguridad —Policía Federal Preventiva— cercaron el perímetro de San Lázaro; nadie que no estuviera acreditado podía ingresar, los controles de seguridad eran estrictos. Los panistas pasaron días planeando la manera de impedir que los perredistas cumplieran su cometido; los perredistas pasaron días envalentonados en su improvisado campamento; los priistas se cruzaron de brazos.

Nadie sabía cómo terminaría la jornada. Los medios de comunicación abarrotaron el vestíbulo del recinto, instalaron sus cámaras y micrófonos y esperaron el desarrollo de los acontecimientos. Todo mundo estaba expectante. Unos minutos antes de la ceremonia, perredistas y panistas se liaron a golpes; sobrevinieron los insultos, los gritos, los chiflidos, los abucheos, las mentadas de madre, de todo se escuchaba en la sala. Parecía un pleito de vecindad y no la sede de uno de los poderes de la Federación.

Pero el zafarrancho sirvió como maniobra para distraer a los perredistas, pues mientras seguían los conatos de bronca, los empujones y los gritos, el presidente Calderón se les coló por donde jamás se imaginaron: a través de un pasadizo que se encontraba en el salón Trasbanderas. Como pudo subió hasta la tribuna, acompañado por el presidente Fox, miembros del Estado Mayor y diputados de su partido, quienes le hicieron "casita" mientras rendía la protesta de ley.

Fox llevaba la banda presidencial en la mano; Calderón la recibió, se la colocó con una extraordinaria rapidez —como si hubiera ensayado toda la noche para no perder tiempo— y a las 9:46 de la mañana protestó como presidente constitucional en medio de una sonora rechifla mezclada con vivas y aplausos. Luego, tirios y troyanos cantaron el Himno Nacional, eso sí, con mucho respeto, y al terminar el presidente puso pies en polvorosa y se fue al Auditorio Nacional donde lo esperaban su futuro gabinete, partidarios, amistades y conocidos. La ceremonia en San Lázaro duró menos de cinco minutos —récord Guinness en tomas de posesión en México—. El presidente Calderón se alejó de San Lázaro mientras en el interior se escuchaban dos gritos encontrados: por un lado "¡Sí se pudo, sí se pudo!"; por el otro, "¡Espurio, espurio!".

Paradójicamente, la ficticia toma de posesión de López Obrador, realizada en noviembre, había sido un día de campo con sus partidarios que lo ungieron en la Plaza Mayor.

La guerra del fin del mundo

Al iniciar su sexenio Calderón estaba frito; no tenía margen de acción ni podía moverse hacia ningún lado. El negro panorama que le esperaba a su gobierno era cortesía de la mezquina clase política que hizo una ley electoral para una república bananera o un pueblo globero.

¿Qué legitimidad y apoyo ciudadano podía tener el nuevo presidente si iba a gobernar un país de 112 millones de habitantes pero había ganado con solo 15 millones de votos? Eran muchos más los ciudadanos que no habían votado por él, casi 27 millones —distribuidos entre varios candidatos, de los cuales López Obrador obtuvo casi los mismos votos que Calderón—. Por si fuera poco, tampoco tenía mayoría en el Congreso como para impulsar reformas o tomar medidas que le permitieran consolidar su gobierno.

Durante la campaña electoral el presidente hizo énfasis en el crecimiento de la economía —que llevaba varios años estancada— y en el combate al desempleo. Eran dos de sus prioridades, pero ante la falta de legitimidad pensó dar un golpe franco, duro y certero que cimbrara a la opinión pública y le permitiera ganarse la aceptación de la mayoría de los mexicanos, y al grito de "¡Viva México!", le declaró la guerra al narcotráfico.

El problema del crimen organizado se venía agravando desde el gobierno de Fox, pero no surgió por generación espontánea, era una herencia del viejo régimen. Durante años el sistema político priista, a través de sus distintos niveles de gobierno, había tolerado el narcotráfico y el crimen organizado; los arreglos, las componendas y los entendimientos de las autoridades locales funcionaron porque durante casi toda la segunda mitad del siglo XX el país fue gobernado por el PRI, nadie tenía que rendir cuentas y existía la regla no escrita de no tocar al gobierno saliente por ningún motivo. De vez en cuando el gobierno llevaba a la piedra de los sacrificios a algún capo importante, presumía su captura, se pavoneaba y la vida continuaba con el aplauso de la sociedad.

Con la transición democrática el poder se dividió entre el PRI, PAN y PRD básicamente; el crimen organizado se topó con nuevos gobiernos y nuevas administraciones, muchas de las cuales no tenían intención de negociar con el crimen, o en el mejor de los casos no sabían cómo operaba la añeja relación con el PRI. El *statu quo* se rompió, y como el crimen no descansa, los grupos delincuenciales se fueron por la libre y comenzaron a operar sin controles de por medio.

Tarde o temprano el país tenía que emprender una lucha abierta contra el crimen organizado para establecer un verdadero Estado de Derecho. No había forma de escapar a ese destino. El problema no fue que Calderón se lanzara a la guerra, sino la forma como lo hizo, como una ocurrencia. Cuando menos tenía claro que el origen del problema no se encontraba en su gobierno. En 2009, en plena guerra, expresó: "Si bien hay costos en términos de la guerra que se libra contra la delincuencia, son más, muchísimos más, los costos que tuvo que padecer México por el hecho de no enfrentar a la delincuencia como debe enfrentarse a los delincuentes".

El problema fue que, buscando legitimarse, el gobierno de Felipe Calderón se lanzó a la guerra sin fusil, apresuradamente, sin una estrategia clara, sin medir las consecuencias, al chilazo. Y si lo planeó, lo hizo muy mal. Diez días después de haber tomado posesión, el 11 de diciembre de 2006, el gobierno anunció un operativo contra el crimen organizado en Michoacán, y comenzó la guerra, que se convirtió en el eje, en la prioridad y en la política que definió todo su sexenio.

En los primeros dos meses de la nueva administración el presidente presidió 18 actos militares, y en una visita a Apatzingán, por entonces al rojo vivo, dejó claro que, como lo señala la Constitución, era el comandante supremo de las Fuerzas Armadas, por lo que se vistió de militar. Desde que inició la época de los presidentes civiles con Miguel Alemán en 1946, ningún presidente había vestido de esa forma.

Pero lo cierto es que el gobierno agitó el avispero y todo se salió de control. Inició movilizando a la Policía Federal que se apoyó en las policías estatales y municipales, pero pronto fueron rebasados y entonces sacó al ejército y a la marina de sus cuarteles y los echó a las calles a combatir el crimen. En poco tiempo el problema ya no solo se encontraba en Michoacán; se extendió a Jalisco, Tamaulipas, Sinaloa, Guerrero, Ciudad Juárez, Tijuana, entre las zonas más conflictivas.

JUAN GARRISON Y AGALLÓN MAFAFAS

Todavía no se cumplía un año del inicio de la guerra contra el narco, y el 16 de septiembre de 2007 la nota del día se la llevaron los hijos del presidente, que aparecieron vestidos de militares en el balcón central del Palacio Nacional, acompañando a su papá, durante la celebración del desfile militar por el aniversario de la Independencia. Y se hizo el escándalo. Una pequeña parte de la opinión pública, la que comulgaba con López Obrador, hizo drama, incluso la fracción del PRD en la Cámara de Diputados presentó un punto de acuerdo para exhortar al presidente "a no llevar la militarización del país a su entorno familiar", pues era una forma de darle un espaldarazo al ejército en su lucha contra el narco. Pero si lo del PRD era absurdo, la defensa que hizo el general Roberto Vadillo —secretario de la Comisión de Defensa Nacional— de los niños del presidente fue de programa cómico. Cuando se le preguntó si no era una falta que los niños hubieran usado insignias respondió: "¡Pero si las insignias se compran en cualquier lado! ¿No se acuerdan que Juan Garrison y Agallón Mafafas traían insignias? También se ponían estrellas con corcholatas".

En la prensa, en la radio y la televisión, en los cafés, en las sobremesas la gente comenzó a hablar de cárteles y capos del narco: los Beltrán Leyva, la Familia Michoacana, el Cártel del Golfo, los Zetas, *el Chapo* Guzmán, el Cártel de los Beltrán Leyva, los Caballeros Templarios, el Cártel de Juárez, el Cártel de Tijuana, el Señor de los Cielos, Tony Tormenta, Nacho Coronel, *el Mayo* Zambada, *el Lazca*, *la Barbie*.

La violencia se desató con una furia solo equiparable a la sufrida durante la Revolución mexicana. El 15 de septiembre de 2008 dos granadas fueron arrojadas en el centro de Morelia, cuando la gente abarrotaba la plaza para celebrar el grito de independencia; en enero de 2010 un comando asesinó a 17 jóvenes que se encontraban en una fiesta en Villas de Salvarcar en Ciudad Juárez —la respuesta inicial del gobierno fue decir que las víctimas eran pandilleros—; en marzo de 2011, en Allende, Coahuila, se registró un "levantamiento" masivo, cerca de 40 camionetas con hombres armados llegaron al pueblo y sacaron a decenas de familias de sus casas, se las llevaron y nadie volvió a saber de ellas. Cifras extraoficiales señalan que fueron 300 personas las desaparecidas. El 21 de agosto de 2011 se encontró una fosa clandestina en San Fernando, Tamaulipas, con 72 cadáveres de migrantes centroamericanos. El 25 de agosto de 2011 un atentado al Casino Royale en Monterrey ocasionó la muerte de 52 personas.

De pronto, el territorio nacional estaba completamente ensangrentado. Por todos lados aparecieron cuerpos torturados, mutilados y desmembrados, cabezas en bolsas, gente entambada, ejecuciones frente a niños y familias completas; colgados en los puentes; "levantados" a plena luz del día en sitios públicos. Las desapariciones forzadas se hicieron cotidianas; la extorsión y el secuestro se pusieron de moda; las fosas clandestinas se convirtieron en parte del paisaje nacional. La cloaca se abrió y junto al narcotráfico salió a la luz la corrupción de las autoridades locales que, en muchos casos, eran cómplices del crimen organizado.

Y como el país continuaba polarizado, la clase política jamás cerró filas en torno al gobierno y su lucha contra el crimen, y la izquierda, que seguía en pie de guerra contra el presidente, se refería a las víctimas como "los muertos de

De poeta a activista

El 28 de marzo de 2011, Juan Francisco Sicilia, hijo del poeta Javier Sicilia, fue encontrado muerto en Temixco, Morelos, en un vehículo junto con otros seis jóvenes. Fue una noticia que sacudió al país porque era un muchacho de bien, una víctima más de la violencia desatada por la guerra contra el narco. El profundo dolor de Javier Sicilia lo llevó a convertirse en activista y organizó el Movimiento por la Paz con Justicia y Dignidad, al que se sumaron ciudadanos, organizaciones de la sociedad civil y de derechos humanos para manifestarse contra la violencia. La fuerza del movimiento obligó al gobierno a sentarse a dialogar para debatir la fallida estrategia de la lucha contra el crimen organizado. Debido a la muerte de su hijo, Javier Sicilia anunció que no escribiría más poesía y su último poema lo dedicó a Juanelo, como lo llamaba: "El mundo ya no es digno de la palabra / Nos la ahogaron adentro / Como te (asfixiaron) / Como te / desgarraron a ti los pulmones / Y el dolor no se me aparta / Solo queda un mundo / Por el silencio de los justos / Solo por tu silencio y por mi silencio, Juanelo".

Calderón", sin importar que fueran los cárteles quienes tenían al país de cabeza.

En 2009, a mitad de su gobierno, el presidente expresó: "Cuando empezamos, sabíamos que esta guerra contra el crimen organizado tomaría tiempo, dinero, y que también costaría vidas humanas". Y muchas. Al terminar el sexenio la cifra de muertos era aterradora: alrededor de sesenta mil, según cifras oficiales —los críticos del calderonismo señalan que fueron más de cien mil. Lo cierto es que, al menos durante el sexenio de Calderón, el gobierno mexicano perdió la guerra contra el crimen organizado y heredó el conflicto completito a su sucesor, quien empezó entonces la "guerra de Peña Nieto".

Bandazos

Nuevo presidente, nueva legislatura, mismos vicios. Para no perder la costumbre, como el gobierno no tenía mayoría en el Congreso se topó con una muralla desde el primer momento; con un PRD que actuó bajo el célebre "primero muerto que aprobarle algo al 'espurio'", y con un PRI que hizo todo lo posible para llevar agua a su molino, pues ante el deterioro de la situación del país la posibilidad de volver a Los Pinos creció paulatinamente. Los priistas no estaban dispuestos a que les comieran el mandado y no aprobaron ni la reforma fiscal ni la reforma energética del presidente.

Faltarían calificativos para definir el miserable papel que jugó el Congreso a lo largo del sexenio. Los legisladores no aprendieron nada y pensaron primero en sus propios intereses; ni siquiera la crisis política originada con la elección de 2006 fue suficiente para que se comportaran a la altura de las circunstancias. Al iniciar el sexenio el gobierno presentó una reforma política para impedir otro caos como el de 2006. La discusión se llevó hasta 2012 —¡seis años!— y nuevamente quedó una reforma a medias.

Los legisladores no aprobaron la segunda vuelta en la elección presidencial ni la reelección de legisladores y de presidentes municipales ni la reducción de los miembros del Congreso. Solo aprobaron las candidaturas ciudadanas

Zócalo multiusos

Desde la llegada del PRD al gobierno del Distrito Federal en 1997, el Zócalo de la Ciudad de México se convirtió en una plaza pública y diversa en el más amplio sentido del término: en 2002 el Circo de los Hermanos Vázquez fue autorizado para montar su carpa en la Plaza Mayor y brindó varias funciones gratuitas. En mayo de 2007 cerca de 20,000 personas completamente desnudas posaron sobre la plancha del Zócalo para el fotógrafo Spencer Tunick. Dos meses después, en lo que pareció algo surrealista, se montó la pista de hielo más grande del mundo con un área de tres mil metros cuadrados.

El Zócalo ha sido escenario de innumerables artistas como Paul McCartney, Shakira, Vicente Fernández, Joan Manuel Serrat, Justin Bieber, Juan Gabriel, Yuri, Miguel Bosé, entre otros. También ha sido acondicionado como parque de beisbol (2015); Museo Nómada con una gran estructura de bambú (2008); pista de *motocross* (2009); campo de globos aerostáticos (2013).

A pesar de las críticas la gente ha disfrutado de la diversidad de eventos que le dieron nueva vida al Zócalo capitalino. Y por si algo faltara, la Ciudad de México también tuvo playas a partir del verano de 2007, que se instalaron en distintos puntos de la capital durante las vacaciones. En octubre de ese mismo año el Paseo de la Reforma fue adaptado para que sobre su asfalto corriera por vez primera el monoplaza R26 de Renault de la Fórmula 1, ante la presencia de miles de mexicanos que abarrotaron las banquetas de la avenida, evento que se repitió en 2015 con el regreso de la Fórmula 1 a México.

LUZ Y FUERZA DEL CENTRO

La noticia corrió como reguero de pólvora. Mucha gente creyó que empezaba la cruzada contra la corrupción de los sindicatos; que ahora sí iniciaba el combate contra las viejas estructuras de control creadas por el priismo en el siglo XX. El 11 de octubre de 2009 la fuerza pública ocupó las instalaciones de la Compañía de Luz y Fuerza del Centro luego de que el presidente decretara su extinción. El gobierno liquidó a la mayoría de los trabajadores, pero el líder sindical, Martín Esparza, inició un movimiento de resistencia para defender sus intereses con la pantalla de que lo hacía por sus agremiados; lo cierto es que no quería perder su feudo. El argumento fue que la Compañía trabajaba con pérdidas, su costo anual para las finanzas públicas era de cuarenta y cinco mil millones de pesos, lo cual se iba en prestaciones absurdas como jubilación a los 22 años de trabajo con 120% del salario final. Pero el trasfondo fue político: el Sindicato Mexicano de Electricistas (SME) era uno de los sindicatos más corruptos y el gobierno decidió actuar en consecuencia. La medida fue recibida con beneplácito por la mayor parte de la sociedad, que esperó ansiosa el efecto dominó, pero se quedó vestida y alborotada. Ningún otro sindicato fue tocado y todo quedó en llamarada de petate. Incluso ahora el gobierno priista rehabilitó a Martín Esparza y le permitió formar una cooperativa.

con cualquier cantidad de candados, las consultas ciudadanas y cuando menos establecieron que en caso de ausencia definitiva del presidente de la república, el secretario de Gobernación ocuparía su lugar en tanto se reuniera el

Congreso para elegir presidente —antes de la reforma, la suplencia presidencial era caldo de cultivo para una crisis política.

Otra reforma que fue aprobada hasta 2012 y quedó chiquita fue la reforma laboral. La izquierda se opuso a casi todo porque en casi todo quiso ver un ataque a los derechos de los trabajadores, y el PRI —como era de esperarse— se opuso a que los sindicatos, y particularmente sus líderes, transparentaran sus recursos, no obstante que siempre se habían comportado como señores feudales aprovechándose de sus agremiados. Para nadie era un secreto que a lo largo de la segunda mitad del siglo XX el PRI prostituyó el sindicalismo y elevó los liderazgos sindicales a puros incondicionales que se beneficiaron por años a cambio de su lealtad perruna.

Hacia 2006 la galería de líderes sindicales elevados y apoyados por el PRI estaba conformada por Elba Esther Gordillo, lideresa del Sindicato Nacional de Trabajadores de la Educación (SNTE) —hasta 2013 cuando cayó de la gracia del PRI—; el intocable Carlos Romero Deschamps en el Sindicato de Trabajadores Petroleros (STPRM); Napoleón Gómez Urrutia en el Sindicato Minero desde 2002 y que a pesar de estar perseguido por la justicia mexicana seguía gobernando al sindicato desde Canadá; Martín Esparza, del Sindicato Mexicano de Electricistas; Víctor Flores Morales, al frente del sindicato ferrocarrilero en un país que no se transporta en ferrocarril. Todos ellos demostraron que ser líderes obreros era el camino fácil, rápido y efectivo para acumular una riqueza inconmensurable.

Ante la creciente crítica de que la presencia del ejército en las calles había traído consigo violaciones a los derechos humanos en las regiones donde operaba, el gobierno tomó medidas para consolidar el marco legal en la materia. En marzo de 2011 se elevaron a rango constitucional los derechos humanos y a la Comisión Nacional de Derechos Humanos se le otorgó la facultad de investigar violaciones graves a las garantías individuales. Un año después, en 2012, la Suprema Corte de Justicia resolvió que tribunales federales del país podían resolver los juicios sobre delitos de militares contra civiles.

Hechos que se perdieron frente a la brutalidad de la realidad mexicana: el gobierno mantuvo la inflación en el nivel más bajo de toda la historia, y además enfrentó con acierto la crisis financiera internacional de 2008 que puso de cabeza a Estados Unidos y a otros países del mundo; también logró la cobertura universal de seguridad social a través del seguro popular, y obras públicas como la hidroeléctrica La Yesca, en Jalisco; el famoso puente El Baluarte, carretera que conecta Durango y Mazatlán, y el Túnel Emisor Oriente, en el Estado de México. Obras públicas que se quedaron en buenos deseos: la nueva refinería.

A la de por sí ya alarmante situación del país, se sumaron hechos que hacían ver al presidente como si tuviera el santo de espaldas. El 4 de noviembre de 2008 Juan Camilo Mouriño, secretario de Gobernación y amigo personal de Calderón, se mató en un accidente aéreo muy cerca del Paseo de la Reforma. Venía de un viaje de trabajo en San Luis Potosí, y además de otros colaboradores, falleció otro miembro importante del gobierno, José Luis Santiago Vasconcelos, subprocurador general de la República. Tres años después, otro secretario de Gobernación, Francisco Blake Mora, falleció también en un accidente aéreo.

Desde luego, todo tipo de rumores, chismes y teorías del complot surgieron alrededor de ambas tragedias. Los peritajes señalaron que habían sido accidentes, pero mucho se especuló si fueron atentados, mensajes del narcotráfico para

García Luna *Productions*

La designación de Genaro García Luna, antiguo director de la Agencia Federal de Investigaciones (AFI) como secretario de Seguridad Pública en el gabinete de Calderón, fue severamente criticada. Más que un secretario, García Luna parecía productor de cine. El 9 de diciembre de 2005 se anunció la detención del líder de la banda de secuestradores conocida como Los Zodiaco, y de su novia y cómplice, Florence Cassez. Fue la nota a ocho columnas. No solo por lo que significaba para el combate contra la delincuencia, sino porque el operativo de las fuerzas federales fue transmitido en vivo, en directo y a todo color por Televisa en el noticiero de Carlos Loret de Mola. Como si fuera una película de acción, tres víctimas fueron liberadas y los dos secuestradores capturados en el rancho Las Chinitas. Todo mundo quedó complacido con el exitoso superoperativo. Sin embargo, poco tiempo después la francesa señaló que todo había sido un montaje; que los habían detenido un día antes y que los obligaron a hacer la recreación. Estalló el escándalo: el entonces titular de la AFI, García Luna, reconoció que sí había sido un montaje porque como no había medios el día en que verdaderamente fueron capturados, decidió recrearlo. Aunque Televisa se deslindó de la producción cinematográfica argumentando que no sabía nada de la recreación, tanto la televisora como García Luna fueron señalados por la opinión pública como copartícipes. La francesa fue condenada a 60 años de prisión, pero la Suprema Corte de Justicia de la Nación (SCJN) revisó el caso, y el montaje fue determinante para que en enero de 2013 fuera liberada debido a que la autoridad había violado el debido proceso.

IMPUNIDAD

El 5 de junio de 2009 un incendio en la Guardería ABC de Hermosillo, Sonora —subrogada a particulares por el Instituto Mexicano del Seguro Social (IMSS)— provocó la muerte de 49 niños de entre cinco meses y cinco años de edad y dejó 106 heridos, muchos de ellos con secuelas de por vida. La tragedia en la guardería demostró que los gobiernos de la alternancia podían ser tan impunes como los gobiernos del sistema político priista y expuso el catálogo de vicios del Estado mexicano: corrupción, impunidad, negligencia, burocratismo, justicia discrecional. Por desgracia, nada había cambiado en la vida pública nacional a pesar de que se cumplían nueve años desde el inicio de la alternancia y de que los gobiernos "del cambio" se comprometieran a erradicar esos vicios. Quedó evidenciado que la subrogación de guarderías del IMSS a particulares era un desastre; que hubo negligencia en la supervisión y vigilancia de la guardería; que a nadie le interesaron las normas de seguridad —extinguidores, puertas de emergencias, movilidad—. Además, todas las autoridades se lavaron las manos o se echaron la bolita: el gobierno priista de Sonora encabezado por Ernesto Bours; el director del Seguro Social, Juan Molinar Horcasitas, y el gobierno de la República. Hubo algunos despidos, sobre todo del IMSS, pero no cayó ni se procesó a ninguna autoridad y mucho menos a los propietarios de la guardería, entre quienes se encontraban familiares de miembros del gabinete del gobernador de Sonora y de la esposa del presidente Calderón, Margarita Zavala. La tragedia marcó el sexenio porque no hubo justicia para las víctimas e imperó la impunidad.

amenazar al presidente o la lucha por el poder para impedir que Mouriño, favorito de Calderón, llegara a la presidencia —aunque faltaba mucho tiempo, cuatro años, como para pensar en eso—. Lo cierto es que la muerte de ambos secretarios no alteró la situación política del país ni menguó la guerra contra el crimen organizado ni hubo un cambio de rumbo en la política interior.

Para los mexicanos del siglo XXI hablar de una pandemia parecía algo surgido de una novela posapocalíptica. La última gran epidemia —de influenza española— ocurrió en 1918, y además de esa podían mencionarse las de cólera *morbus* del siglo XIX o las de viruela del siglo XVI, pero como algo del pasado que solo podía encontrarse en los libros de historia.

Y sin embargo, el 11 de abril de 2009 se detectaron los primeros casos de influenza AH1N1 surgidos en Veracruz. Para el 29 de abril, la Organización Mundial de la Salud (OMS) había clasificado el brote de influenza con un nivel de alerta cinco, es decir, la posibilidad de una pandemia era inminente y su poder devastador podía ser incalculable.

Era una situación inédita al menos para varias generaciones y el gobierno reaccionó con tal rapidez que el 23 de abril, seis días antes del anuncio de la OMS, ordenó la suspensión de clases en todo el territorio nacional, la cancelación de actividades en sitios públicos e inició una intensa campaña sanitaria para informar cuáles eran los síntomas, qué medidas de prevención debían tomarse, y que se evitara la automedicación. Incluso el gobierno le enseñó a los mexicanos cómo debían estornudar para evitar el contagio.

El anuncio del gobierno provocó pánico en la sociedad y nuevamente salieron a la luz todo tipo de teorías de la conspiración: que en realidad no había epidemia sino que era un acuerdo del gobierno para favorecer a las farmacéuticas; que

Matrimonio para todos

Abraham Landeta y Ángel Castañeda fueron los primeros en contraer matrimonio en la Ciudad de México bajo
la Ley de Sociedades de Convivencia que entró en vigor
el 16 de marzo de 2007. Lo hicieron en la Delegación
Cuauhtémoc, frente a un juez y un simple escritorio custodiado por dos bancas. Fue un parteaguas que marcó
el final de seis años de debates y bloqueos al matrimonio *gay*. La iniciativa fue presentada en 2001, pero PRI,
PAN, e incluso el mismo PRD, la bloquearon por temor a
que la sociedad reaccionara en contra y los castigara en
las urnas. Sin embargo, la presión social favoreció su
discusión y aprobación en 2006. El 21 de diciembre de
2009 la Asamblea Legislativa dio un paso más al aprobar una enmienda al artículo 146 del Código Civil del DF
que dejó de calificar el sexo de los contrayentes como
antes lo hacía: "El matrimonio es la unión libre de un
hombre y una mujer". En 2007, luego de un beso que
se dio una pareja *gay* tras contraer matrimonio, la escritora Sabina Berman expresó: "¡Miren qué cosas! Hace
una hora este beso los hubiera llevado directo a la delegación, detenidos por la policía en flagrante acto de obs-
cenidad; pero ahora, con este solo beso treinta siglos de
intolerancia se han desplomado a sus pies".

la epidemia era más grave de lo que señalaban pero el gobierno no tenía los recursos para hacerle frente; que era una
cortina de humo para que la sociedad desplazara su atención
de la guerra contra el narco. Hubo quienes dijeron que había llegado el fin.

De pronto las ciudades lucieron vacías, como si verdaderamente se acercara el fin de los tiempos. Hubo una demanda

absurda de tapabocas; las pocas personas que se aventuraban a salir a las calles parecían almas en pena; se escuchaba el eco de los pasos de quienes caminaban por las aceras. Familias completas seguían con atención los espacios noticiosos que día a día daban cifras de los contagiados y los fallecidos.

El 25 de abril el gobierno de la Ciudad de México ordenó que se cerraran los restaurantes ubicados en Polanco, Lomas de Chapultepec, Santa Fe y Bosques de las Lomas, colonias localizadas en las delegaciones Álvaro Obregón, Cuajimalpa y Miguel Hidalgo. Durante un par de semanas cerraron cerca de tres mil restaurantes, centros nocturnos, bares y discotecas. Las plazas comerciales parecían cementerios; los cines cerraron sus puertas; no había teatros, no había niños en los parques. Los pocos restaurantes que no cerraron trataron de sobrevivir esos días con el servicio de "comida para llevar". Para colmo ni los creyentes, podían encontrar en los templos consuelo espiritual: la Arquidiócesis de México suspendió todas las misas en el área metropolitana.

"Un enemigo invisible nos recluyó en casa —escribió Fernando Figueroa, cronista del Auditorio Nacional—, alejó a los seres queridos, redujo saludos de mano, canceló besos y abrazos. Las calles de la Ciudad de México se volvieron transitables, pero a muy pocos les apetecía recorrerlas; las únicas aglomeraciones se produjeron en los supermercados, farmacias y en los embudos de sus cajas registradoras. La urbe y sus habitantes se sumergieron en un letargo triste y prolongado. Fue un inesperado periodo de hibernación. El virus de la influenza A (AH1N1) provocó lamentables fallecimientos y miedo, mucho miedo. El trabajo y el esparcimiento se trastocaron, y el regreso hacia la belleza oculta de la cotidianidad fue lento, paulatino".

Después de varios días de zozobra y angustia, el 4 de mayo el presidente Calderón anunció la reanudación escalonada de las actividades estudiantiles y productivas del país, aunque pidió mantener los cuidados higiénicos que se habían recomendado a la población. Las críticas contra el gobierno no se dejaron esperar, lo acusaron de haber exagerado, de sembrar pánico en la sociedad, de actuar precipitadamente, pero los hechos demostraron que había procedido con la prevención y prudencia necesarias en una situación de emergencia. El gobierno jugó sus cartas acertadamente y prefirió suspender actividades un par de semanas —con las consiguientes pérdidas económicas—, a tener que lamentar decenas de muertes por no haber actuado a tiempo.

Cuando un gigante de 20 metros de altura camina a paso lento alrededor de la Plaza Mayor y la gente no lo relaciona con ninguno de los héroes que nos dieron patria y libertad, sino empieza a verle parecido con Jeremías Springfield, José Stalin, Luis Donaldo Colosio o con el santo patrono de los narcotraficantes, Jesús Malverde, quiere decir que algo salió mal; pero si además va acompañado de trapecistas y malabaristas y *performances* al más puro estilo del Cirque du Soleil, sin ton ni son, sin ninguna referencia histórica, significa que algo salió muy mal con los festejos del bicentenario de la independencia y el centenario de la revolución.

Y eso fue lo que sucedió. La conmemoración del bicentenario culminó la noche del 15 de septiembre con un desfile extraño y con el famoso "Coloso", que no despertó júbilo patriótico sino confusión. Y más cuando su creador, Juan Carlos Canfield, señaló haberse inspirado en Benjamín Argumedo, enemigo de la revolución que apoyó el golpe de Estado de Victoriano Huerta y defendió su régimen. Era increíble, el Coloso era una figura de la época de la Revolución, pero enemigo de ella, hecha para celebrar la independencia de México. Días después salió la Secretaría de Educación

El regreso
a la normalidad

El Auditorio Nacional fue uno de los foros que más resintió la suspensión de actividades públicas decretada por el gobierno ante la epidemia de influenza. Pasada la crisis, el Auditorio anunció la reapertura de sus espectáculos para el 9 de mayo, fecha en que se transmitía *La Cenerentola* (La Cenicienta), última función de la temporada de ópera del Met de Nueva York que se transmitía vía satélite. El gobierno del Distrito Federal autorizó la función con muchas restricciones. Era el cierre de la temporada y hubiera sido una lástima cancelarla. No se podía pasar a otra fecha porque era una transmisión en vivo. A pesar de todo, la gente respondió en gran forma y la asistencia fue numerosa. Curiosas fueron las condiciones en que se realizó la función. Toda la gente que ingresó al recinto desinfectó sus manos con gel antibacterial; se les dio información importante acerca de la enfermedad —más de la que de por sí ya se conocía—, se les tomó la temperatura a distancia con un termómetro especial, y a cada persona le entregaron un cubrebocas esterilizado. Además, se dejaron asientos libres en todas las filas intercalados con localidades ocupadas —para ampliar los espacios entre conjuntos de personas—, se evitó la venta de comida y se repartieron miles de volantes con información general acerca de cómo detectar y prevenir la enfermedad.

Pública con un comunicado para decir que el Coloso no representaba a ningún personaje histórico.

Parece que nadie le dijo al gobierno mexicano que la noche del 15 de septiembre de 2010 se cumplirían 200 años del inicio de la Independencia ni que la Revolución llegaría a su centenario ese mismo año, y mientras estaba atendiendo otros asuntos ambas celebraciones se aparecieron súbita e inesperadamente en el horizonte mexicano. Solo así se explica que las conmemoraciones hubieran sido una serie de ocurrencias sin orden ni concierto que rápidamente fueron olvidadas por la sociedad, pero que provocaron gran indignación por el despilfarro de recursos.

La fiesta y el jolgorio en todo caso eran lo de menos. Luego de cuatro años de gobierno y dadas las difíciles circunstancias por las que atravesaba el país en el espinoso asunto de la guerra contra el narco, las conmemoraciones de 2010 se presentaron como la gran oportunidad para llamar a la unidad, para replantear el país, para refundar muchas de sus estructuras políticas, para convocar, para sumar, para distender la polarización, para establecer un proyecto de nación definitivo que sustituyera a las ocurrencias sexenales. Era la oportunidad para que la fracasada clase política de la transición asumiera su responsabilidad frente a la realidad nacional, pero nada de eso sucedió.

La celebración del bicentenario se materializó en unas monedas conmemorativas; unos cromos con una nueva versión muy *retro* de los héroes de la Independencia y la Revolución que hacían recordar las viejas estampitas de papelería; una banderita y un libro que recibieron las familias mexicanas; un desfile con los restos de los héroes de la patria del Ángel de la Independencia al Castillo de Chapultepec para darles una limpiadita, analizarlos y ver qué huesos correspondían a cada héroe. Una gran exposición —muy bien montada— en Palacio Nacional; una serie de mesas redondas con especialistas de todas las ramas del conocimiento para debatir sobre el país a doscientos años de su independencia —un gran esfuerzo—; celebraciones en cada estado sin mucha coordinación entre sí; anuncios a lo largo y ancho del país que rezaban "Ruta 2010", sin mayor explicación; espectáculos de luz y sonido; un desfile como de carnaval, con su Coloso incluido, previo al tradicional Grito en el que el presidente Calderón terminó gritando también "¡Viva la Revolución!".

El gobierno de Calderón ni siquiera pudo tener a tiempo el monumento conmemorativo. Para buena parte de la sociedad, la polémica Estela de Luz, entregada más de un año después del bicentenario con cualquier cantidad de problemas de transparencia, de desorganización, pero sobre todo groseramente costosa, se convirtió en el monumento a la corrupción y no fue bien recibida. La gente terminó por llamarla la *Suavicrema*, haciendo referencia a una galleta.

No faltaron las comparaciones históricas, porque mientras las obras del monumento conmemorativo 2010 + 1, con todos los recursos tecnológicos del siglo XXI se retrasaron día con día, la historia del Ángel de la Independencia se levantaba como ejemplo de eficiencia. La primera piedra del monumento fue colocada en enero de 1902; su construcción enfrentó una serie de problemas de cálculo, y en 1907, cuando la obra alcanzaba 20 metros de altura —de los 45 totales—, la columna perdió verticalidad. A tres años de los festejos, el gobierno se dio el lujo de mandarla desmontar por completo y cimentar de nuevo. A pesar del contratiempo, la Victoria Alada, diseñada para conmemorar el centenario, estuvo lista desde agosto de 1910, un mes antes del 16 de septiembre, fecha señalada para su develación.

La Estela de Luz fue develada un año después de los festejos en medio de un ambiente sombrío debido a la violencia desatada en la lucha contra el narco; y al igual que el monumento conmemorativo, las fiestas del bicentenario y del centenario pasaron con más pena que gloria; los balances y las críticas se fueron diluyendo; los restos de los héroes de la

Independencia regresaron al Ángel, y en poco tiempo el país se encontró de nuevo con su triste realidad: la guerra contra el narcotráfico continuaba.

AUNQUE USTED NO LO CREA

A lo largo del sexenio México se hizo notar en asuntos poco convencionales. Récord Guinness en 2009 por el beso más numeroso: 42,224 personas se besaron al mismo tiempo en el Zócalo de la Ciudad de México. Récord Guinness en 2011 en la *Zombie Walk* México, en la que participaron 9,806 personas disfrazadas de zombis que caminaron por las principales avenidas de la capital del país. El ocio de los mexicanos también logró romper la marca de más gente bailando al mismo tiempo *Thriller* de Michael Jackson, en 2009, con motivo de su muerte. Se levantó el árbol de Navidad más alto del mundo. Se reunió el mayor número de mariachis tocando al mismo tiempo. También en 2009 el récord por el mayor número de personas viendo al mismo tiempo la Luna a través de telescopios en el mes de octubre. Durante el año del bicentenario una mexicana volvió a ganar en el concurso *Miss* Universo, y en un hecho sin precedentes México ganó la final de futbol —medalla de oro— en los Juegos Olímpicos de Londres 2012.

La sucesión presidencial

Como cada seis años, desde finales de 2011 empezaron a agitarse las turbulentas aguas de la sucesión presidencial. Los tres principales partidos recurrirían a elecciones internas para elegir a su candidato. Enrique Peña Nieto no tuvo problema pues estaba cantado que sería el candidato del PRI a como diera lugar —había iniciado su campaña desde que fue gobernador del Estado de México y los *spots* con las obras de su gobierno llenaban la televisión mexicana.

Aunque todo mundo sabía que López Obrador sería el abanderado del PRD, Marcelo Ebrard había hecho un buen papel como jefe de gobierno del Distrito Federal y despertó la simpatías entre la clase media y empresarios que no estaban dispuestos a entregarle su voto a López Obrador ni al PRI ni al PAN y veían a Ebrard como una buena opción, mucho más liberal y más coherente con una izquierda moderna y progresista, que lo que representaba López Obrador.

Pero Ebrard vaciló demasiado, cuando pudo no quiso y cuando quiso no pudo; daba un paso para adelante y luego dos para atrás, y en vez de ir a elecciones internas y mostrar músculo aceptó definir al candidato perredista con una encuesta, la cual ganó López Obrador. Ebrard se cuadró, aceptó su derrota y se retiró de la contienda dejando a muchos posibles votantes chiflando en la loma. El candidato tabasqueño le agradeció diciendo que era un político extraordinario que no se dejó cautivar por el canto de las sirenas de quienes querían lanzar su candidatura.

La elección del candidato del PAN fue más emocionante que su propia campaña electoral porque el presidente Calderón tenía un favorito: Ernesto Cordero, su secretario de

Hacienda hasta septiembre de 2011, pero como en las encuestas nacionales apenas figuraba, el triunfo se lo llevó Josefina Vázquez Mota a pesar de Calderón. Por primera vez en su historia, Acción Nacional buscaría la presidencia con una mujer como candidata.

Gracias a la reforma electoral los ciudadanos solo tuvieron que soplarse 90 días de campañas y no 180 como era la costumbre. Aún así, millones de insulsos *spots* fueron transmitidos por radio, televisión e incluso a través de redes sociales que ya estaban de moda como Twitter o Facebook. Pero la ciudadanía siguió comiendo pan con lo mismo: todos los candidatos se desbordaron en promesas y compromisos que sonaban huecos, sin sustancia. Nada que no se hubiera escuchado en otros procesos electorales.

La novedad de las campañas fueron las estrategias de cada candidato. Josefina le apostó al lema "Soy diferente", y siendo mujer evidentemente lo era, así que trató de sacarle provecho a su género. López Obrador aprendió la lección de 2006 y como ya no quería ser "un peligro para México" —milagrito que le habían colgado sus rivales— moderó su lenguaje; nunca más le volvió a decir "Cállate chachalaca" a nadie, e incluso dejó de llamarle "el espurio" a Calderón, o al menos lo hizo cada vez con menos frecuencia. La gran novedad de su campaña fue que prometió fundar una "república amorosa" más allá del 14 de febrero y con mucho amor y el lema "Despierta México", volvió a recorrer el país. A partir de ese momento se convirtió en AMLOVE.

Peña Nieto, por su parte, utilizó de nuevo lo que tanto éxito le había dado en el Estado de México: empeñar su palabra para cumplir con sus compromisos de campaña y hacerlo por escrito. Hay que decir que cuando algún periodista indagaba sobre los compromisos cumplidos durante su gubernatura, siempre se encontraba con obras inconclusas, en progreso, cifras maquilladas y todo tipo de *asegunes*. A pesar de eso, su lema de campaña: "Te lo firmo y te lo cumplo", se hizo famoso.

Tal era el descrédito, el enojo y la decepción provocada por el gobierno de Calderón, que para el inicio de las campañas —30 de marzo de 2012—, el PRI con Peña Nieto encabezaba las preferencias electorales con poco más de 20 puntos; Josefina arrancó en segundo lugar y Andrés Manuel en tercero. Hubo un cuarto candidato, Gabriel Quadri, que quiso proponer una nueva forma de hacer política pero contaba con la bendición de la maestra Elba Esther Gordillo —dueña del partido Nueva Alianza—, así que se convirtió en la comidilla y la nota de humor de la campaña, porque tuvo ocurrencias que lo hacían merecedor de un programa cómico.

En una ocasión Quadri tenía programado un evento en la Escuela de Periodismo "Carlos Septién"; llegó en su Jetta blindado acompañado por miembros del Estado Mayor presidencial. Pero se bajó unas cuadras antes, se subió a una austera combi pintada con los colores del Partido Nueva Alianza, y manejó hasta la escuela para mostrar su austeridad. No se percató de que los alumnos habían grabado todo el montaje.

La reforma electoral también había reglamentado que los candidatos no se podían tocar ni con el pétalo de una rosa, así que el ánimo virulento, enconado e incendiario que marcó las campañas de 2000 y 2006 desapareció y el proceso transcurrió en relativa calma. El equipo de campaña de López Obrador se alejó de las descalificaciones y los ataques y dejó que, en esa labor, Josefina Vázquez Mota se fuera sola contra Enrique Peña Nieto. Y así lo hizo, pero la candidata tuvo que pelear en dos frentes: uno para ganarle al PRI y el otro para ganar a pesar del PAN.

Aunque el presidente Calderón no metió las manos en el proceso interno del PAN para la elección de su candidato, la derrota de su favorito, Ernesto Cordero, le cayó como bomba y todos los calderonistas se encargaron de hacerle la vida de cuadritos a Josefina. Dijeron apoyarla pero no la acompañaron a sus mítines, le hicieron el feo y finalmente la dejaron sola. Junto con la indiferencia de un ala del panismo, los propios errores de organización y logística marcaron su campaña desde el inicio.

Josefina protestó como candidata del PAN en el Estadio Azul el 11 de marzo de 2012. Se esperaba lleno a reventar, vítores, cohetones, música, alegría, toda una verbena. Y sin embargo, el estadio lució vacío y mucha gente abandonó el inmueble incluso mientras la candidata hablaba. Semanas después, durante un evento en Hidalgo Josefina sintió un severo mareo y tuvo que sentarse para no desmayarse y comenzaron a circular rumores acerca de su salud; decían que padecía anorexia. En abril llegó con su equipo a Tres Marías a desayunar unas quesadillas y fue corrida del lugar porque su presencia molestó a otros comensales, además la gente le gritó: "Ni un voto al PAN". Tan desesperada era la situación que el 9 de abril anunció un "golpe de timón" en su campaña que, para su mala fortuna, pasó completamente desapercibido.

A pesar de sus diferencias con el presidente y sus colaboradores cercanos, la candidata panista no tuvo los arrestos para deslindarse del gobierno ni marcar distancia para demostrar que podía gobernar de una manera diferente aun siendo del mismo partido ni criticó nada de la administración calderonista. Además de la falta de definiciones, jugaron en su contra los magros resultados del panismo luego de 12 años en el poder, sobre todo en el combate a la corrupción y en la lucha contra el narcotráfico. Conforme pasaron las semanas Josefina se apagó y cayó hasta el tercer lugar. Hacia el final de la campaña, la candidata del PAN era solo una sombra.

La edecán del IFE

A lo largo de la campaña los candidatos se vieron las caras en dos debates organizados por el IFE. En el primero, realizado el 6 de mayo de 2012, salieron a relucir acusaciones de todos contra todos: Josefina acusó a Peña Nieto de corrupto, pero este le reviró diciendo que había sido una diputada faltista. López Obrador hizo famosa la frase "No nos dejemos apantallar, nos pueden llevar al despeñadero" y además le sacó el tema de Arturo Montiel, el corrupto exgobernador del Estado de México al que Peña Nieto no quiso tocar. El candidato priista no se dejó y le mencionó al tabasqueño el viejo asunto de Bejarano y las ligas; además, afirmó que era tiempo de cambiar el México del miedo por el de la esperanza. Pero con un formato rígido y controlado, los ataques entre todos se dieron en un tono suavecito, casi de camaradería y el debate no provocó mayor emoción. Sin embargo, la gran ganadora de la noche fue Julia Orayen, una edecán contratada por el IFE que durante todo el evento se paseó entre los candidatos con un vestido blanco entalladísimo y un amplio, muy amplio, escote, que se llevó las miradas, aplausos y comentarios de miles de televidentes. Tal fue su impacto en cadena nacional, que esa misma noche se abrió una cuenta en Twitter llamada @laedecandelIFE, y alcanzó cinco mil seguidores en solo unos minutos. Nadie pudo explicar cómo fue elegida su vestimenta para la ocasión ni quién lo hizo, pero lo cierto es que con el paso de los días "la edecán del IFE" demostró que no tenía nada que ocultar: posó desnuda para la revista *Playboy*.

López Obrador se mostró muy distinto a como había sido en 2006; como arrancó en tercer lugar no tenía nada que perder y sí todo por ganar, así que no hubo desplantes de soberbia. Con un lenguaje moderado, sin insultos, sin mostrarse permanentemente enojado ni con ganas de colgar a todos sus rivales en el astabandera del Zócalo, en sus discursos llamó a la justicia, a la paz, a la reconciliación, a la fraternidad, al amor y asumió la bandera del "cambio verdadero", criticando los 70 años de corrupción del PRI, los 12 años perdidos del PAN y la sangrienta guerra de Calderón.

Andrés Manuel le pegó a todas como venían, de botepronto, de bolea, con la cabeza; a diferencia de 2006 no dejó ir ninguna oportunidad, incluso se metió a la televisora que consideraba su enemiga porque a su parecer le hacía una campaña sucia desde 2006. Se presentó en el programa *Tercer grado*, en el que los principales conductores de Televisa lo cuestionaron durante casi dos horas y salió bien librado.

El cambio de estrategia resultó; la campaña de López Obrador fue en ascenso y unos días antes de la elección presidencial se colocó a pocos puntos de Peña Nieto. Pero en un sector de la sociedad —sobre todo entre los indecisos— siguió pesando lo que había ocurrido en 2006 con el plantón de Reforma; los electores aún recordaban que había mandado al diablo a las instituciones pero su partido recibía recursos del IFE, y además que se había autoproclamado presidente. El peso del pasado le pasó la factura a López Obrador y nuevamente la presidencia se desvaneció ante sus ojos.

Con la cómoda ventaja que tenía al iniciar la contienda, lo único que debía hacer Peña Nieto era no caer en provocaciones, mantener un discurso propositivo, insistir en el cumplimiento de sus promesas y hacer creer a los mexicanos que el regreso del PRI al poder era lo mejor que les podía pasar en muchos años. Y así lo hizo: no buscó pleitos, no se compró ninguna bronca, la llevó tranquilo, logró colocar su eslogan: "Compromiso por México", y no dejó nada a la improvisación. Pero el peor enemigo de Peña Nieto resultó ser Peña Nieto y sus asesores.

Su primer revés se convirtió en burla nacional; ocurrió en diciembre de 2011 en la Feria Internacional del Libro de Guadalajara (FIL). Un periodista le hizo una pregunta que lo tomó por sorpresa, una pregunta que no esperaba en un ambiente de libros como era la FIL: "Cuáles son los libros que lo han marcado como persona". Como si le hablaran en chino, el priista se puso nervioso, titubeó y respondió que la Biblia, "la *Silla del Águila* de Enrique Krauze" —es de Carlos Fuentes— y "otro que no me acuerdo".

Su respuesta fue la comidilla de fin de año; las burlas y los insultos no se hicieron esperar en todos los medios, y particularmente en las redes sociales —como si los mexicanos fueran una sociedad de ávidos lectores—, y el tema se convirtió en el fantasma que lo persigue hasta el día de hoy.

El encuentro de Enrique Peña Nieto con estudiantes en la Universidad Iberoamericana fue el segundo revés y un parteaguas en su campaña. Fue un encuentro muy ríspido en el que intentó hablar de su proyecto, de la campaña, de sus promesas, pero se encontró con muchos estudiantes que llevaron pancartas calificándolo de represor, asesino y cobarde por lo hecho durante su gestión como gobernador del Estado de México.

Aunque dentro del auditorio no hubo incidentes, en la explanada de la Universidad se reunieron muchos jóvenes que gritaban consignas y lo responsabilizaban de la represión en San Salvador Atenco en 2006, donde hubo muertos, activistas detenidos y abuso sexual de la fuerza pública sobre una veintena de mujeres, además de que el índice de feminicidios en el Estado de México bajo su gobierno se disparó.

El encuentro se complicó a tal grado que Peña Nieto tuvo que salir huyendo de la Universidad en medio de un tumulto de jóvenes que le seguían gritando. Pero la historia apenas comenzaba. En vez de tomarlo como un momento incómodo, como un incidente de campaña y dejarlo pasar, su equipo cometió un craso error, declararon que los jóvenes que acosaron al candidato no eran alumnos, sino infiltrados, provocadores ajenos a la Universidad. Eso fue suficiente para que ardiera Troya.

Los estudiantes, indignados, realizaron un video titulado "131 alumnos responden" en el que uno por uno salieron a cuadro para decir su nombre y número de cuenta y así demostrar que no eran infiltrados. El video fue retomado por Carmen Aristegui en su programa de noticias y de inmediato se viralizó y para apoyar a los 131 estudiantes surgió el *hashtag* #YoSoy132. De pronto, de la noche a la mañana Peña Nieto tenía encima un movimiento estudiantil con alcance nacional, que no le perdonaría nada y que intentaría hacerle la vida miserable, llamado "el 132".

Enrique Peña Nieto logró lo que ningún otro candidato en toda la historia de México: que una parte de la sociedad se uniera para manifestarse en su contra y en contra de su candidatura. Las marchas "anticandidato" fueron la novedad de la temporada. Mientras todos los candidatos reunían a sus partidarios en plazas y foros, Peña Nieto lograba reunir a miles de personas pero en su contra y sin necesidad de acarreos.

También Televisa generó un repudio nunca visto. Finalmente pagó las facturas que tenía pendientes. Desde su creación en 1973, la principal televisora de México fue una aliada fiel e incondicional del sistema político priista; todos sus espacios informativos estuvieron al servicio del gobierno; nunca hubo crítica y la información era manipulada. Antes de la serie de reformas políticas que condujeron a la equidad de los partidos políticos en los medios de comunicación, Televisa dedicaba 90% de sus contenidos noticiosos al candidato oficial y solo el 10% al resto de los candidatos.

Cuando sobrevino la alternancia presidencial en 2000, Televisa salió sin un raspón. Nadie cuestionó su historia junto al PRI y nadie le pidió cuentas. La empresa, hábil e inteligentemente modificó su política informativa y se subió al tren de la apertura democrática para ofrecerle espacio a todos los partidos en tiempos de elecciones. Así trató de construirse una credibilidad.

Pero en 2012 los jóvenes no veían a Televisa como una empresa que defendiera los principios democráticos. Veían una alianza con el poder político. Para ellos representaba el símbolo de la imposición mediática, y en cierta medida tenían razón. La empresa promovió a Peña Nieto desde que era gobernador, con *spots* de sus obras de gobierno que eran presentados como si fueran noticias.

La boda de Peña Nieto con Angélica Rivera, una de las principales actrices de Televisa, fue vista como un pacto entre el priismo y la televisora. Durante la campaña Televisa fue acusada de manipular la información, manipular las encuestas, manipular a la gente y de lavarle el cerebro a la sociedad para imponer al candidato priista. Por eso el 132 arremetió contra la televisora y contra sus comunicadores, Joaquín López Dóriga, Carlos Loret de Mola, Adela Micha, entre otros.

La primera manifestación en contra de Peña Nieto y de Televisa fue el 19 de mayo y marchó del Zócalo de la Ciudad de México al Ángel de la Independencia; estaba compuesta

Llamarada de petate

El movimiento "Yo soy 132" le dio oxígeno y le imprimió emoción a la campaña durante algunas semanas. Quisieron comparar la movilización estudiantil con los movimientos democráticos ocurridos en otros lugares como Egipto, e incluso se llegó a hablar de "la primavera mexicana", un nuevo despertar cívico que cambiaría la realidad nacional; pero la primavera rápidamente se convirtió en invierno. El 132 dirigió sus baterías contra Peña Nieto y contra Televisa con la idea de que como todos los mexicanos eran tarados e incapaces de decidir libre y voluntariamente, la televisora los manipulaba a su antojo para imponer al candidato priista. Había mucho de romanticismo revolucionario y utopía en el 132: la lucha por la libertad, por la justicia, por la democracia como generalizaciones, pero sin profundidad, sin objetivos concretos. Movilizaron mucha gente, sobre todo en la marcha del 23 de mayo de 2012 y convirtieron cada manifestación en una fiesta cívica; cercaron varias veces Televisa, organizaron una gran Asamblea Nacional Universitaria, se proclamaron apartidistas, pero en clara contradicción desconocieron a Peña Nieto. Paradójicamente, las movilizaciones, las arengas, los gritos y el espíritu combativo con el que empezaron no propició que el número de votantes aumentara considerablemente o que la gente que no solía votar despertara de su letargo y saliera a hacerlo. Después de las elecciones, el 132 se apagó y varios de sus líderes encontraron cabida curiosamente en Televisa.

por organizaciones sociales, sindicatos y estudiantes. Fue conocida como la marcha anti-EPN. Y entre las consignas lanzadas se escucharon: "El pueblo de transas sí se cansa"; "No somos uno, no somos cien, prensa cuéntennos bien" —en alusión a que toda la prensa estaba vendida al gobierno—; "Encuestas vendidas, Peña no va arriba"; "Enrique, entiende, el pueblo no te quiere"; "No a la manipulación mediática"; "No a la censura"; "No al control de los medios de comunicación". Cuatro días después el movimiento "Yo soy 132" le repitió la dosis con otra supermarcha.

Con el inicio de las movilizaciones antipeñistas, el candidato priista dejó de pensar en los candidatos rivales; se atrincheró en su campaña y aguantó candela. Los jóvenes se indignaron el 19 de junio de 2012 porque Peña Nieto no aceptó ir a un debate organizado por el 132. Pecaron de ingenuos: el candidato jamás caminaría por voluntad propia hasta la piedra de sacrificios. La animadversión en su contra era tan grande que no había forma de que hubiera equidad en el debate.

La campaña electoral de 2012 marcó el debut de las redes sociales, y particularmente de Twitter, en la política mexicana. El 132 encontró mucho eco en 140 caracteres, así que cotidianamente se leían todo tipo de mensajes en contra de Peña Nieto: mentadas de madre y otros insultos, memes, denuncias, acusaciones que eran combatidas por Peñabots —cuentas falsas creadas para defender a Peña Nieto o para hablar maravillas del candidato priista—; pero lo que sucedía en Twitter nada tenía que ver con la realidad; era una campaña completamente distinta, muy enardecida, muy combativa, pero que no llegaba a las calles, y como era de esperarse, el activismo de café y sillón de los tuiteros no llegó a las urnas.

A pesar de los gritos y sombrerazos del 132, de otras organizaciones sociales y de los tuiteros, Peña Nieto nunca dejó la delantera; perdió terreno con López Obrador pero no tanto como para generar expectativas de un resultado distinto el día de la elección. Todo mundo descalificó las encuestas; se dio como cierto que muchas estaban manipuladas y daban como triunfador a Peña Nieto para desalentar el voto el día de la elección, pero todo eran rumores, conspiraciones, versiones encontradas, chismes. Como sea, Peña Nieto ganó la elección y las casas encuestadoras quedaron muy mal paradas, no porque hubieran fallado con el ganador, sino porque la diferencia con respecto a López Obrador la colocaron en dos dígitos, y al final solo fue de poco más de siete puntos porcentuales.

Peña Nieto llegó a la presidencia con 19 millones de votos; López Obrador obtuvo 15'896,000 votos —un millón más que en 2006—. Como era lógico no tardaron en llegar las denuncias de fraude, de imposición, de robo. Ciertamente fue una campaña sucia, donde todos los partidos compraron votos, acarrearon gente y se excedieron en los gastos de campaña.

El PRI se sirvió con la cuchara grande al comprar votos, pero esta vez se modernizó, ya no pagó en efectivo sino que utilizó monederos electrónicos que mucha gente aceptó a cambio de entregar su voluntad. Pero la organización de los comicios, los recuentos y el llenado de actas estuvo siempre en manos de la ciudadanía, lo cual como en 2000 o 2006 fue más que suficiente para dar certeza a la elección. Por encima de todo, el PRI estaba de regreso.

Cuando llegó la alternancia presidencial en 2000 había muchas esperanzas de que el país cambiara, transformara su realidad, modificara las estructuras creadas al margen de la ley por el sistema político priista; combatiera la corrupción; exigiera cuentas a la clase política; eliminara la impunidad. Era una nueva oportunidad, una más de las muchas que había tenido el país a lo largo de todo el siglo xx para establecer un proyecto de nación y un rumbo claro hacia dónde avanzar.

La oportunidad había sido generada por la ciudadanía —hecho inédito en nuestra historia— a través del voto, participando, manifestándose y ejerciendo sus derechos políticos. La democracia, si bien imperfecta, se había instaurado en el país y se abría la posibilidad real de que México iniciara una nueva era con un cambio de ética y cultura política.

Pero a los gobiernos de Vicente Fox y de Felipe Calderón les quedó grande la responsabilidad. No pudieron generar grandes transformaciones —sobre todo en el orden político—; al contrario, les pareció menos complicado montar sus gobiernos sobre las viejas y corruptas estructuras del sistema que desmontarlo, prenderle fuego y construir uno nuevo. Se salvó el manejo de la economía —ninguno dejó una crisis económica—, pero sus pecados, más que de acción fueron de omisión: mantuvieron intacto el viejo sistema y dejaron ir, una vez más, una gran oportunidad de transformación para el país y durante doce años limpiaron con esmero el camino para que el PRI regresara a Los Pinos.

Miles de personas marcharon del Ángel de la Independencia al Zócalo ca-
pitalino para rechazar el resultado de las pasadas elecciones, 7 de julio de
2012. Hugo Cruz. ID. 224127. Procesofoto

Capítulo 10

¿El regreso a las cavernas?
2012-2015

El nuevo viejo PRI

Tras 12 años de ausencia y dos malas administraciones panistas, el PRI regresó a la presidencia el 1 de diciembre de 2012 y lo hizo de una manera increíble para lo que había sido su historia. El partido que durante 70 años se encargó de socavar el voto popular, que hizo de la democracia una simulación, que creó todo un catálogo de fraudes electorales y violentó todos los derechos políticos regresó purificado con las aguas de la democracia y del voto popular.

Para la izquierda lo hizo a través de un fraude monumental y de la manipulación y la imposición mediática de Televisa. En opinión de los opositores de Peña Nieto, los 19 millones de votos del PRI eran de gente incapaz de pensar por sí misma; las mujeres habían votado por Peña Nieto porque les parecía guapo y los hombres lo hicieron luego de ver tantos *spots* del priista en los canales de Televisa a la hora de los juegos de liga del futbol mexicano.

Pero resulta absurdo pensar que el triunfo de Peña Nieto obedeció solo a Televisa, a unas encuestas cuchareadas o a la compra de votos —no había forma de que el partido comprara 19 millones de votos—; la mayoría de los sufragios obtenidos por el PRI provenían de su "voto duro" —el de los ciudadanos que votarán por ese partido hasta la consumación de los tiempos—. Además, la guerra contra el narcotráfico desatada por el régimen panista y su incapacidad para ganarla, llevó a un sector conservador de la sociedad a pensar que el PRI era una alternativa: durante los 70 años que gobernó México no había vivido una situación similar.

La toma de posesión fue un día de campo en Chapultepec comparada con lo ocurrido seis años antes. Enrique Peña Nieto protestó como presidente constitucional en San Lázaro, pasadas las 11 de la mañana. Algunas consignas nada sutiles se dejaron escuchar durante la ceremonia: "Asesino", "Asesino", nada más que nadie supo a quién le gritaban si a Calderón por la guerra o a Peña Nieto por la represión del 2006.

Los diputados perredistas y petistas desplegaron una pancarta que decía: "Imposición consumada, México de luto", otros carteles señalaban: "Estado fallido con Calderón, Estado vendido con su sucesor". "Presidente de la violencia" —para Calderón— y "Candidato de telenovela". Haciendo caso a la vieja rima de "No oigo, no oigo, soy de palo", Peña Nieto hizo caso omiso del entorno y se retiró complacido de San Lázaro, ya como presidente, para reunirse con el que sería su gabinete, con sus partidarios, colaboradores y amigos.

Pero si en San Lázaro todo había quedado en gritos y pancartas, en el perímetro del recinto y en el Centro Histórico las fuerzas del orden libraron una batalla campal contra varios grupos de manifestantes antipeñistas, muchos encapuchados —luego serían conocidos como anarcos—, que vandalizaron la protesta. La turba enardecida intentó arrancar las vallas metálicas levantadas para impedir el paso hacia el Congreso y usaron de todo: bombas molotov, petardos,

Las *ladies* y un *lord*

En los últimos años hemos tenido la oportunidad de conocer ejemplos de lo más podrido que tiene la sociedad en cuanto a calidad humana. Son un conjunto de mujeres y hombres, verdaderas lacras sociales, gandallas, prepotentes, impunes, que se creen superiores a los demás, pero su miseria humana es atroz y amenazan a las autoridades o se escudan en el poder diciendo tener influencias, bajo la típica frase de "No sabes con quién te metes" y otras perlitas. En 2011, dos mujeres insultaron a un policía de tránsito que las detuvo porque manejaban en estado de ebriedad. El policía, tras amenazas e insultos, las dejó ir. Pero el video fue subido a las redes sociales y María Vanesa Polo Cajica y Azalia Ojeda Díaz —exintegrante de *Big Brother*— fueron llamadas Las *ladies* de Polanco. Otro ejemplo fue Catalina Urquieta, integrante del PAN, que golpeó con un paraguas a una persona con discapacidad en un evento político de León, Guanajuato. Le llamaron *Lady* Sombrilla. En abril de 2013, Andrea Benítez creyó que como su "papi", Humberto Benítez, era el Procurador General del Consumidor, podía tratar despóticamente a quien quisiera, y como no le dieron la mesa que pidió en un restaurante ordenó su clausura. Pero el hecho no quedó impune, su "papi" fue destituido del cargo y ella fue sometida al escarnio público. Adriana Rodríguez, *Lady* Chiles, es el mejor ejemplo de la miseria humana, como lo demostró al maltratar a una trabajadora doméstica por comerse un chile en nogada y llevarse otro a su casa. La *Lady* Panteones surgió en enero de 2014, en Guadalajara, cuando se dio a conocer una grabación de Eliza Ayón insultando a trabajadores del ayuntamiento, asegurándoles que la que mandaba en el área de panteones era ella. Ayón tuvo que renunciar y fue expulsada del partido porque se comprobó que extorsionaba a los trabajadores. La *Lady* Rotonda fue una actriz llamada Claudia Cervantes que organizó su fiesta de cumpleaños en plena Rotonda de las Personas Ilustres del Panteón Civil de Dolores en junio de 2014. La fiesta intentó encubrirse con permisos para realizar un video, pero las imágenes de la celebración no dejaron lugar a dudas. En 2016 Raúl Libién, un empresario prepotente con oscuras relaciones con el poder, se convirtió en *Lord* Me la Pelas porque sus guaruras fueron obligados a retirarse del lugar donde se encontraban indebidamente estacionados; entonces le habló al responsable de haberlo hecho para decirle: "Me pelas la verga pinche jipioso de mierda".

piedras, aerosoles que con encendedores servían de pequeños lanzallamas y hasta mentadas de madre.

En Avenida Juárez los manifestantes rompieron cristales, irrumpieron y saquearon tiendas de autoservicio, dañaron cajeros automáticos, escribieron sobre los muros viejas y trasnochadas frases marxistas como: "La liberación económica es la base de toda libertad" y "Viva san Marx"; pintarrajearon fachadas y causaron múltiples destrozos. Varios manifestantes portaban tubos, objetos metálicos, escudos improvisados hechos de madera o con antenas de televisión satelital que nadie supo de dónde las tomaron.

Los cuerpos de seguridad respondieron con gases lacrimógenos, macanazos, golpes y todo tipo de recursos para poder controlar y someter a los manifestantes, que se comportaron con una violencia inusitada. El jefe de gobierno, Marcelo Ebrard, expresó: "Nunca habíamos tenido una provocación de este tamaño, esto no tiene que ver con una protesta política aceptable, condenamos todos los actos de barbarie". Sin embargo, hubo quien lo criticó por el uso de la fuerza contra los manifestantes, aunque seguramente quien lo hizo no vio las imágenes que mostraban el encono y el odio con el que los anarcos arremetían contra los granaderos. Era el bautizo de fuego para el régimen de Peña Nieto.

Luna de miel

Las violentas protestas del día anterior no nublaron el ánimo del nuevo presidente; tampoco las notas de los periódicos que relataron los hechos con todo detalle, o que comenzaran a decir que su régimen era represor. Peña Nieto tenía un as bajo la manga que atrajo todos los reflectores. El 2 de diciembre el presidente de la República y los líderes de los principales partidos políticos, Jesús Zambrano (PRD), Gustavo Madero (PAN) y Cristina Díaz (PRI), se reunieron en el Castillo de Chapultepec para firmar lo que fue conocido como el Pacto por México.

Era extrañísimo, casi surrealista, ver a los principales actores políticos sentados en la misma mesa y con un mismo objetivo: impulsar una serie de iniciativas y reformas para hacer que el país avanzara, consolidara sus instituciones y se fortaleciera la democracia. Para nadie era un secreto que desde 2000 la clase política había demostrado su permanente incapacidad para ponerse de acuerdo, y antes de ese año no eran necesarios los acuerdos, todos bailaban al son que tocaba el presidente de México.

Y, sin embargo, era cierto: los actores políticos firmaron el Pacto por México de su puño y letra. Desde luego no era un acuerdo que se le hubiera ocurrido a Peña Nieto a las 6 de la mañana del 2 de diciembre; se venía cocinando desde meses atrás y partió de una simple reflexión de sentido común —ausente casi siempre entre la clase política—: las elecciones de 2012 arrojaron resultados legislativos similares a los registrados en 2000 y 2006; por tercera vez consecutiva el presidente no contaría ni siquiera con mayoría simple —la mitad más uno—, por lo que la parálisis legislativa que padecieron Fox y Calderón se repetiría con Enrique Peña Nieto. Para evitar esta situación, el equipo de transición del priista se acercó a los partidos de oposición —los cuales tampoco se encontraban en una buena posición política como para imponerse en el Congreso—, hablaron, plantearon propuestas y al fin cupo la cordura. Todos aceptaron entrarle y así nació el Pacto por México.

Gracias al acuerdo firmado en el Castillo de Chapultepec, el primer año del sexenio fue una luna de miel entre el gobierno y la oposición. Aunque las críticas al gobierno continuaron y hubo reclamos, quejas, manifestaciones, burlas en redes sociales, no hubo nada que enturbiara la discusión de las grandes reformas que necesitaba el país, muchas de las cuales fueron rechazadas por el PRI durante los sexenio de Fox y de Calderón.

A 21 días de su toma de posesión, el presidente cortó orejas y rabo. El Congreso le aprobó la reforma educativa que significó un golpe brutal a los cacicazgos magisteriales pues se estableció que los maestros serían evaluados para ingresar y ascender en el Sistema Educativo Nacional. Desde luego, el gremio se rasgó las vestiduras y no se quedó cruzado de brazos. Su lideresa, la polémica Elba Esther Gordillo, se manifestó en contra y llamó a los maestros a resistir.

Pero el gobierno se la tenía guardada y decidió ajustar cuentas con la maestra. El 25 de febrero de 2013 Peña Nieto promulgó la reforma educativa. Al día siguiente fue publicada en el *Diario Oficial de la Federación* y por una conveniente coincidencia, en esa misma fecha Elba Esther Gordillo

"La maestra me dio un beso a la salida"

Elba Esther Gordillo había acumulado todos los enemigos posibles desde que asumió las riendas del Sindicato Nacional de Trabajadores de la Educación, tras apoyar el golpe que el presidente Salinas de Gortari le dio a Carlos Jongitud en 1989, al obligarlo a renunciar a la dirigencia del sindicato. Durante 24 años la maestra hizo y deshizo en el SNTE; apoyó al PRI en las elecciones presidenciales de 1994 y de 2000; se peleó con Roberto Madrazo y el PRI en 2006 por lo que puso el voto corporativo del magisterio al servicio del panismo; luego fundó su propio partido (Nueva Alianza) y le negó su apoyo a Peña Nieto en la campaña de 2012. Llegó al cenit de su poder en los dos sexenios del PAN. Durante todos esos años la maestra se dio vida de reina. Podía darse el lujo de regalar 59 Hummers a los líderes seccionales del sindicato; comprarse bolsas Louis Vuitton; vestir en un solo día prendas y accesorios con un valor de cien mil pesos; gastar dos millones de dólares con cargo a su tarjeta —y a los recursos sindicales— en la tienda Neiman Marcus o viajar a Los Ángeles a darle una repasada a las tiendas de la suntuosa calle Rodeo Drive. Mientras sus intereses no tocaron los del PRI nadie dijo nada, pero Peña Nieto no se tentó el corazón, la reforma era primero, así que la envió a prisión en donde permanece sin que se le haya comprobado ningún delito y sin recibir sentencia.

fue detenida en el aeropuerto de Toluca acusada de desvío de recursos por más de dos mil millones de pesos. El golpe no significó el inicio de una lucha contra la corrupción sindical, sino un asunto meramente político: la maestra llevaba tiempo en contra del PRI y era un obstáculo para poner en práctica la reforma educativa.

Aunque no fue por un acto de justicia, la sorpresiva caída de la maestra encontró buena acogida entre la opinión pública, y en los siguientes meses el Pacto por México siguió dando resultados: el gobierno sacó adelante la reforma política —que permitirá la reelección de senadores, diputados federales y locales y presidentes municipales para 2018—; la reforma en telecomunicaciones, que abrió el sector a la competencia a través de nuevas concesiones de radio, televisión, banda ancha, telefonía, permitiendo hasta el cien por ciento de inversión extranjera. También se aprobaron la reforma hacendaria, la fiscal, la de competencia económica, la laboral, el Código Nacional de Procedimientos Penales y la ley de amparo.

Al PRD le salió caro el Pacto por México; López Obrador criticó severamente a su partido ya que a su juicio le hacía el caldo gordo a un presidente que no estaba dispuesto a reconocer porque seguía insistiendo que era producto del fraude. El PRD no quiso seguir esa línea; prefirió comportarse de manera institucional, entrar al terreno de las negociaciones políticas y no jugar al típico "no reconozco las resoluciones del IFE ni del Trife ni al presidente ni reconozco nada, pero sí recibo los recursos que marca la ley".

En agosto de 2013 el presidente Peña Nieto presentó una iniciativa de ley para modificar los artículos 27 y 28 de la Constitución; con lo que se daba el banderazo de salida para la discusión de la reforma energética. López Obrador vio a la "mafia en el poder" detrás de la iniciativa, y como el PRD participaría en la discusión se dijo a sí mismo: "Me voy".

El 9 de septiembre de 2013 Andrés Manuel anunció su separación definitiva del PRD y de los partidos que lo apoyaron en la elección presidencial del año anterior y se llevó su

Movimiento de Regeneración Nacional (Morena) para darle una estructura, una base política, y el 9 de julio de 2014 el Instituto Nacional Electoral le entregó su registro como partido político. Por aclamación popular —y un aplausómetro— López Obrador fue nombrado presidente de su nuevo partido.

El 11 de diciembre comenzó la tortuosa discusión de la reforma energética, llamada "la madre de todas las reformas". Al fin, después de una eternidad, de años de discursos, de demagogia, de retórica, de invocaciones al nacionalismo, a la soberanía, a la Revolución, de abusar de la frase "el petróleo es nuestro", de acusar de traidores y vendepatrias a quienes tan solo sugerían discutir si era viable o no la inversión privada, después de todo eso, los legisladores finalmente se sentaron a discutir qué hacer con el petróleo.

Las discusiones fueron muy ríspidas; hubo toma de tribuna; golpes y gritos; por momentos la ideología se filtró en las posturas; Lázaro Cárdenas resucitó de entre los muertos y se anduvo paseando entre las curules del salón de sesiones. A pesar de todo, la reforma se aprobó y el 19 de diciembre el presidente la promulgó. Era increíble, desde la expropiación petrolera la política sobre energéticos había permanecido intacta debido a que se ideologizó el tema. Ahora se abría la posibilidad de que la inversión privada, nacional y extranjera, participara de la explotación del petróleo, en la generación de electricidad y en otras fuentes de energía.

Al iniciar 2014 la suerte le guiñaba el ojo a Peña Nieto —no hacía caso de las críticas ni de las burlas—; el presidente se veía confiado, seguro de sí mismo; con una expresión de "ya la hice"; no titubeaba, no se ponía nervioso, tenía todo bajo control. Y noticias como la captura del Chapo, en febrero de ese año, que dieron la vuelta al mundo, lo pusieron en los cuernos de la Luna. Lo que no pudieron hacer Fox

Un piojo

Hasta el Mundial de Futbol jugó a favor del gobierno mexicano. Del 12 de junio al 13 de julio casi todo el país centró su atención en la participación de la Selección Nacional en Brasil. Por esos días se discutieron las leyes secundarias de la reforma energética, y no faltaron declaraciones señalando que el gobierno iba aprovechar los partidos de México, particularmente el encuentro contra Brasil, para aprobar las leyes secundarias mientras la gente estaba distraía con el futbol —la típica "cortina de humo para…"—. Pero no fue así. Nadie daba un peso por la Selección antes del Mundial porque el equipo calificó de panzazo; pero una vez que inició el torneo los espectadores le vieron arrestos y además cayeron seducidos por el *Piojo* Herrera, el director técnico de "mi selección", que en cada partido se entregó con una euforia y emoción que contagió a toda la nación. Cada juego era un espectáculo, y sus gestos, sus gritos, sus expresiones dieron la vuelta al mundo. El presidente Peña Nieto vio cada encuentro acompañado por su equipo cercano y no pocas veces tuitearon fotos. Durante algunas semanas buena parte de la sociedad dejó de lado los problemas por los que atravesaba el país, la violencia, las reformas, la polarización, el petróleo, todo, y al igual que el gobierno se entregó sin preocupaciones al juego del hombre.

—a quien se le fugó— ni Calderón, lo hizo Peña Nieto con bombos y platillos.

Desde luego había una crítica permanente al gobierno; en las redes sociales se vivía una realidad diferente en la que el país se hundía por la violencia, Peña Nieto era el responsable de la debacle nacional, sus reformas eran un cheque en blanco a oscuros intereses, había entregado los recursos naturales a los extranjeros, y no podía faltar el hecho de que la mafia en el poder era dueña del país. Pero era una crítica que se perdía con la fugacidad de 140 caracteres. Ciertamente la violencia no había desaparecido, el Estado mexicano seguía en guerra contra el narcotráfico, pero la prioridad y la campaña mediática estuvo centrada en las reformas.

En el mes de agosto terminó la larga luna de miel con la que el gobierno de Peña Nieto inició el sexenio. La discusión de las leyes secundarias de la reforma energética fueron aprobadas por el PRI y el PAN pero el costo fue alto: el Pacto por México llegó a su fin. Al gobierno poco le importó; de cualquier forma las reformas más importantes estaban aprobadas; ahora solo había que esperar a que rindieran frutos y que los dones se derramaran sobre México entero. El presidente entonces pecó de soberbia y desestimó otros grandes problemas nacionales. Por entonces nadie imaginó que un mes después su régimen se vendría abajo.

La debacle

El regreso del PRI a Los Pinos dejó en claro que durante los 12 años que estuvieron alejados de la presidencia no aprendieron nada. Pensaron que volvían al México que gobernaron durante la mayor parte del siglo XX; que el sistema político construido por ellos —y que Fox y Calderón dejaron intacto— seguía siendo funcional; que los factores de poder eran los mismos; que las estructuras políticas no necesitaban ser renovadas; que podían gobernar como antes, a través de la simulación, la impunidad, el autoritarismo y la corrupción; que solo bastaba una palabra del presidente para que el país se moviera y que los mexicanos aceptarían todo de buena gana.

El PRI pecó de soberbia; nunca entendió las derrotas de 2000 y de 2006 como parte de un largo proceso democrático impulsado por una ciudadanía cada vez más crítica, participativa y exigente, sino como resultado de sus propios conflictos internos. Por eso, por la ausencia de autocrítica, cuando el PRI regresó a Los Pinos no pudo ver que el sistema, su propio sistema, estaba quebrado; no gracias a los regímenes anteriores, sino a sus propias contradicciones internas desatadas con el proceso democrático. El viejo sistema priista que se resistía a morir, lo hacía lentamente, y además la caja de Pandora ya no tenía candado.

Cuando empezó el sexenio, el gobierno de Peña Nieto consideró que la guerra contra el narcotráfico —heredada del sexenio anterior—, dejaría de ser una preocupación de la sociedad tan solo con no mencionarla. Y así lo hizo. Enfocó sus baterías hacia el Pacto por México, hacia las reformas estructurales, hacia los acuerdos con la oposición, como si la guerra no existiera, pero existía y continuaba.

El priismo fue muy crítico con la estrategia del gobierno calderonista —también se refirieron a "la guerra de Calderón" y a "los muertos de Calderón". Sin embargo, al asumir el poder continuaron exactamente con la misma estrategia: el ejército y la armada en las calles ante la corrupción de las policías estatales y municipales. Ya era también "la guerra de Peña Nieto". Solo en su primer año de gobierno se registraron 18,432 asesinatos, los primeros "muertos de Peña Nieto".

Mientras el gobierno discutía las grandes reformas estructurales, Michoacán estaba en llamas. La Familia Michoacana y los Caballeros Templarios tenían asolada a la población del estado. En su desesperación, y ante la incapacidad de las fuerzas de seguridad pública para hacer frente al crimen organizado, el 24 de febrero de 2013, en el municipio de Buenavista, cerca de ochenta civiles armados se levantaron para defender a su comunidad de las extorsiones, los secuestros y el robo de mujeres que perpetraban los Caballeros Templarios. Así nacieron las autodefensas.

El gobierno no vio con malos ojos que el pueblo se armara, incluso lo alentó, así que las autodefensas comenzaron a multiplicarse por todo el estado, y aunque hicieron frente al crimen organizado con relativo éxito, también se vieron involucradas en conflictos locales y llegaron a enfrentarse entre sí. Ante el temor de que la situación se saliera de control, en 2014 el gobierno federal, el estatal y las autodefensas firmaron un acuerdo para garantizar que los grupos armados ingresaran a la institucionalidad y formaran cuerpos de policía rural o policías municipales. El 11 de febrero de 2016 el gobernador de Michoacán puso fin a las autodefensas con el argumento de que el gobierno retomaba el control total de la seguridad en el estado.

Cuando todos los días es Día de Muertos

El caso Ayotzinapa fue el punto de quiebre del gobierno de Peña Nieto. La noche del 26 de septiembre de 2014 un grupo de normalistas secuestraron varios camiones con el fin de utilizarlos para viajar a la Ciudad de México y participar en la marcha del 2 de octubre. La policía de Iguala los interceptó a sangre y fuego, sin importar que los estudiantes no estuvieran armados; seis jóvenes murieron en los enfrentamientos, 25 resultaron heridos, algunos lograron huir y 43 estudiantes fueron detenidos por la policía municipal que los entregó a la policía del municipio vecino de Cocula y estos a su vez los entregaron a miembros del Cártel de Guerreros

Unidos. Todo ocurrió la noche del 26 al 27 de septiembre y desde entonces no se volvió a saber de ellos.

La desaparición de 43 estudiantes de la Escuela Normal Rural Isidro Burgos abrió la cloaca de la que salieron en cascada todos los vicios del viejo sistema y evidenció su putrefacción. Aunque era un secreto a voces que la clase política se oponía a reconocerlo, el caso demostró con pelos y señales que en distintas regiones del país las autoridades locales y policías municipales estaban infiltradas por el crimen organizado, e incluso eran cómplices y servían al narcotráfico, como ocurrió con el presidente municipal de Iguala, José Luis Abarca, y su esposa, María de los Ángeles Pineda.

El hecho también demostró que los partidos políticos, en su afán de ganar a como dé lugar, apoyaban candidaturas de gente de la que no sabían nada. Abarca llegó a la presidencia municipal de Iguala con el apoyo del PRD. El gobierno del estado demostró su incapacidad para llevar una investigación confiable, y además pesaba sobre el gobernador, Ángel Aguirre, la sospecha de tener también relaciones con el crimen organizado.

Luego de siete días de investigación por parte del gobierno del estado de Guerrero, el 4 de octubre la Procuraduría General de la República, a cargo de Jesús Murillo Karam, atrajo el caso y se puso al frente de las investigaciones. La policía federal y el ejército se hicieron cargo de la seguridad en Iguala; el gobernador de Guerrero pidió licencia, y en las siguientes semanas cayeron más de cien personas involucradas en la desaparición de los estudiantes, entre las que había autoridades políticas, policías, jefes de plaza del narco y sicarios pero de los 43 ni sus luces.

La desaparición de los normalistas provocó un repudio generalizado en contra del presidente Peña Nieto. Durante las investigaciones se encontraron decenas de fosas comunes y clandestinas en Guerrero que no tenían relación alguna con el caso de los 43; el macabro descubrimiento horrorizó y enardeció aún más a la sociedad. Y como en cascada, comenzaron a descubrirse más y más fosas, no solo en Guerrero, también en otros estados de la República: Michoacán, Morelos, Veracruz, Tamaulipas, Sinaloa, Chihuahua.

El país se había convertido en un inmenso cementerio; en un lugar donde desaparecía la gente sin dejar rastro; con una sociedad asolada por la extorsión y el secuestro, donde el término "levantado" era sinónimo de muerte y los cuerpos mutilados y las cabezas cercenadas podían encontrarse a la vuelta de la esquina. El país estaba secuestrado por el crimen mientras el gobierno seguía presumiendo que sus grandes reformas transformarían el país.

El 7 de noviembre de 2014 el procurador general de la República, Jesús Murillo Karam, dio una conferencia de prensa en la que informó de los avances en la investigación y dejó entrever que los 43 normalistas podían estar muertos: "Los testimonios que hemos recabado, aunados al resto de las investigaciones realizadas, apuntan muy lamentablemente al homicidio de un amplio número de personas en la zona de Cocula".

Los padres de los estudiantes desestimaron la versión del procurador, y apoyados por grandes sectores de la sociedad civil, comenzaron una serie de marchas multitudinarias, simultáneas en todo el país, exigiendo al gobierno la localización de los 43 desaparecidos al grito de "Vivos se los llevaron, vivos los queremos". El 9 de noviembre, al término de una de las manifestaciones, un grupo de anarcos encapuchados le prendieron fuego a la puerta central del Palacio Nacional, pero la fuerza pública logró controlarlos, sofocar el fuego y evitar mayores daños.

Al gobierno le faltó sensibilidad desde el principio. Peña Nieto condenó que la marcha terminara de manera violenta: "Es inaceptable que alguien pretenda utilizar esta tragedia para justificar su violencia", expresó, pero no se solidarizo ni se comprometió con el dolor de los padres de los desaparecidos. El asunto no le pareció lo suficientemente importante como para cancelar un viaje a China que tenía programado para los siguientes días. Se fue al Lejano Oriente dejando al país dolido y enardecido. Comenzaron entonces los gritos de "¡Fuera Peña Nieto!" y "¡Renuncia!".

La manifestación del 20 de noviembre fue la más concurrida desde el inicio del conflicto; la sociedad civil se volcó a las calles de la Ciudad de México y de varias capitales del país. Decenas de miles de personas se unieron en una marcha cívica: estudiantes, maestros, sindicatos, intelectuales, periodistas, escritores, actores, organizaciones no gubernamentales, civiles sin filiación política. Las consignas resonaban a lo largo del Paseo de la Reforma y la mayoría con dedicatoria para el presidente y el Estado: "Peña Nieto, también fuiste tú. No te hagas pendejo". "Fue el Estado". "Estado criminal". "Peña Nieto asesino". "Renuncia Peña Nieto". "Gobierno maldito, matar es un delito". "Ayotzinapa somos todos".

Había un reclamo legítimo: justicia. Pero las consignas directas contra Peña Nieto tenían otro origen: el regreso del PRI, de las viejas formas; la indiferencia de su gobierno; la impunidad y la corrupción persistentes lo hacían responsable de Ayotzinapa frente a la sociedad. Además, como jefe de las fuerzas armadas tenía responsabilidad en la forma como el ejército enfrentaba al narcotráfico.

Hasta ese momento el ejército había estado involucrado en algunos episodios en los cuales se violaron los derechos humanos. El más grave fue el caso de Tlatlaya, en el Estado de México —30 de junio del 2014—, cuando, luego de un

Auto de fe

Indudablemente son otros tiempos. Durante la manifestación del 20 de noviembre, un pequeño grupo de jóvenes le prendió fuego a una efigie del presidente Peña Nieto en el mero Zócalo de la Ciudad de México. Fue como un auto de fe de los que solía hacer la Inquisición en el México virreinal en contra de los herejes e impíos. Era algo inusitado, algo que no se había visto nunca. Por menos de eso el ejército había intervenido a garrotazo limpio, como lo hizo en 1968, cuando a los estudiantes se les ocurrió izar la bandera rojinegra en el Zócalo —hecho que el gobierno consideró una afrenta—. Algo similar ocurrió en 1966 pero en Ciudad Universitaria. Por entonces, en la explanada de Rectoría estaba colocada una estatua del presidente Miguel Alemán, a la cual una noche le pusieron dinamita y la volaron en pedazos. No hubo respuesta de parte del gobierno porque el sexenio de Alemán había terminado 20 años antes y ya ni quien se acordara. Con la quema del Peña Nieto de cartón el gobierno aguantó candela.

enfrentamiento con gente armada, soldados del ejército fusilaron a los criminales que se habían rendido. Por eso, se habló del "Estado criminal" y de la "responsabilidad del Estado".

La indignación llegó a su punto máximo gracias a dos frases que dejó para la posteridad el procurador Jesús Murillo Karam, expresadas durante sus informes sobre Ayotzinapa. "Ya me cansé", expresión que utilizó fuera del micrófono para indicarle a su asistente que ya no quería responder ninguna otra pregunta luego de 58 minutos de hacerlo, pero que fue tomada como una afrenta por toda la sociedad (10 de noviembre de 2014). Y la otra, con la que se voló la barda, fue presentar las conclusiones de la investigación de la PGR sobre lo ocurrido en Ayotzinapa y como la "verdad histórica" (enero de 2015).

La situación empeoró poco después. Desde finales de octubre de 2014 el gobierno mexicano había aceptado la asistencia técnica internacional para ayudar a esclarecer lo sucedido en Ayotzinapa. Así, México abrió las puertas al Grupo Interdisciplinario de Expertos Independientes (GIEI) que investigaba a la par de la PGR; semanas después de que Murillo Karam presentó su verdad histórica, el GIEI presentó sus conclusiones y descalificó buena parte de la investigación de la PGR. Estalló un nuevo escándalo: dimes y diretes, una verdad histórica, fue sustituida por otra verdad histórica, y hasta principios de 2016 nadie sabe qué fue de los 43 estudiantes, por qué razones los desaparecieron y quién lo ordenó.

La regañiza

Por los días en que la protesta social por el caso de Ayotzinapa llegaba a su punto máximo de movilización, el gobierno de Peña Nieto tuvo que enfrentar un nuevo escándalo. El 9 de noviembre de 2014 una investigación periodística dio a conocer que el presidente Peña Nieto tenía una casa de 86 millones de pesos, ubicada en Lomas de Chapultepec.

La propiedad se conoció a través de la revista *Hola!*, que meses antes había publicado una entrevista con Angélica Rivera, esposa del presidente, titulada: "La primera dama en la intimidad". A los periodistas Rafael Cabrera, Daniel Lizárraga, Irving Huerta y Sebastián Barragán poco les interesó lo que Angélica Rivera compartía acerca de su vida cotidiana desde la llegada de su marido al poder, pero prestaron

Señores feudales

Con la alternancia presidencial los gobernadores ya no tuvieron que rendirle cuentas al presidente y perdieron el miedo a que fueran destituidos por él. Entonces comenzaron a comportarse como señores feudales, sin importar el partido político que los hubiera llevado al poder. En los últimos años la mayoría de los gobernadores han sido denunciados por corrupción, impunidad, enriquecimiento ilícito, abuso de poder, tráfico de influencias y colusión con el crimen organizado. Fausto Vallejo, gobernador de Michoacán, y su hijo fueron acusados de tener presuntos nexos con el narco; desfalco monumental de Rodrigo Medina, gobernador de Nuevo León; enriquecimiento ilícito e inexplicable del gobernador de Sonora, Guillermo Padrés; asesinato de periodistas bajo el gobierno de Javier Duarte en Veracruz; la corrupción de Humberto Moreira cuando gobernó Coahuila; César Duarte, gobernador de Chihuahua, acusado de usar recursos públicos para comprar acciones del Banco Unión Progreso; la desaparición de estudiantes bajo el gobierno de Ángel Aguirre; Rafael Moreno Valle, gobernador de Puebla, acusado de ser responsable de la muerte de un menor a manos de su policía y de desvío de recursos públicos para apoyar la campaña de Gustavo Madero. Eruviel Ávila, gobernador del Estado de México, con uno de los índices más altos de feminicidios en el país. Graco Ramírez, gobernador de Morelos, acusado de endeudar a su estado con más de cinco mil millones de pesos y con un altísimo índice de delincuencia. Manuel Velasco, gobernador de Chiapas, acusado de abuso de autoridad, nepotismo y con la mala costumbre de abofetear a sus colaboradores. Hasta la fecha ninguno de estos gobernadores ha respondido ante la ley.

atención a la locación donde se realizó la entrevista: la casa que alcanzaría fama mundial tiempo después. Y empezaron a investigar.

En el México de las inexplicables fortunas de la clase política, a simple vista no resultaba extraño que Peña Nieto tuviera una propiedad de siete millones de dólares; de acuerdo con la vieja frase de Carlos Hank González: "Un político pobre es un pobre político", hasta resultaba normal que el presidente tuviera una casa así desde antes de haber llegado al poder. Pero había un trasfondo que abrió de nuevo la caja de Pandora del viejo sistema para mostrar otros vicios: la llamada Casa Blanca era un catálogo de tráfico de influencias, conflicto de intereses y corrupción.

La casa había sido construida por la empresa HIGA, que por pura casualidad ganó la licitación para construir el tren México-Querétaro —misma que fue revocada sin decir agua va por el presidente unos días antes de que apareciera el reportaje sobre la Casa Blanca—. Pero eso no era todo: HIGA, además, fue una de las empresas que recibió más contratos para obra pública en el Estado de México durante la gubernatura de Peña Nieto.

La propiedad no estaba a nombre del presidente ni de su esposa; seguía a nombre de HIGA –empresa que además le había echado la mano al PRI en la campaña electoral de distintas formas—. Desatado el escándalo, el vocero del gobierno dijo que la Casa Blanca era propiedad de Angélica Rivera y que la estaba pagando, pero lo cierto es que ninguna explicación convenció a nadie.

Cuando el presidente y su esposa regresaron de la gira por China, realizada en noviembre —en medio de la crisis de Ayotzinapa—, el presidente decidió colocar a su esposa en la piedra de los sacrificios para que diera las explicaciones personalmente.

La primera dama grabó un video y regañó a los mexicanos por ser muy mal pensados y poner en duda su honorabilidad. Aclaró que la propiedad era suya, que la estaba comprando con los ahorros de toda su vida, con dinero ganado con el sudor de su frente luego de 25 años de trabajar en Televisa. Pero como la hicieron enojar anunció que vendería los derechos del contrato de compra-venta para que todo mundo dejara de especular y que ya no quería esa casa ni ninguna otra.

Para demostrar que todo era bien transparente, el presidente Peña Nieto nombró a su amigo Virgilio Andrade secretario de la Función Pública y le encargó encabezar una investigación para saber si hubo conflicto de interés en el asunto de la Casa Blanca, y también en el de una casa en Malinalco propiedad del secretario de Hacienda, Luis Videgaray, que andaba en el mismo tenor. De pronto hubo una epidemia de casas de funcionarios en conflicto de intereses, pero la investigación de Virgilio llegó a la conclusión, meses después, de que no había conflicto de intereses.

El Chapo del 8

El enemigo público número uno; el hombre más buscado en México desde enero de 2001, cuando se fugó del penal de Puente Grande; el jefe de jefes del Cártel de Sinaloa. El narcotraficante que compraba voluntades, corrompía autoridades, corrompía civiles, corrompía todo lo corrompible; el capo que ordenaba ejecuciones y se burlaba de la fuerza pública, de los gobernadores, de los presidentes, del mundo entero. El hombre que con su imperio era uno de los mayores responsables de los más de 60,000 muertos durante el

SE LE CHISPOTEÓ

Si durante el primer año y medio de gobierno el presidente Peña Nieto se veía confiado, sin titubeos, en absoluto control de lo que decía y respetuoso del guion que tenía preparado para cada ocasión, una vez que se le vino el mundo encima por los escándalos de corrupción e impunidad y el creciente deterioro del país, empezó a verse errático. Cada vez que se le ocurría improvisar algo salía mal; se ponía nervioso, trastabillaba y se equivocaba. En 2015 dejó varios momentos para el anecdotario. En una conferencia sobre transparencia, al finalizar su discurso y ante el silencio de la concurrencia expresó: "Ya sé que no aplauden". En otra ocasión confundió el estado de Puebla con el de Colima; en una más, en los Tuxtlas, se hizo bolas y dijo: "...me dio la bienvenida y me dijo ojalá y aquí se sienta realmente muy a gusto y tenga una cálida y acogida, recibida una cogida, y sea bien recibido" y agregó: "No, no fue albur, no sean así". Al tratar de improvisar inventó la palabra "percápitamente"; el día de su cumpleaños se le cayó la rebanada de pastel que le sirvieron; el 15 de septiembre, minutos antes de dar el Grito, en una transmisión por periscope, colocó la banda presidencial sobre una mesa y comenzó a deslizarse, el presidente se dio cuenta y le dio un manotazo a la banda que hizo cimbrar el país entero, pero eso sí, evitó que se cayera. También en 2015 fundó dos nuevos estados al improvisar en un discurso: el de Lagos de Moreno y el de León.

régimen de Calderón, más los que ya se contabilizaban bajo el gobierno de Peña Nieto.

No solo era el delincuente más buscado de México; tras la muerte de Osama Bin Laden también lo era de Estados Unidos. Cuando se fugó en 2001 se dijo que lo había hecho escondido en un carro de lavandería; otras versiones contaban que disfrazado de policía cruzó por la entrada principal. Así era *el Chapo* Guzmán; esas eran sus cartas credenciales cuando el gobierno de Peña Nieto anunció su captura en febrero de 2014.

Fue un momento de fiesta y algarabía para el gobierno; hasta el expresidente Calderón felicitó al presidente Peña Nieto por la captura del Chapo. No hubo límites; el presidente lo anunció en Twitter —como lo haría dos años después—. Su captura no pudo llegar en mejor momento: las reformas avanzaban en el Congreso y todo parecía salirle bien. Incluso, *El Deforma.com* hizo mofa de que todo girara alrededor de las reformas y se lanzó una gran puntada con una nota que decía: "Reforma energética fue clave en la captura del Chapo: EPN. Explican que gracias a esta Reforma la policía está en mejor forma, los gastos de viáticos disminuyeron y todo fue más fácil".

A sabiendas de quién era el Chapo y cómo se las gastaba, se antojaba que el gobierno tomara medidas de seguridad adicionales, marcaje personal, doble cobertura, vigilancia desde la galaxia más lejana. En febrero de 2014 el presidente le dijo al periodista León Krauze que "sería algo más que lamentable, imperdonable" que volviera a escaparse de la prisión. Y sin embargo, lo hizo.

El domingo 12 de julio de 2015 los mexicanos se despertaron con la noticia de que *el Chapo* Guzmán se había fugado del penal de súper alta seguridad del Altiplano alrededor de las 9 de la noche del día anterior. Además, lo había hecho como en las películas, a la vieja usanza, a través de un túnel que mandó cavar durante meses.

El gobierno trató de justificar lo injustificable, dio todo tipo de explicaciones absurdas pero nunca asumió su responsabilidad y nunca, en ningún momento, reconoció lo que todo el universo sabía: que la corrupción es el pan nuestro de cada día dentro del sistema penitenciario y que, en el caso particular de la fuga del Chapo, las autoridades y empleados del penal estaban involucrados.

El tiempo demostró que la mayoría de las prisiones del país están bajo control, no del gobierno, sino del crimen organizado. Los capos capturados continúan haciendo de las suyas desde prisión; las extorsiones telefónicas y los secuestros se organizan desde el interior. Los jefes viven como reyes.

Escandalosas fueron las denuncias de que en un penal de Durango a los sicarios se les permitía salir de noche para "trabajar" y al terminar su quehacer regresaban a prisión como Pedro por su casa. Otro escalofriante caso fue el del penal de Piedras Negras en el que los narcos podían ingresar a sus víctimas, las torturaban, las asesinaban y luego las desaparecían, todo dentro del penal, sin que nadie les estorbara. La fuga del Chapo resumía todos los vicios del sistema penitenciario pero también del sistema político construido por el PRI desde el siglo XX: nuevamente corrupción e impunidad.

Ante la fuga del Chapo una parte de la sociedad respondió con sorpresa, indignación y críticas en contra del gobierno. Pero lo verdaderamente sorprendente fue que a otra parte pareciera darle gusto que el criminal más peligroso del país hubiera dejado en ridículo al gobierno mexicano. No solo eran burlas las que se leían en las redes sociales; se percibía cierto gozo sin importar las consecuencias de la fuga ni todas las consideraciones de la violencia provocada por el narcotráfico; era mayor el rencor en contra del gobierno, y

"Estar enamorado es..."

La recaptura del *Chapo* Guzmán develó situaciones tan surrealistas como la propia realidad mexicana. A los actores Sean Penn y Kate del Castillo les pareció increíble la idea de reunirse con el Chapo clandestinamente, en momentos en que el gobierno trataba de recapturarlo. El actor estadounidense quería hacerle una entrevista para la revista *Rolling Stone* y ella quería producir *El Chapo. La película,* pero lo cierto es que traían un romance en ciernes. El Chapo contestó un cuestionario que le envió el actor, y dijo lo que quería que el mundo supiera de él, así que la entrevista fue aburridísima. En cambio el *crush* que tenían Kate y el Chapo pasó a la historia como el romance del año y fue cubierto por todos los medios. A través de la PGR los mexicanos supieron que los tórtolos se enviaban mensajitos; que el Chapo usaba emoticones (caritas) con ella; que tomaba whisky "Bucana"; que para él, Kate era lo mejor de este mundo; que la cuidaría más que a sus ojos; que era linda en todos los aspectos y que la mamá del Chapo quería conocerla. Kate, por su parte, creyó realmente que era la Reina del Sur y se conmovió, por eso le respondió: "Me mueve demasiado que me digas que me cuidas, jamás nadie me ha cuidado, ¡gracias!".

si la fuga del Chapo era una forma de exponerlo, entonces bienvenida.

No faltaron, por supuesto, las teorías de la conspiración más absurdas. "El Chapo salió a pie por la puerta, no usó el túnel". "El gobierno lo dejó salir para luego recapturarlo y así alzarse el cuello". "Nunca estuvo preso, todo era una pantalla". "Peña Nieto lo soltó porque está coludido con el narcotráfico".

La recaptura del Chapo en enero de 2016 siguió un derrotero parecido; independientemente de la euforia desmedida que mostró el gobierno por el hecho, dejando de lado la criticadísima y excesiva frase de Peña Nieto: "Misión cumplida", el mismo sector de la sociedad que había aplaudido su escape despreció su recaptura y no reconoció que fuera un logro de la administración del presidente, sino "su obligación".

El gobierno que merecemos

Al iniciar 2015 el gobierno atravesaba la peor crisis de credibilidad, no solo del sexenio, sino de la historia reciente. Todos los vicios que se encontraban en las entrañas de la vida política mexicana desde la segunda mitad del siglo XX salieron a la luz de golpe y porrazo a través de los distintos escándalos que no solo involucraban al presidente, sino a los gobernadores, presidentes municipales, diputados, senadores, partidos políticos.

Durante meses la renuncia del presidente estuvo en boca de todos; se convirtió en una exigencia para unos; para otros resultaba absurda pues su salida del poder no cambiaría las cosas porque todo el sistema estaba podrido. Aun así, las protestas, los reclamos, las manifestaciones, todo terminaba en última instancia señalando al presidente como el gran responsable.

El enojo de la sociedad está plenamente justificado: el país lleva décadas estancado en la corrupción y la impunidad —sin contar el miserable crecimiento económico desde

La hora de la cultura

A lo largo del siglo xx educación y cultura iban de la mano. Durante la Revolución, el ministerio encargado de ambas era conocido como Instrucción Pública y Bellas Artes, aunque la cultura siempre apareció como un asunto secundario. En 1921 fue creada la Secretaría de Educación Pública (SEP), la cual dedicó parte de sus labores a la divulgación de la cultura, pero esta nunca fue un tema prioritario. La inauguración del Palacio de Bellas Artes no solo significó la apertura de un magno foro teatral, fue concebido como una institución cultural que debía acercar la cultura y las artes a la sociedad, de ahí que en diciembre de 1946 se creó el Instituto Nacional de Bellas Artes (INBA), que hasta diciembre de 1988 —cuando se fundó el Consejo Nacional para la Cultura y las Artes (Conaculta)—, se encargó de encauzar e impulsar la cultura del país, que no solo contempló las artes sino también la historia y la antropología a través del Instituto Nacional de Antropología e Historia (INAH).

Fue hasta 1989 cuando comenzó a operar el Consejo Nacional para la Cultura y las Artes, institución que se convirtió en el ariete para impulsar y difundir la cultura. Finalmente, en diciembre de 2015 el desarrollo e impulso de la cultura nacional —como política pública— alcanzó un lugar preponderante en el Estado mexicano al concedérsele el nivel de Secretaría de Estado. Por primera vez en su historia, la República cuenta con una Secretaría de Cultura, siendo Rafael Tovar y de Teresa su primer secretario.

hace años—; el resentimiento social afloró por todas partes; ya no hubo nada que hiciera el gobierno que pudiera ser sometido a una crítica justa o al reconocimiento de haber hecho una buena labor. Cualquier propuesta, cualquier declaración, cualquier anuncio oficial son despreciados. Nada que diga el gobierno es digno de credibilidad. El país atraviesa una crisis política.

La clase política en pleno se encuentra en la misma situación; los partidos son vistos con desprecio; diputados y senadores abusan del poder; se sirven con la cuchara grande; se autorizan bonos a diestra y siniestra; no escuchan a sus representados y permanecen indolentes ante la situación; los sindicatos siguen en manos de dictadorzuelos que envejecen y se enriquecen; los gobernadores, nuevos señores feudales, disponen de recursos y de voluntades.

Las redes sociales le han declarado la guerra al gobierno; insultos de todo tipo en contra del presidente, contra los secretarios, contra gobernadores y legisladores; recriminaciones, acusaciones, rumores sin fundamento; burlas, convocatorias a manifestaciones, firma de peticiones. Cualquier persona ajena al país que se acerque a Twitter para comprender el México actual podría pensar, sin temor a equivocarse, que un estallido social está próximo. Pero el activismo de sillón y de café está muy lejos de la realidad del país; el activismo en 140 caracteres ha demostrado que no tiene que ver con la responsabilidad cívica y la participación ciudadana. El futuro del país no pasa por las redes sociales.

Ni Ayotzinapa ni Tlatlaya ni la Casa Blanca ni los motines en las cárceles ni los desaparecidos ni los levantones ni las extorsiones ni la corrupción del sistema político ni los asesinatos de periodistas ni los feminicidios ni el tráfico de influencias ni el autoritarismo ni la impunidad ni las fosas clandestinas ni el territorio nacional ensangrentado han sido suficientes para que la sociedad reaccione más allá de una manifestación o un grito de protesta. Cuando a 30 millones de ciudadanos, de 80 millones que pueden votar, no les interesa hacerlo, no hay lugar para un futuro diferente.

La indiferencia prevalece y las elecciones intermedias de julio de 2015 así lo demostraron: volvió a ganar el PRI en el Congreso.

¿Tenemos el gobierno que merecemos?

Sandra Molina Arceo
Alejandro Rosas
Abril de 2016

Fuentes y lecturas

Aguilar Camín, Héctor; Jorge Castañeda, *Un futuro para México*. México, Penguin Random House Mondadori, 2012.

Aguilar, Camín; Lorenzo Meyer, *A la sombra de la revolución mexicana*. México, Editorial Cal y Arena, 1993.

Cámara de Diputados. XLVI Legislatura, *Los presidentes de México ante la nación, 1821-1966*. México, Imprenta de la Cámara de Diputados, XLVI Legislatura, 1966, 5 vols.

Carpizo, Jorge, *El presidencialismo mexicano*. México, Siglo XXI Editores, 1979.

Carranza, Emilio, *Resumen histórico de los gobernantes de México*. México, Grupo Editorial Escorpio, 1989.

Castañeda, Jorge, *La herencia. Arqueología de la sucesión presidencial en México*. México, Alfaguara, 1999.

Cosío Villegas, Daniel, *El estilo personal de gobernar*. México, Joaquín Mortiz, 1974.

Covarrubias, Ricardo, *Los 67 gobernantes del México independiente*. México, Partido Revolucionario Institucional, 1968.

Dulles, John W. F., *Ayer en México. Una crónica de la revolución (1919-1936)*. México, FCE, 1993.

Dresser, Denise; Jorge Volpi, *México. Lo que todo ciudadano quisiera (no) saber de su patria*. México, Santillana Ediciones, 2006.

Galeana de Valadés, Patricia, *Los siglos de México*. México, Editorial Nueva Imagen, 1991.

González y González, Luis, "Los trescientos cachorros de la Revolución", en *Los artífices del cardenismo*. México, Clío/El Colegio Nacional, 1997.

Guzmán, Martín Luis, *Obras completas*. México, FCE, 1995, 2 vols.

José Agustín, *Tragicomedia mexicana 1. La vida en México de 1940 a 1970*. México, Planeta, 1990.

————, *Tragicomedia mexicana 2. La vida en México de 1970 a 1988*. México, Planeta, 1992.

————, *Tragicomedia mexicana 3. La vida en México de 1988 a 2000*. México, Planeta, 2000.

Krauze, Enrique, *Biografía del poder. Caudillos de la Revolución Mexicana (1910-1940)*. México, Tusquets Editores, 1997.

————, *La presidencia imperial. Ascenso y caída del sistema político mexicano (1940-1996)*. México, Tusquets Editores, 1997.

————, *Siglo de caudillos. Biografía política de México (1810-1910)*. México, Tusquets Editores, 1994.

Leñero, Vicente, *Los periodistas*. Joaquín Mortiz, 1978.

Mejía Prieto, Jorge, *Anecdotario político mexicano*. México, Diana, 1982.

México a través de los informes presidenciales. Los mensajes políticos. México, Secretaría de la Presidencia, 1976.

Molina Arceo, Sandra, *101 villanos en la historia de México*. México, Grijalbo, 2008.

Novo, Salvador, *La vida en México en el periodo presidencial de Lázaro Cárdenas*. México, Conaculta, 1994.

——————, *La vida en México en el periodo presidencial de Manuel Ávila Camacho*. México, Conaculta, 1994.

——————, *La vida en México en el periodo presidencial de Miguel Alemán*. México, Conaculta, 1994.

——————, *La vida en México en el periodo presidencial de Adolfo Ruiz Cortines*. México, Conaculta, 1994, 3 vols.

——————, *La vida en México en el periodo presidencial de Adolfo López Mateos*. México, Conaculta, 1998, 2 vols.

——————, *La vida en México en el periodo presidencial de Gustavo Díaz Ordaz*. México, Conaculta, 1998, 2 vols.

——————, *La vida en México en el periodo presidencial de Luis Echeverría*. México, Conaculta, 2000.

Paz, Octavio, *El laberinto de la soledad*. México, FCE, 2000.

Puente, Ramón, *La dictadura, la revolución y sus hombres*. México, INEHRM, 1983.

Rivera Cambas, Manuel, *Los gobernantes de México*. México, Imprenta de Aguilar, 1872, 2 vols.

Rosas, Alejandro; José Manuel Villalpando, *Los presidentes de México*. México, Planeta, 2001.

Rosas, Alejandro; Ricardo Cayuela, *El México que nos duele*. México, Planeta, 2011.

Rosas, Alejandro, *200 años del espectáculo. Ciudad de México*. México, Auditorio Nacional/Trilce Ediciones, 2010.

Ruiz Massieu, Armando; Efraín Flores Maldonado, *Gabinetes presidenciales*. México, Costa-Amic Editores, 1988.

Salmerón, Pedro, "El mismo PRI de siempre", en *La Jornada*. México, 21 de octubre de 2014.

Santos, Gonzalo N., *Memorias*. México, Grijalbo, 1984.

Schettino, Macario, *Cien años de confusión. México en el siglo* XX. México, Taurus, 2007.

Sefchovich, Sara, *La suerte de la consorte*. México, Editorial Océano, 1999.

Scherer, Julio, *Los presidentes*. México, Grijalbo, 1986.

Valle-Arizpe, Artemio de, *El Palacio Nacional de México. Monografía histórica y anecdótica*. México, Imprenta de la Secretaría de Relaciones Exteriores, 1936.

Vázquez Mantecón, Carmen, *Cronología del poder ejecutivo mexicano, sus gabinetes y principales documentos políticos (1813-1911)*. México, UNAM/Facultad de Ciencias Políticas y Sociales, 1983.

Wilson, Baronesa de, *México y sus gobernantes, de 1519 a 1910*. México, Editora Nacional, 1973, 2 vols.

Zaid, Gabriel, *El progreso improductivo*. México, Siglo XXI Editores, 1979.

Revistas

"La economía presidencial", *Vuelta*, México, 1987.

"Nueva economía presidencial", *Contenido*, México, 1994.

Los capítulos correspondientes a la alternancia presidencial 2000-2016 y al regreso del PRI (2012-2016) fueron desarrollados a partir de una consulta hemerográfica en los diarios *Reforma, Milenio, La Jornada, Excélsior, El Universal*, así como la revista *Proceso*.

Índice